**WAGENBACHS
TASCHENBÜCHEREI**

Lothar Baier
Die große Ketzerei
Verfolgung und Ausrottung der Katharer
durch Kirche und Wissenschaft

Verlag Klaus Wagenbach   Berlin

© 1984 Verlag Klaus Wagenbach   Ahornstraße 4   1000 Berlin 30
Umschlag: Rainer Groothuis
Frontispiz: Kathererburg Queribus
Satz und Druck: Druckhaus Neue Presse Coburg
Gesetzt aus der Linotype Baskerville Antiqua
Bindung: Buchbinderei Hans Klotz, Augsburg
Lithographien: Atelier Spönemann, Berlin
Printed in Germany. Alle Rechte vorbehalten
ISBN 3 8031 2108 6

Inhalt

»Er las ein Buch über die Katharer.
Das Thema des Katharismus interessierte ihn, seitdem er vor einiger Zeit im
Fernsehen einen Kulturfilm über katharische Kultstätten in Südfrankreich
gesehen hatte. Die Katharer gaben eine Erklärung für die Existenz des Bösen:
sie glaubten, oder vielmehr sie hatten geglaubt, denn sie waren ausgerottet
worden, die Schöpfung sei nicht das Werk Gottes, sondern des Teufels.
Er dachte: wenn ich religös wäre, wäre ich Katharer.«

ALFRED ANDERSCH,
»Ein Vormittag am Meer«
(in: *Mein Verschwinden in Providence*)

Einleitung
Häretiker, Ketzer, Dissidenten

Die Abweichung vom rechten Glauben ist nicht erst im Mittelalter auf ihren Begriff gekommen. Sobald sich die frühen christlichen Gemeinden unter dem Dach einer einheitlichen Lehre zusammenschlossen, die als verbindlich, kath'holòn, das Ganze umfassend galt, setzte auch schon die Ausschließung der Eigensinnigen ein. Am Bedeutungswandel eines griechischen Wortes ist dieser Prozeß immer noch abzulesen: Wer eine »Hairesis« zu erkennen gab, zu deutsch eine Überzeugung, Neigung oder Denkweise, war vom Ende des 2. Jahrhunderts u. Z. an der Häresie verdächtig, das heißt einer gefährlichen Sabotage am Dogma. Legitime Selbstverteidigung einer verfolgten, in den Untergrund gedrängten, von Zersplitterung bedrohten Glaubensgemeinschaft? Mit dem Emporsteigen an die Oberfläche der römischen Gesellschaft nahm die Nachsicht gegenüber abweichenden Überzeugungen keineswegs zu. Kaum der Verfolgung entronnen, hielt sich die katholische Kirche an das Beispiel ihrer Verfolger und nicht an das jener Herrscher, die sie zwischendurch toleriert hatten, wie der Kaiser Trajan: »Inquirendi non sunt«, sie sind gerichtlich nicht zu belangen, verfügte dieser heidnische Monarch gegenüber den unbotmäßigen Christen. ›Inquirendi sunt!‹, verkündeten Päpste und Bischöfe späterer Jahrhunderte, gestützt auf das Staats- und Vereinsrecht, das vom untergehenden römischen Reich auf die Organisation der Kirche übergegangen war. Zu diesem Zeitpunkt waren aus Christen, die sich einer *Hairesis* schuldig machten und dafür mit Kirchenstrafen - die den Scheiterhaufen einschlossen - büßen mußten, Ketzer geworden, die ein sehr irdischer Strafvollzug erwartete.

Ketzer und Häretiker, ist das nicht ein- und dasselbe? In semantischer Hinsicht schon; der Titel von Pasolinis Aufsatzband *»Empirismo eretico«* ist mit *»Ketzererfahrungen«* durchaus korrekt übersetzt. Und doch bleibt ein unübersetzbarer Rest, der auf eine meist übersehene historische Differenz verweist: wer statt des griechisch-lateinischen Fremdworts »Häretiker« das deutsche Wort »Ketzer« gebraucht, erzählt die in der Sprache aufgehobene Geschichte mit; er erinnert unausgesprochen an die Epoche des Mittelalters, in der die

Verfolgung der Häresie den Rahmen der Kirchengeschichte sprengt und Politik zu machen beginnt; er bezieht sich auf eine Entwicklung, die aus den blindwütigen, reflexartigen Rundumschlägen der Rechtgläubigkeit das funktionelle, beliebig einsetzbare Konzept der Verketzerung hervorgehen läßt; wer Ketzer sagt, spricht zugleich von der großen Ketzerei der Katharer, ihrer ebenso blutigen wie kalkulierten Vernichtung, Gott und dem Landhunger der französischen Könige zu Gefallen.

Ohne Katharer keine Ketzer. Der etymologische Zusammenhang steht außer Zweifel: Nachdem der Zisterziensermönch Ekbert von Schönau Mitte des 12. Jahrhunderts zum ersten Mal von *cathari* gesprochen hatte, kam in weniger gelehrten Kreisen das Wort Ketzer in Umlauf, niederdeutsch »Ketter«; »gazari« hieß es in der lombardischen Volkssprache, wo die lateinischen Chroniken des Rainier Sacchoni und Moneta Cremonensis »cathari« schreiben. Streit gibt es unter den Experten nur über die Frage, ob die Katharer sich selbst als »cathari« bezeichneten, als »Reine«, von griechisch »katharós« (davon die Katharsis des Aristoteles), oder ob das lediglich ein von katholischen Antiketzerautoren geprägter Name war; beim Kirchenvater Augustinus hatte man lernen können, daß sich die Anhänger des häretischen Bischofs Novatianus aus dem 3. Jahrhundert »cathari« nannten.

Arno Borst, der Autor des historischen Standardwerks *Die Katharer*, und der englische Kreuzzughistoriker Stephen Runciman halten »Ketzer« für die spätere Eindeutschung von *cathari*, während der französische Katharerforscher Jean Duvernoy die These vertritt, daß der Name Katharer die lateinisch gelehrte Transformation eines deutschen Schimpfworts war: Ketzer wäre demnach als »Kätzer« zu lesen, da diesen Häretikern von dem Theologen Alanus ab Insulis nachgesagt wurde, bei ihren okkulten Versammlungen einer Katze, dem Teufelstier par excellence, den Hintern zu küssen; von lateinisch *cattus* für Katze bis zu *cathari* wäre dann kein weiter Weg. Wer war nun früher, die Henne oder das Ei, die »Reinen« *cathari* oder die katzenküssenden Ketzer? Schwer zu entscheiden; den christlichen Abweichlern Schweinereien andichten, war jedenfalls ein schon von Augustinus - einem Ex-Häretiker übrigens - angewandter Propagandatrick.

In ihren eigenen, meist vor der Inquisition abgegebenen Erklärungen nannten sich die Katharer niemals Katharer, sondern einfach »gute Christen« (boni christiani); sich einen besonderen Namen zu geben, hätte ja geheißen, sich selbst als besonderen Fall auszugren-

zen; das überließen die Katharer wie andere als Häretiker einge-
stufte Gläubige ihren orthodoxen Verfolgern. Der Name Katharer
und damit der Zusammenhang mit den Ketzern war bis Mitte des
19. Jahrhunderts in der Versenkung verschwunden: Nikolaus Lenau
überschrieb sein dramatisches Gedicht über den Kreuzzug gegen die
Katharer - gleich nach Erscheinen auf den Index gesetzt - »Die Albigenser«, so wie er es in den Geschichtsbüchern seiner Zeit gelesen
hatte. Es war der Straßburger Theologe Charles Schmidt, der mit
seiner 1849 erschienenen »Histoire et doctrine de la secte des cathares ou albigeois« den Namen Katharer in die Debatte über die Häretiker einführte und auf diese Weise dem mit dem Namen »Albigenser« verbundenen Mißverständnis entgegenwirkte, diese große mittelalterliche Ketzerei sei auf das Gebiet von Albi beschränkt gewesen.

Das halbe christliche Europa zwischen Konstantinopel und Köln
war in den Sog der katharischen Häresie geraten. Wenn sich die historischen Darstellungen dennoch auf die Katharer der damals noch
nicht südfranzösischen, sondern okzitanischen Territorien konzen-
trieren, so zunächst aus Gründen der Quellenlage: Man weiß über
sie wesentlich besser Bescheid als über die Katharer des Rheinlands
oder des Balkan. Vor allem kann man die okzitanischen Katharer in
eigener Sache reden hören und ist nicht darauf angewiesen, ihre
Lehre einzig aus den Schmähschriften ihrer katholischen Verfolger
zu rekonstruieren. Das Wissen verdanken wir allerdings dem krimi-
nalistischen Spürsinn eben dieser Verfolger.

Die Katharer haben geredet, weil die kirchlichen Verhörspeziali-
sten sie zum Reden brachten: Bevor die Inquisitoren den Scheiterhaufen anstecken ließen, wollten sie herausbekommen, was diese
Ketzer dazu trieb, lieber ins Feuer zu gehen als in den Schoß der Orthodoxie zurückzukehren. Nicht alle Katharer freilich blieben stand-
haft; unter den Überläufern hat die Inquisition ihre wertvollsten In-
formanten rekrutiert. »Die Historiker müssen der Inquisition dank-
bar sein«, schreibt Stephen Runciman, - und den Renegaten, wäre zu
ergänzen, die ihr Insiderwissen zu Protokoll gaben und damit der
Nachwelt hinterließen.

Die gute Quellenlage erklärt aber noch nicht befriedigend, was die
katharische Häresie unter zahllosen anderen häretischen Strömun-
gen heraushebt.

Der Reichtum des Materials hat zuallererst mit der Intensität der
Verfolgung zu tun; was aber hat die kirchlichen und weltlichen
Machthaber an dieser Ketzerei derart beunruhigt, daß sie kein Blut-

vergießen und keine Kosten scheute, um sie mit allen zur Verfügung stehenden Mitteln zu vernichten? Die Lehre des Katharismus allein kann es nicht gewesen sein; sie stellte die Prinzipien der katholischen Verkündigungsautorität nicht viel radikaler in Frage als andere zeitgenössische christliche Bewegungen, die sich nach einigem Hin und Her in den Kirchenapparat integrieren ließen. Zur Revolte gegen die irdischen Herren forderte sie ihre Anhänger erst recht nicht auf: Gestützt auf ausgewählte Bibelzitate lenkte sie alle Blicke weg von den irdischen Angelegenheiten auf das ferne Jenseits; ihre Weltverneinung hatte keinen Platz für Träume von einer besseren Gesellschaft, in der es andere, gerechtere oder gar keine Herren mehr gäbe. Und doch sind die Katharer als Rebellen »gegen Papst und König« und als Opfer einer sich über hundert Jahre hinziehenden päpstlich-königlichen Polizeiaktion in das Museum der Geschichte eingegangen.

Warum traf es gerade die von ihrer Lehre zum Gewaltverzicht aufgeforderten Katharer in jener alles andere als ketzerarmen Zeit? Selbst die jüdische Orthodoxie blieb nicht von Ausbrüchen der Ketzerei verschont: Als Ende des 12. Jahrhunderts das auf okzitanischem Boden redigierte und in seiner Schöpfungslehre an den Katharismus erinnernde Buch »Bahir« auftauchte, und damit die Ankündigung einer unerhört neuen, später kabbalistisch genannten Bewegung, rief der Gelehrte Meir ben Simon aus Narbonne Gott zu Hilfe gegen »solche häretische Reden«. Zur großen Ketzerei wurde der Katharismus, weil seine häretischen Reden in den okzitanischen Grafschaften auf einen politisch fruchtbaren Boden fielen. Die Katharer hatten das zweifelhafte Glück, sich zu dem Zeitpunkt zu Wort zu melden, an dem die Feudalherren von Albi, Toulouse und Carcassonne auf eine Botschaft zur Rechtfertigung ihrer Widerspenstigkeit gegen den kirchlichen Herrschaftsanspruch gewartet hatten. Ihnen wurde damit eine Rolle aufgebürdet, die diesen stillen Asketen nicht auf den Leib geschrieben war: Den geistigen point de résistance gegen die mittelalterliche Weltmacht Nummer eins zu bilden. Diese unerhörte politische Herausforderung hat das Papsttum mit dem Einsatz einer Waffe beantwortet, die sich schon bei der Kolonisierung des Orients bewährt hatte - dem Kreuzzug. Mit dem Schlachtruf: »Schlimmer als die Sarazenen sind sie!« überfiel das von Bischöfen angeführte Kreuzheer die katharisch eingefärbten oder auch nur als ketzerisch verschrieenen okzitanischen Länder. Und um den zögernden französischen König für den Kreuzzug zu gewinnen, überzeugte der Papst ihn davon, daß sich die Besitzungen der Kapetinger günstig nach Süden hin erweitern ließen, wenn der häretische Süden erst einmal für den rechten Glauben zurückgewonnen sei. Die Aktion endete zur Zufriedenheit beider Teile.

Während die Katharer der einheitlichen Kirchenordnung zuliebe ausgerottet wurden, ebnete der gegen sie geführte Vernichtungsfeldzug den Weg zur Bildung des französischen Nationalstaats. Es liegt deshalb nahe, der Katharer nicht nur als Märtyrer ihrer vom Dogma abweichenden Überzeugung zu gedenken, sondern auch als Märtyrer der regionalen Autonomie und Eigenart. Kein Zufall, daß die jüngste Wiederentdeckung der katharischen Ketzerei in Frankreich Anfang der sechziger Jahre mit dem Aufbruch des okzitanischen Regionalismus zusammenfiel: Da verbrannten auf dem Scheiterhaufen von Montségur zusammen mit den kirchenfeindlichen Ketzern die Herolde einer partikularen, ihrer Zeit vorauseilenden Zivilisation, Insel der urbanen Demokratie und Gleichheit der Geschlechter im Ozean mittelalterlicher Barbarei.

Als der dem goldenen Zeitalter versetzte Todesstoß gewann der Fall von Montségur für die modernen Okzitanier die Bedeutung der großen nationalen Katastrophe, so wie die Schlacht von Alesia im Jahr 52 v. u. Z., in der Vercingetorix gegen Cäsar unterlag, zur nationalen Katastrophe des gallischen Frankreich geworden war. Ließ sich der Untergang dieser in der Troubadourdichtung besungenen Kultur der Liebe und der Toleranz anders erklären als durch den Einbruch blinder Gewalt? Bei ihrem Versuch, die Forderung nach regionaler Autonomie geschichtlich zu begründen, haben die Okzitanisten selbst bei nationalen Mythen Zuflucht gefunden und sind dabei nicht der Gefahr entgangen, die Geschichte der Katharer unter eine okzitanische Ursprungslegende zu subsumieren. Der Katharismus ist aber kein ausschließlich okzitanisches Phänomen, und der weitaus größere Teil des lange vor Gallien christianisierten okzitanischen Sprachgebiets hielt treu zur römischen Kirche.

Was die katharische Ketzerei jenseits der regionalen Renaissance zu einem längst nicht erledigten Geschichtskapitel macht, ist die enge wechselseitige Verzahnung von Orthodoxie und Dissidenz, mit der uns das Schicksal dieser christlichen Oppositionsbewegung konfrontiert. Ernst Blochs berühmtes Motto aus dem Müntzerbuch, daß der Rebell vergessen ward und der Sieger die Geschichte schreibt, trifft auch für das Nachleben der Katharer zu; es reicht aber nicht aus, um die Geschichte ihrer Abweichung selbst zu erhellen. Ist der Schleier des Vergessens weggezogen, ist das Geheimnis von Sieg und

Niederlage noch nicht gelüftet; weil die Erinnerung an den aus der Siegergeschichte verdrängten Widerspruch Kämpfe und Arbeit kostet, wird das Erinnern leicht mit der Antwort verwechselt, wo es gerade erst die Frage stellt: Was war es, was die siegreiche Richtung siegen und die unterlegene unterliegen ließ? Wo verlief, als noch nicht alles entschieden war, die Grenze zwischen Orthodoxie und Häresie? Entspringt der absolut erscheinende Gegensatz zwischen siegreicher Rechtgläubigkeit und unterlegener Abweichung vielleicht nicht einer Rückprojektion des späteren Geschichtsverlaufs, der zwar Sieger und Besiegte nennt, aber nichts über den Prozeß verrät, der die Karten zwischen Rechtgläubigkeit und Abweichung verteilte, der über Erfolg und Scheitern entschied? Die römisch-katholische Kirche, der es bis zu Luther und Calvin gelang, alle sich ihrem Totalitätsanspruch entziehenden Häresien niederzuwalzen, war, bevor sie sich als die rechtgläubige durchsetzte, auch nur eine unter mehreren »Häresien«, im griechischen Wortsinn: Denkweisen.

Von dem Martyrium der Katharer erzählen, heißt auch an das *Risiko* der abweichenden Überzeugung erinnern: Nicht unnütz zu einem Zeitpunkt, da es zum ›juste milieu‹ gehört, seine Meinung von vorneherein als Ketzerei zu empfehlen und die vom Gang der kulturellen Geschäfte verlangte Abwechslung und Distinktion mit dem Glorienschein der Dissidenz zu umgeben. Sich selbst zum Häretiker erklären, heißt genaugenommen selbst das Wahrheitsmonopol beanspruchen, das die an die Macht gelangte Kirche über Rechtgläubigkeit und Häresie bestimmen ließ. Die Geschichte der Katharer und ihrer Verfolger läßt zugleich die Unschärferelation im Verhältnis von Orthodoxie und Ketzerei hervortreten, die der wohlfeilen nachträglichen Identifikation mit der Dissidenz im Wege steht: Was gab den Ausschlag, daß aus Franziskus von Assisi, dem von der Armutsbewegung seiner Zeit mitgerissenen Aussteiger aus der besitzenden Klasse, kein Ketzer wurde, sondern der Gründer eines Ordens, der neben den Dominikanern die wirksamste Ketzerbekämpfung trieb? Bloßes Kalkül des schlauen Papstes Innozenz III.? Oder tritt uns in Franziskus, der in einer katharisch regierten Stadt großgeworden war, nicht wiederum ein Häretiker der Häresie gegenüber, der, quia tertium non datur, bei der großen Orthodoxie landete?

Da wir, wenn wir heute von Orthodoxie und Ketzerei, Rechtgläubigkeit und Dissidenz sprechen, von der Begriffswelt der Religion nicht loskommen und die Nachwirkungen einer Kirchengeschichte spüren, die politische Geschichte war, hat die große Ketzerei der Katharer auch mit uns zu tun. Wenn dieses Buch ihre Geschichte nacherzählt, will es nicht mit der Ketzergeschichtsschreibung rivalisieren; es verdankt ihr vielmehr Entscheidendes, insbesondere den klassisch gewordenen Forschungsarbeiten von Herbert Grundmann, Arno Borst und Gottfried Koch. Daß diese Geschichtsschreibung in Deutschland eine solide Tradition besitzt, hängt natürlich mit der Reformation zusammen; als im katholischen Frankreich noch kein Wort über die Häretiker und ihre Ausrottung verloren wurde, schrieben protestantische Kirchenhistoriker »Unpartheysche Kirchen- und Ketzerhistorien«; in Umkehrung der alten katholischen Ketzerpolemik holten sie triumphierend Beweis um Beweis für ihre Überzeugung ans Licht, daß es die römisch-katholische Kirche war, die sich der wahren Häresie schuldig gemacht hatte. Die protestantische Unparteilichkeit ging allerdings nicht so weit, anzuerkennen, daß ihr Heros Luther es im Prinzip nicht besser gemacht hätte als der Papst, denn nach einer Phase der schwankenden Großmütigkeit plädierte der dem Ketzerschicksal gerade entronnene Reformator dafür, die Ketzer »sofort und ohne allen Zweifel zu strafen«. Es ist also Vorsicht geboten bei allen Unternehmungen, die sich die Geschichte der Katharer dienstbar zu machen versuchen, sei es für den Protestantismus oder die Anthroposophie, für den Sozialismus oder die Frauenbewegung, auch wenn es so aussieht, als verdankten die Ketzer ihr literarisches Überleben eher den unreinen Identifikationen als dem reinen Erkenntnisinteresse der Historiker.

Auch dieses Buch wäre nicht zustandegekommen ohne den Anstoß der Empathie, die im Willen zum Wissen nicht aufgeht. »Im Katharismus hatte es etwas gegeben, das mit den Scheiterhaufen nicht erloschen ist«, schreibt selbst der französische Ketzerhistoriker Jean Duvernoy, der skeptischste und materialistischste unter seinesgleichen. Sein zweibändiges, Ende der siebziger Jahre erschienenes Werk über die Katharer, das viele Quellen heranzieht, die Grundmann und Borst noch nicht zugänglich waren, hat dieser Erzählung von der großen Ketzerei der Katharer, was die Faktengrundlage angeht, auf weiten Strecken als roter Faden gedient.

DER RUF DER VIERTEN POSAUNE
Illustration aus der
Apokalypse von St. Sever (Gascogne)
Mitte des 11. Jahrhunderts

In Erwartung des Weltendes:
Die millenarische Unruhe

Finstere Zeiten im christlichen Europa des Jahres tausend. Das Karolingerreich war auseinandergebrochen, ohne daß eine neue Herrschaftsform die freigesetzten politischen Kräfte in Schranken hielt. Das römische Gottkaisertum hatte die Völkerwanderungen nur noch als Idee überstanden. Die Kirche selbst wurde ihrem Anspruch, katholisch zu sein, das heißt das Ganze zu umfassen, noch lange nicht gerecht. Die armenischen, maronitischen, griechischen und russischen Kirchen entzogen sich der römischen Aufsicht. Die Christianisierung der Slawen und Skandinavier kam nur schleppend voran. Mohammedanische Völker bedrängten nicht nur die heiligen Stätten im Orient, sondern stießen auch von Andalusien her nach Mitteleuropa vor. Hungersnöte und Epidemien suchten die Länder ebenso heim wie die Raubzüge der kriegerischen Frankengeschlechter.

Katastrophenerfahrungen waren nichts Neues; jahrhundertelang hatte man mit ihnen gelebt. Bedrohlich wurden sie jetzt dadurch, daß sie als Vorzeichen wahrgenommen wurden, die ein noch viel schlimmeres Unheil ankündigten. Kein Ereignis stand mehr für sich; in Erwartung der herannahenden Jahrtausendwende luden sich alltägliche Unglücksfälle mit Bedeutungen auf. Vor allem mit der einen, fürchterlichen, apokalyptischen Bedeutung: wenn tausend Jahre verstrichen sind, wird der Satan, wie es die Apokalypse des Johannes voraussagt, aus dem Verlies herauskommen, in das ihn ein Engel gesperrt hat, und die Erde im Chaos versinken lassen.

»Und wenn tausend Jahre vollendet sind, wird der Satan los werden aus einem Gefängnis und wird ausgehen, zu verführen die Heiden an den vier Ecken der Erde, den Gog und Magog, sie zu versammeln zum Streit, welcher Zahl ist wie der Sand am Meer.« Luther hat in seiner Bibelübersetzung an dieser Stelle angemerkt: »GOG. Das sind die Türcken / die von den Tattern herkomen / und die roten Jüden heissen.« Das Amalgam von Türken und Juden ist dabei weniger dem spezifisch lutherischen Antisemitismus zuzuschreiben, als daß es eine im Mittelalter weitverbreitete Überzeugung wiedergibt: Türken, Mauren, Sarazenen, Seldschuken und Juden sind im Grunde eins und in jedem Fall des Teufels. Der Ritus der Beschneidung wird nicht nur in den heimischen jüdischen Gemeinden praktiziert, stellten Pilger und Händler fest, sondern auch bei den Völkern des Orients. Papst Urban II. wies 1096 in der ersten Kreuzzugspredigt ausdrücklich auf die Verwandtschaft von Juden und Seldschuken hin. Doch die orientalischen Söhne Satans waren weit vom Schuß, außerdem hochgerüstet und kriegserfahren; der versammelten Streitmacht des christlichen Abendlands gelang es in den darauffolgenden Jahrhunderten nicht, sie zu vernichten. Aber ihre Vorposten waren in erreichbarer Nähe, eingenistet in Städten und Dörfern. Sie wenigstens sollte der Satan nach Ende des ersten Milleniums, des tausendjährigen Reiches, nicht gegen die Christen aufwiegeln können. Im Jahr 1007, berichtet der Kluniazenzermönch Radulfus Glaber in seiner berühmten Chronik *Fünf Bücher Geschichten* von 1048, habe das Volk Jagd auf Juden gemacht. Wo das geschah und in welchem Ausmaß, hat der fromme Chronist nicht präzisiert. Aber es ist anzunehmen, daß aus der Katastrophenstimmung der Jahrtausendwende mehr als nur ein vereinzeltes Judenprogramm hervorging.

Wenn man dem Bischof Thietmar von Merseburg Glauben schenken möchte, hat die millenarische Erregung keine tieferen Spuren hinterlassen; die Welt stand ja immer noch, als der kritische Stichtag vorüber war: »Kaum war das tausendste Jahr nach der Geburt des Erlösers Jesu Christ durch die sündenlose Jungfrau Maria gekommen, erstrahlte die Welt in hellem Morgenglanz.« Doch das war offenbar eher Wunschdenken als eine Situationsbeschreibung. Obwohl die Endzeitstimmung Ausdruck des Schriftglaubens war, kam sie der Kirche nicht gelegen; die einmal ausgebrochene Unruhe machte vor den Kirchentüren nicht Halt. Umherziehenden Katastrophenpredigern traten die Kleriker mit dem Argument des Augenscheins entgegen: Es ist doch alles in Ordnung, die Mauern und Türme stehen noch, geht also nach Hause. So billig ließen sich die Propheten des Weltuntergangs aber nicht abspeisen. Das schlimmste, antworteten sie, stehe erst noch bevor, da man die tausend Jahre nicht von der Geburt, sondern der Passion Christi her zählen müsse. 1033 ging die Welt zwar wieder nicht unter, wenn auch eine Sonnenfinsternis Angst und Schrecken verbreitet haben mag; aber die Kirche selbst hatte inzwischen eine Bedrohung kennengelernt, die sich mit beruhigenden Predigten nicht mehr verscheuchen ließ. Die ersten Jahrzehnte des 11. Jahrhunderts erlebten eine Serie von Ausbrüchen der Häresie.

Es waren nicht die ersten Manifestationen der Ketzerei gegen die Una Sancta der römischen Kirche, und gewiß nicht die massivsten. Was die Hüter der römischen Orthodoxie aufschreckte, war der Umstand, daß die neuen Irrlehren nicht, wie etwa der Manichäismus des 3. Jahrhunderts, an den unsicheren orientalischen Rändern verkündet wurden, sondern mitten im europäischen, seit langem römisch christianisierten Kernland. Nur zweihundert Kilometer von dem burgundischen Cluny entfernt spielte sich die Geschichte ab, die der Kluniazenzer Glaber in seiner Chronik wiedererzählt:

»Um das Ende des 1000. Jahres lebte in Gallien in einem Dorf namens Vertus im Gebiet von Châlons ein gewöhnlicher Mensch mit Namen Leutard, den man, wie der Ausgang der Sache erwiesen hat, für einen Abgesandten Satans halten konnte. Sein hartnäckiger Wahnsinn brach folgendermaßen aus. Er hielt sich einmal allein auf dem Acker auf, um Feldarbeit zu tun. Von der Mühe ermüdet, schlief er ein und es kam ihm so vor, als dringe durch die geheimen Öffnungen des Leibes ein großer Bienenschwarm in seinen Körper ein. Er brach mit großem Getöse durch seinen Mund wieder aus und beunruhigte ihn mit zahlreichen Stichen. Und als sie ihn lange sehr damit gequält hatten, schienen sie zu ihm zu sprechen und viel Menschenunmögliches vorzuschreiben, was er tun solle.

Endlich stand er zermürbt auf und kam nach Hause. Dort verstieß er seine Frau und vollzog, angeblich nach evangelischer Vorschrift, die Scheidung. Dann ging er hinaus, wie um zu beten, betrat die Kirche, packte das Kruzifix und zerschlug das Bild des Erlösers. Alle, die das sahen, wurden von Entsetzen gepackt und glaubten - was auch zutraf - er werde wahnsinnig. Er selber aber brachte ihnen die Überzeugung bei - Bauern sind ja wankelmütig -, daß er all dies aufgrund einer wunderbaren Offenbarung Gottes vollbringe. Er strömte nun über von allzu vielen Reden, die weder Nutzen noch Wahrheit enthielten; er wollte als Lehrer auftreten und ließ dabei vergessen, was der Meister gelehrt hat. Denn er sagte, den Zehnten zu geben, sei in jeder Hinsicht überflüssig und unnütz. Und wie sich andere Ketzereien, um möglichst behutsam zu täuschen, mit der Heiligen Schrift bemänteln, selbst wenn sie zu ihr in Widerspruch stehen, so behauptete auch dieser Mann, die Propheten hätten teils Nützliches, teils Unglaubliches erzählt.

Er gewann damit das Ansehen eines vernünftigen und frommen Mannes und zog in kurzer Zeit eine beträchtliche Menge Volkes an sich. Der greise Bischof Gébuin, ein grundgelehrter Mann, in dessen Bistum Leutard lebte, erfuhr von der Sache und ließ ihn herbeischaffen ... Er legte dar, daß der Mann zu einem wahnsinnigen Ketzer geworden war, brachte das zum Teil getäuschte Volk von dem Wahnsinn ab und festigte es noch gründlicher im katholischen Glauben. Jener aber sah sich besiegt und von der Volksgunst im Stich gelassen und ertränkte sich in einem Brunnen.«[1]

Eine merkwürdige Erzählung. Auf der einen Seite bläht der Mönch Radulfus die Gefahr auf, die von Leutards Ketzerei ausgeht, spricht von der »beträchtlichen Menge Volks«, die seiner Lehre glaubt; auf der anderen Seite verkleinert er die Affäre, in die ja nur »wankelmütige Bauern« verwickelt sind, die ein ordentlicher Bischof wieder zur Räson bringen kann. Auf der einen Seite findet die Ketzerei Leutards eine natürliche Erklärung, als Ausbruch von Wahnsinn, der folgerichtig zum Selbstmord des Wahnsinnigen führt. Auf der anderen Seite hat der Teufel die Hand im Spiel: von hinten schleicht er sich bei Leutard ein - *per secreta naturae* heißt es im lateinischen Original - und wiegelt ihn auf gegen das Kreuz, das Sakrament der Ehe, den Zehnten. Am Ende seiner Ketzererzählung bringt Bruder Radulfus die häretischen Umtriebe des Jahres 1000 in einen Zusammenhang mit der Freilassung des Satans, wobei er sich auf jene Weissagung der Apokalypse stützt, die von der Kirche immer dann, wenn sich Katastrophenprediger und Ketzer auf sie beriefen, zum bloßen Gleichnis erklärt wurde. Dieses Schwanken wurde charakteristisch für den Umgang der Orthodoxie mit häretischen Lehren: Nur wenn die Bibel orthodox gelesen wurde, war sie wörtlich zu nehmen; nahmen Außenstehende sie wörtlich, so verstanden sie sie falsch. 1198 verbot Papst Innozenz III. den Laien ganz einfach, die Heilige Schrift ihrer Glaubensgemeinschaft zu lesen.

Diesmal war Radulfus Glaber übrigens seiner eigenen optimistischen Propaganda auf den Leim gegangen. Mag sich der Bauer Leutard auch in den Brunnen gestürzt haben, seinen Anhängern hatte der Bischof von Châlons-sur-Marne keineswegs ein für allemal die Lust am Widerspruch ausgetrieben. In einer Stadtchronik von Châlons ist für das Jahr 1012 vermerkt:

»Obwohl der Großteil der einfachen Menschen, die gegen Ende des Jahres 1000 von dem Fanatiker Leutard verführt worden waren, von Bischof Gébuin II. eines besseren belehrt wurde, hatten seine Irrlehren bei einzelnen einige Wurzeln hinterlassen, dergestalt daß 1012 neue Triebe zu sehen waren. Um sie abzuschneiden und für immer zu entwurzeln, berief Roger I. im Oktober dieses

Jahres in Châlons eine Synode ein, auf der man geeignete und erfolgversprechende Maßnahmen traf.«[2]
Geeignet waren die Maßnahmen der Synode wohl kaum, denn die Gegend um das Dorf Vertus, in der Leutard gelebt hatte, blieb ein häretisch außerordentlich fruchtbares Gelände. Anderthalb Jahrhunderte später behaupteten die Kleriker in dem von der Ketzerei befallenen Lüttich, das ganze Unheil sei von dem Hügel Montwimer oder Mont-Aimé bei Vertus ausgegangen. Nach Ansicht einiger Historiker ist Mont-Aimé sogar das Zentrum der Ketzerkirche der Champagne, möglicherweise ein Bischofssitz für ganz Frankreich geworden. Einig sind sich mehrere Chroniken des 13. Jahrhunderts darin, daß in der Pfingstwoche 1239 am Mont-Aimé 183 Ketzer abgeurteilt und auf dem Scheiterhaufen verbrannt worden sind.

Aber soweit war es Anfang des 11. Jahrhunderts noch nicht. Über die Umtriebe eines Leutard und seiner Anhänger konnte sich die Kirche um so leichter hinwegsetzen, als sie darin den Wunderglauben der Schriftunkundigen am Werk sah, den sie meistens selbst nach Kräften förderte. Beunruhigend war nur, daß die millenarische Unruhe auch auf den Klerus selber übergriff. 1022 wurde Orléans, damals Hauptstadt des Königs Robert des Frommen, von der Häresie befallen. Etwa ein Dutzend Mönche und Weltgeistliche, darunter der Beichtvater der Königin, waren verdächtig, insgeheim einem anderen Glauben zu huldigen. Vor einem Konzil zur Rede gestellt, gaben sie, wie der Mönch Jean aus der Abtei Fleury berichtet, ihre Lehre zu erkennen:

> »Sie leugneten die Gnade der heiligen Taufe, sowie die Weihe des Blutes und Leibes des Herrn und die Vergebung der Sünden. Sie wandten sich von den Bindungen der Ehe ab und enthielten sich einer Nahrung, die Gott selbst geschaffen hat, des Fleisches und des Fetts, als unreiner Dinge.«[3]

Nach der Chronik eines anderen Mönchs aus Fleury, André, wurden die abgefallenen Kleriker in Anwesenheit des Königs und der Königin von den Bischöfen pausenlos bearbeitet, um sie von ihren Überzeugungen abzubringen. Vergeblich.

> »Härter als Eisen, gaben sie nicht nach. Man befahl, daß jeder das heilige Gewand seines Ordens anlegte, und sie wurden von den Prälaten sogleich ihrer Würde beraubt. Auf Befehl des Königs stellte sich die Königin Constance am Eingang der Basilika auf, um das Volks daran zu hindern, sie in der Kirche zu töten. So wurden sie aus der heiligen Kirche verjagt.

Als sie herauskamen, stach die Königin mit dem Stock, den sie in der Hand hielt, Etienne, ihrem ehemaligen Beichtvater, ein Auge aus.«[4]

Radulfus Glaber hat sich die Gelegenheit nicht entgehen lassen, die Verbrennung der Ketzer von Orléans so auszumalen, daß der wohlige Schauder des himmlischen Wunders den Horror von Wahnsinn und Teufelei erst recht zur Geltung bringt:

»Der König ließ nicht weit von der Stadt ein sehr großes Feuer entzünden, damit der Schrecken, der von ihm ausging, sie von ihrer Bösartigkeit abbrächte. Man führte sie hin: von einem tollen Wahn getrieben, riefen sie aus, daß sie eben dies wollten, und gingen denen voraus, die sie zum Feuer schleppten. Man übergab sie ihm, es waren dreizehn an der Zahl.

Als sie angefangen hatten, lichterloh zu brennen, riefen sie vom Feuer herunter, so laut sie konnten, daß sie von einer teuflischen Zauberei arg getäuscht worden seien, daß sie von Gott und dem Herrn des Universums schlecht gedacht hätten, und daß sie für diese Gotteslästerung durch die Strafe dieser Welt und die der anderen gemartert würden. Als sie das hörten, näherten sich viele der Umstehenden, von Menschlichkeit bewegt, um sie halbverbrannt herauszuziehen, konnten aber nichts machen, da sie, von der rächenden Flamme verzehrt, auf der Stelle zu Asche zerfielen.«[5]

Der Scheiterhaufen von Orléans, laut Duvernoy der vielleicht erste Fall von Ketzerverbrennung im mittelalterlichen Abendland, wirkte offenbar nicht abschreckend. Radulfus Glaber selbst berichtet, daß anderswo Anhänger der häretischen Sekte von Orléans entdeckt und bestraft worden seien. 1024, zwei Jahre später, tauchte die Ketzerei in den Diözesen von Arras und Cambrai auf. Der Bischof von Arras, der die Verdächtigen verhörte, wußte schon im voraus, welcher Lehre sie folgten: Daß die Taufe, die Eucharistie, die Vergebung der Sünden durch die Buße, die Kirche, die Ehe und die Kraft der Heiligen null und nichtig sind. Die Kleriker begannen allmählich zu begreifen, daß sie es nicht mit dem spontanen Ausbruch örtlich beschränkter antiklerikaler Unruhen zu tun hatten, sondern mit Manifestationen einer einheitlichen und offensichtlich weitverbreiteten heterodoxen Lehre. Denn nicht nur Nordfrankreich war von der Häresie heimgesucht, sondern auch die Aquitaine und die Gegend von Toulouse. Wie immer in Fällen von Unruhen, so fragten die kirchlichen Ordnungshüter, das heißt ihre Sprachrohre, die mönchischen Chronisten, nicht nach den Gründen, sondern nach den Unruhestiftern. Wer war es, der analphabetische Bauern *und* hochgebildete Geistliche so zu verführen vermochte?

Eine Frau, ein Bauer, laut Radulfus Glaber, aber auch Ausländer, Welsche. Nicht bloß fahrendes Volk, sondern auch Leute von Rang. Das Schloß Montforte bei Asti in Piemont wurde nicht nur bei Glaber aus dem Burgund, sondern auch bei dem Mailänder Chronisten Landulf dem Alten als Häretikernest ausgemacht. Laut Glaber soll die Kastellanin der Burg mit einem Schwarm Teufel im Gefolge aufgetreten sein. Der nicht so wundergläubige Landulf erwähnt ebenfalls eine häretische Burgherrin, interessiert sich aber weniger für satanische Begleitumstände als für die Lehre der Ketzer von Montforte. In dem üblichen Verhör durch den zuständigen Bischof gab einer der Ketzer mit Namen Gerhard bereitwillig Auskunft:

»Wir stellen über alles die Jungfräulichkeit, obgleich wir Frauen haben. Wir wünschen, daß diejenigen, die Jungfrauen sind, ihre Jungfräulichkeit behalten, und daß die bereits Verdorbenen eine ständige Keuschheit üben, mit der Erlaubnis unseres Oberen. Keiner von uns besitzt seine Frau im Fleisch, sondern behandelt sie liebevoll wie eine Mutter oder Schwester.

Wir essen niemals Fleisch. Wir sind ständig mit Fasten und Beten beschäftigt; unsere Oberen beten immerzu, Tag und Nacht, so daß es keine Stunde ohne Gebet gibt.

Alle unsere Habe teilen wir mit allen. Keiner von uns beendet sein Leben ohne zu leiden, auf daß er der ewigen Marter entgeht. Wir bekennen uns zum Glauben an den Vater, den Sohn und den Heiligen Geist.«[6]

Keuschheit, Askese, Besitzlosigkeit, Gebet. Wie eine strenge Klosterregel. Und deutet die Erwähnung von »Oberen« nicht auf eine hierarchische Organisation hin, die aus verstreuten Ketzerhaufen einen häretischen Orden, womöglich eine Gegenkirche macht? Orden oder Kirchen aber schweben nicht in der Luft, sie brauchen einen Sitz. War das die Burg Montforte? Offenbar nicht, denn der Chronist Landulf fügt hinzu, daß einige der Ketzer von so weit her gekommen waren, daß sie nicht einmal mehr wußten, von wo genau. Der verhörte Ketzer hatte von einem »pontifex« gesprochen, einem Papst, aber nicht den von Rom gemeint. Welchen dann?

Was die Chronisten des 11. Jahrhunderts nicht wußten, das offenbarte sich später in dem Namen, den man in Frankreich den Ketzern gab: »Bougres«. Im *Nouveau Dictionnaire des passagers françois - allemand et allemand-françois* von 1746 wird der Bougre als ein Ketzer beschrieben, »der die Dreyfaltigkeit in GOtt und die Menschwerdung des Sohnes GOttes leugnet.« Ein fanatischer Ketzerjäger des 13. Jahrhunderts wurde Robert le Bougre genannt, weil es sich um einen übergelaufenen Häretiker handelte; das heute gebräuchliche Schimpfwort bougre - Schuft, Dreckskerl - hat die Verachtung aufbewahrt, die man dem Ketzer entgegenbrachte. Ursprünglich war es nichts anderes als die französische Form von *bulgarus:* Aus Bulgarien war das ganze Unheil importiert worden.

»Unter der Herrschaft des sehr christlichen Kaisers Peter hat es einen Priester namens Bogomil gegeben, der zum ersten Mal begonnen hat, die Häresie in Bulgarien zu predigen«, heißt es in einem Traktat des bulgarischen Priesters Kosmas.[7] Dieser Peter regierte von 927 bis 969 und war selbst, wie aus einem Schreiben an den Patriarchen von Konstantinopel hervorgeht, über eine Häresie in seinem Reich informiert. Über den Priester Bogomil - »Freund Gottes« -, der der ganzen östlichen Häresie den Namen lieh, ist nichts Genaues bekannt; gesichert scheint nur, daß er um die Mitte des 10. Jahrhunderts in Bulgarien gelebt und gelehrt hat. Möglicherweise begünstigt durch die Unruhen, die von griechischen und russischen Invasionen ausgelöst wurden, verbreitete sich der Bogomilismus über den Balkan bis Bosnien und Dalmatien. In den ersten Jahrzehnten des 11. Jahrhunderts drang die neue Häresie in die Zitadelle der Orthodoxie selbst ein, in Konstantinopel. Ein Mönch namens Euthymios berichtet von Novizen, Mönchen und gelehrten Männern, die Anhänger der von ihm »Phundagiagiten« genannten Sekte geworden waren.[8]

Mont-Aimé, Arras, Orléans, Toulouse im Westen, Konstantinopel und der Balkan im Osten: um die Mitte des 11. Jahrhunderts scheint die katholische Christenheit geographisch von zwei Seiten in die Zange genommen, theologisch von einer einzigen, bedrohlichen Häresie. Im Osten wie im Westen wurden die rituellen und materiellen Grundpfeiler der Una Sancta angesägt: Taufe, Eucharistie, Ehesakrament, Kreuzanbetung - alles nur Götzendienst, der Zehnte willkürliche Geldschneiderei.

Trotz Kirchenreform und
Kreuzzugsaufbruch greift die Ketzerei um sich

Doch entgegen aller Erwartung war die Ketzerei in der zweiten Hälfte des unter düsteren Vorzeichen angebrochenen 11. Jahrhunderts wie vom Erdboden verschluckt. War der nach tausend Jahren freigelassene Satan wieder eingefangen? Hatten die Ketzer es nur verstanden, sich geschickt zu tarnen und der Verfolgung zu entziehen? Oder war es den Bischöfen gelungen, den harten Kern der Ketzerprediger durch den Scheiterhaufen auszurotten und ihre Anhänger dauerhaft abzuschrecken?

Allem Anschein nach war den religiösen Unruhestiftern der Wind aus den Segeln genommen. Mochte die Welt auch noch nicht dem himmlischen Jerusalem gleichen, das die Apokalypse des Johannes für die Zeit nach dem satanischen Interregnum versprochen hatte, so war das Schlimmste vorüber. Es ging sogar aufwärts. Die Hungersnöte vom Beginn des Jahrhunderts wiederholten sich nicht mehr, weil die Bauern inzwischen gelernt hatten, rationeller zu produzieren. Von wem? Von den Mönchen.

In den Klöstern waren Techniken bereitgestellt worden, die es erlaubten, das eherne Gesetz der Hungerzyklen außer Kraft zu setzen: War es früher wirtschaftlich bergauf gegangen mit den entsprechenden demographischen Folgen, so hatte die Unterernährung der angewachsenen Bevölkerung bereits die nächste Krise eingeleitet. Hinter den Mauern der Klostergüter waren neuartige Pflüge und Gespanne entwickelt worden, mit denen sich schwere Böden bearbeiten ließen; die Mönche des mitten in einer Karstlandschaft gegründeten Zisterzienserklosters Fontfroide bei Narbonne führten vor, daß sie steinige Hügel in blühende Gärten zu verwandeln vermochten. Auf welchen Wegen sich diese neuen Kenntnisse nach draußen verbreiteten, weiß man nicht genau:

»Dieses ländliche Wachstum«, schreibt Georges Duby, »hat in den historischen Dokumenten keine direkten Spuren hinterlassen, doch läßt sich die Vorwärtsbewegung an tausend Anzeichen ablesen; sie bildet die Grundlage des gesamten kulturellen Fortschritts des 11. Jahrhunderts.«[1]

Wären die Ketzerunruhen nichts anderes als Krisensymptome, allenfalls religiös verbrämte Hungerrevolten gewesen, so lieferte der landwirtschaftliche Aufschwung nach 1040 die Erklärung dafür, weshalb die Häresie plötzlich verstummte. Doch diese Erklärung bleibt unbefriedigend; nicht nur theoretisch, weil sie nach vulgärem Ökonomismus riecht: Sie hängt auch historisch in der Luft. Denn die Kirche selbst hat in den Jahrzehnten der Prosperität zu erkennen gegeben, daß die Ketzerei nicht bloß den Umtrieben ausgehungerter oder wahnsinniger Dörfler zuzuschreiben war. Soweit sich die Häresie an dem äußeren Auftreten des Klerus entzündete, hat sie ihr indirekt sogar recht gegeben. Die Häresie, von der jetzt die Rede war, denn das Wort verschwand nicht aus den Chroniken, hatte die Bedeutung gewechselt. Sie traf nicht mehr die Lehren kreuzzerschlagender Bauern oder abgefallener Mönche, sondern das Auftreten des Klerus. Statt die Empörung gegen Priester und Bischöfe als Ketzerei zu verdammen, erklärte der Papst sie vielfach für gerechtfertigt und ergänzte sie seinerseits, indem er das Interdikt über das betreffende Gebiet verhängte, die Einstellung der kirchlichen Tätigkeit, oder sogar das Anathema, die Auslieferung an die Gottesverdammnis. In Mailand wurden Mitte des 11. Jahrhunderts nicht die Anführer einer Volkserhebung exkommuniziert, sondern der Bischof und seine Gefolgsleute, gegen die sich die Erhebung richtete.

Diese *Pataria* genannte Bewegung erscheint wie ein Vorläufer der Bettelorden, die sich zweihundert Jahre später am Rande der hierarchischen Sphäre bildeten und ebenfalls rasch unter die päpstlichen Fittiche genommen wurden. Die Patarener waren aber keine Kanoniker, wie der spätere Dominikus, oder gebildete Bürger wie Franziskus, sondern Arbeiter und Handwerker, die gar keine andere Wahl hatten, als das asketische Leben zu führen, das die Bettelmönche predigten. Daß es sich um einen Klassenkonflikt gehandelt hat, der sich an dem schreienden Gegensatz zwischen der Prasserei der Patrizier und dem Elend der Handwerkermassen entzündete, scheint offensichtlich; daß er sich in der Sprache des moralischen Vorwurfs gegen einen sittenlosen Episkopat ausdrückte, der sich vom apostolisch armen Leben Jesu entfernt hatte, machte die Affäre für die Kurie interessant. Wurde die Autorität der Bischöfe angegriffen, paßte das ausgezeichnet in den »Gregorianische Reform« genannten langwierigen Prozeß der kirchlichen Reorganisation, der mit einer einzigartigen Konzentration geistlicher und weltlicher Macht in den Händen des Papstes endete.

Von einer Parteinahme der Kirche für die Armen gegen die Reichen zu sprechen, wie es apologetische Kirchengeschichten tun, ist nur fromme Sozialromantik; die eifernde Empörung gegen einen Klerus, der sich seine Ämter kaufte und sich mit Pomp und Konkubinen auf der Straße sehen ließ, war ein willkommenes Druckmittel, um die der Reform im Wege stehende Weltgeistlichkeit zu entmachten. Denn das gregorianische Papsttum setzte auf die Orden und Abteien als Verbündete gegen die Fürsten und Feudalherren. Im Fall von Mailand kam hinzu, daß Bischof, Klerus und Patrizier deutscher Provenienz waren und daher im Verdacht standen, mit dem ewigen Herausforderer der römischen Päpste, dem deutschen Kaiser, unter einer Decke zu stecken.

Anders lagen die Dinge in der Affäre von Cambrai, die äußerlich nach dem bekannten Drehbuch der Ketzerverfolgung ablief. Im Jahr 1076, berichtet die Klosterchronik von Saint-André des Champs in Cambrai, wurde dem Bischof Gerhard II. ein Mann namens Ramihrd vorgeführt, dem man nachsagte, mit glaubensfeindlichen Reden allerlei Volk verführt zu haben. Doch das Verhör verlief ergebnislos:

> »Er bekannte den wahren Glauben in allen Punkten. Als aber der Bischof ihn aufforderte, zur Bekräftigung seiner Worte am heiligen Abendmahl teilzunehmen, entzog er sich mit der Begründung, er nähme es weder von einem Abt noch einem Priester und nicht einmal von einem Bischof entgegen, denn sie alle seien tief in das Verbrechen der Simonie und anderer Habgier verwickelt.
>
> Bei diesen Worten befanden alle, von Wut gepackt, daß er als Häretiker zu bezeichnen ist, und man hob die Sitzung auf. Die Diener des Bischofs und viele andere aber nahmen ihn mit und steckten ihn in einen Verschlag. Sie legten Feuer und ließen ihn darin verbrennen; er setzte sich nicht zur Wehr und verharrte, wie es heißt, unerschütterlich im Gebet. Das war das Ende eines Mannes, der viel getan und gelehrt hatte. Es gab immer noch viele seiner Anhänger, die sich seiner Knochen und seiner Asche bemächtigten.«[2]

Papst Gregor VII., seit 1073 im Amt und mit der Durchsetzung der nach ihm benannten Reform beschäftigt, verurteilte die Ketzerverbrennung von Cambrai und belegte den Bischof mit dem Interdikt. War das ein Umschwung in der Behandlung der Häresie? Denn ein Ketzer war Ramihrd aus Cambrai auf jeden Fall nach der herrschenden Lehre. Die Zurückweisung des Sakraments aus den Händen eines unwürdigen Priesters war illegitim, weil sie die Lehre vom Cha-

TOULOUSE
Blick vom Ufer der Garonne

risma negierte, das den Gläubigen auch dann an der Gnade Gottes teilhaben läßt, wenn der sakrale Akt von einer nicht besonders heiligen Priesterpersönlichkeit zelebriert wird. Aber für die Feinheiten des Dogmas interessierte man sich offenbar wenig im Zug einer Reform, die größere Dinge vorhatte, nämlich die Säuberung des unübersichtlich gewordenen Geländes zwischen päpstlicher und weltlicher Macht. So kam der Kanoniker Berengar von Tours verhältnismäßig ungeschoren davon, obwohl er sich zu der offen häretischen Auffassung bekannte, daß der Wandlung beim Abendmahl nur eine symbolische Bedeutung zukomme. Gregor VII. hielt seine schützende Hand über ihn.

Gregors Kirchenreform ist als epochales Werk der Reinigung und Erneuerung in die Geschichte eingegangen. Die Kirche sollte von al-

len weltlichen Beimischungen befreit werden, um ihre Autorität als Mittlerin zwischen Gott und Welt und das unangefochtene Deutungsmonopol für den Weg des Heils zurückzugewinnen. Die längst durchlöcherten Zölibatsgesetze wurden wieder in Kraft gesetzt, der Kauf der kirchlichen Ämter, die Simonie, fiel unter strenge Strafe, das Anhäufen von Landbesitz und Reichtum durch Klerus und Bischöfe wurde verurteilt. Der hohe moralische Anspruch, den der Papst als Stellvertreter Christi anmeldete, sollte von der ganzen Kirche verkörpert werden, damit die Wesensverschiedenheit zwischen geistlicher und weltlicher Macht deutlich zu Tage träte. Denn auf diese Differenz gründete das Papsttum Gregors VII. seine Suprematie über Kaiser, Könige und Feudalherren des christlichen Abendlands. Wie der Mond das Licht von der Sonne, so sollten die Fürsten die

Gewalt vom Papst als dem Mittler zu Gott erhalten. Einige Fürsten sperrten sich gegen die neue Erleuchtung; um auch sie für die päpstliche Sache zu gewinnen, mußte Gregor VII. Politik machen, und über der Politik kam die moralische Reform ins Stocken.

In Deutschland und (Nord-)Frankreich sah der Papst streng nach dem Rechten, drohte mit dem Kirchenbann und verhängte ihn auch, wenn die weltlichen Herrscher ihre alten Gewohnheiten beibehielten und die kirchlichen Ämter weiterhin nach Gutdünken besetzten oder verschacherten. Im Reich von Wilhelm dem Eroberer blieb allerdings alles beim alten, weil der Papst die Normannen, die er als Bundesgenossen gegen den Deutschen Heinrich brauchen konnte, nicht durch lästige Interdikte vergraulen wollte; die päpstliche Nachsicht zahlte sich auch aus, denn es war der Normannenherzog Robert Guiscard, der 1084 Gregor VII. aus der von Heinrich IV. belagerten römischen Engelsburg befreite. Die Auswirkungen dieser mit regional sorgfältig abgestuftem Eifer durchgesetzten Reform waren noch Jahrhunderte später zu spüren: in der einen Pyrenäen-Diözese, so kam es bei Inquisitionsprozessen im 14. Jahrhundert heraus, mußten die Priester in strengem Zölibat leben, in der anderen durften sie sich, gegen eine beim Bischof zu entrichtende Schutzgebühr, Konkubinen halten.

Frauen und Geld, das war der Inbegriff der Verderbtheit, die man zu diesen wie zu anderen Zeiten im Klerus wüten sah. Nicht nur in Mailand regte sich der Volkszorn. In Frankreich wimmelte es in der zweiten Hälfte des 11. Jahrhunderts von seltsamen Heiligen, die in ihren Waldhütten saßen und ihre Besucher mit Schauergeschichten von den Lastern der Priester unterhielten. Bald zogen sie oder ihre neugewonnenen Anhänger über Land, mit einem bunten Völkchen im Schlepptau, und alle ereiferten sich über die klerikale Unzucht und Völlerei. Wanderprediger, die Jahrzehnte früher als Ketzer verfolgt worden wären, wurden nicht nur in Ruhe gelassen, wiewohl mancher von ihnen angegriffene Bischof sie als Häretiker anschwärzte; einige von ihnen wurden sogar selig- und heiliggesprochen.[3]

Einen epochalen Durchbruch zur Toleranz bedeutete dieser Sinneswandel der kirchlichen Autoritäten keineswegs, wie die folgenden Jahrhunderte bewiesen. Hatten die päpstlichen Reformatoren vielleicht die ganze Bewegung manipuliert, um die widerspenstige Weltgeistlichkeit durch Druck von unten einzuschüchtern? Wenig wahrscheinlich, denn bis in die westfranzösischen Wälder, aus denen die Wanderprediger aufbrachen, dürfte der päpstliche Arm nicht gereicht haben. Daß es im Interesse des Papstes lag, Bischöfe und Prälaten von Schwarmgeistern beunruhigt zu sehen, bedeutet noch lange nicht, daß der Papst auch hinter der Unruhe steckte. Woher kam sie? Vielleicht die Fortwirkung der Endzeiterwartung vom Beginn des Jahrhunderts, vielleicht auch Vorboten dessen, was Duby die »Kreuzzugsgesellschaft« nennt.[4]

1095 machte sich die christliche Gesellschaft auf den Weg, im »Gottesfrieden« vereint, um im »heiligen Krieg« die äußeren Feinde des Christentums niederzuringen. Von innen drohte offensichtlich keine Gefahr. Die Wanderprediger wurden seßhaft, aus Einsiedlerklausen wurden Klöster, das Heer der Mönche, das nicht von allzu selbständigen Bischöfen, sondern von Rom angeführt wurde, hütete, nach dem Tod Gregors VII. den Geist der Gregorianischen Reform. Neue Orden wie die Kartäuser kehrten sich am radikalsten von den weltlichen Angelegenheiten ab. Neben Cluny stieg die Abtei von Cîteaux zu einer Bastion der richtigen Lehre auf und errichtete mit Hunderten von Töchtergründungen Vorposten im gesamten christlichen Europa.

Und doch war etwas von der Unruhe weder im Aufbruch des Kreuzzugs noch von den Klostergründungen aufgefangen worden. Es hatte den Jahrhundertwechsel überlebt, zunächst unbemerkt, weil es in den Formen des neuen Mönchtums zum Vorschein kam. Um 1110 verließ ein Mönch namens Henri - auch Heinrich von Lausanne genannt - seine Abtei und begann als Wanderprediger umherzuziehen. Am Aschermittwoch 1116 erschien er in Le Mans und bat den Bischof, eine Fastenpredigt halten zu dürfen. Der Bischof, mit Vorbereitungen zu einer Reise zum Papst beschäftigt, ließ Henri gewähren, bereute es aber bei seiner Rückkehr aus Rom. Der Mönch hatte inzwischen die ganze Stadt aufgewiegelt, hatte sich, von zwei Helfern unterstützt, als »Mann Gottes« verehren lassen, hatte die Huren von Le Mans mit armen jungen Männern verheiratet und dem Klerus offenbar böse Streiche gespielt. Der Bischof warf ihn aus der Stadt hinaus und verbot ihm das Predigen. War der Mönch Henri noch ein Wanderprediger unter vielen oder bereits ein Häretiker?

Das Konzil von Toulouse, das 1119 unter dem neuen Papst Calixtus II. abgehalten wurde, verurteilte diejenigen, »die unter dem Deckmantel eines religiösen Ordens das Sakrament des Leibes und Bluts des Herrn, die Kindertaufe, das Priesteramt und die anderen kirchlichen Ordnungen, außerdem die ehelichen Bande verdammen«.[5] Wer waren »diejenigen«? Das Konzil nannte keine Namen und drohte auch nicht mit den für Häretiker vorgesehenen Strafen. Der Mönch Henri trieb sich noch jahrzehntelang in Dörfern und Städten herum und tat sich zeitweise mit dem Dorfpriester Pierre de Bruis zusammen, der seiner antiklerikalen Predigten wegen von den Bischöfen des Dauphiné verjagt worden war.

In einer Denkschrift an verschiedene Bischöfe beschrieb Petrus Venerabilis, der Abt von Cluny, im Jahr 1138, welche Verheerungen die Wanderprediger angerichtet hatten:

»Entweihte Kirchen, umgestürzte Altäre, verbrannte Kreuze, Fleischgenuß sogar am Tag der Passion des Herrn, ausgepeitschte Priester, eingesperrte und durch Terror und Mißhandlung zur Ehe gezwungene Mönche.«[6]

Pierre de Bruis wurde zwar von aufgebrachten Bürgern in Saint-Gilles ergriffen und auf dem Scheiterhaufen verbrannt, aber der Mönch Henri predigte weiter landauf landab, in Poitiers, in Bordeaux und im Rhônetal. 1135 wurde er in Arles festgenommen und auf dem Konzil von Pisa vorgeführt, ohne daß er sich zur orthodoxen Lehre hätte bekehren oder einschüchtern lassen. Um 1140 machte er in der Gegend von Toulouse von sich reden, die, nach dem Zeugnis von Petrus Venerabilis, »von der Irrlehre heimgesucht war«. Bernhard von Clairvaux, der mit Petrus ständig über die um sich greifende antiklerikale Epidemie korrespondierte, malte in einem Brief an den Grafen Alphonse-Jourdain von Toulouse ein düsteres Tableau der Lage in dessen Ländereien:

»Es gibt keine Gläubigen in den Basiliken, keine Priester für die Gläubigen, keinen Respekt der Priester; mit einem Wort, die Christen finden sich ohne Christus. Man betrachtet die Kirchen wie Synagogen; man erkennt die Heiligkeit der Stätte Gottes nicht an; die Sakramente werden nicht mehr als heilige Dinge behandelt, die Feste werden nicht mehr feierlich begangen. Die Menschen sterben in ihren Sünden; die Seelen erscheinen vor dem Schreckensgericht, ohne durch Buße und heilige Kommunion versöhnt zu sein. Man geht sogar soweit, den Kindern von Christen das Leben Christi vorzuenthalten, indem man ihnen die Gnade der Taufe verweigert.«[7]

Bernhard schrieb das alles dem Einfluß des Mönchs Henri zu, und er kündigte dem Grafen von Toulouse an, selbst nach dem Rechten zu sehen. Den Legenden über den heiligen Bernhard zufolge war die Reise nach Toulouse von wundersamen Ereignissen begleitet und von Erfolg gekrönt. Ein wenig nüchterner hat Bernhards Sekretär Geoffroy d'Auxerre in einem Brief an die Abtei Clairvaux den Verlauf der Bekehrungsfahrt geschildert, wobei er die Gefahr der Häresie erst herausstreicht, um sie anschließend, unter der wunderbaren Wirkung der Bernhardschen Predigt, effektvoll verschwinden zu lassen.

»In dieser Stadt (Toulouse) folgten in der Tat nur wenige dem Häretiker (Henri): einige unter den ›Leinewebern‹, die man dort ›Arianer‹ nennt. Was die Anhänger dieser Häresie angeht, so waren sie sehr zahlreich, und die Größten der Stadt zählten dazu.

Kurz vor unserer Ankunft hatten sie einen der reichsten Männer der Stadt mitsamt seiner Frau soweit verführt, daß sie sich, ihr Vermögen und ihren kleinen Sohn im Stich lassend, an einen Ort voller Häretiker zurückzogen, und sie ließen sich von keinem Argument ihrer Verwandten zur Rückkehr bewegen.

Man ruft Henri und man ruft die Arianer, die Bevölkerung verspricht, daß keiner sie in Zukunft mehr empfangen wird, wenn sie sich nicht öffentlich erklären. Es wäre zu langwierig, von der Flucht Henris und den Verstecken der Arianer zu berichten. Diejenigen von ihnen, die sich in der Stadt aufhielten, entflohen, als sie von den erschienenen Zeichen und Wundern erfuhren, und wir glauben, daß die Stadt von jeglicher häretischer Verseuchung vollkommen befreit ist.«[8]

Laut Guillaume de Puylaurens, einem Chronisten des 13. Jahrhunderts aus dem Umkreis des Grafen von Toulouse, glich die Bekehrungsreise des heiligen Bernhard nicht überall einem Triumphzug. In Verfeil vor den Toren von Toulouse, einer Stadt, die von Geoffroy d'Auxerre als »Sitz des Satans« beschrieben worden war, scheint die Austreibung des Teufels auf Hindernisse gestoßen zu sein. Als Bernhard in der Kirche gegen den örtlichen Adel zu wettern begann, verließen die Ritter das Gotteshaus und zogen das Volk hinter sich her.[9] Wenigstens das Volk wollte der Abt von Clairvaux auf seine Seite bringen, aber die Ritter veranstalteten hinter ihren Toren einen solchen Lärm, daß Bernhards Straßenpredigt im Getöse unterging. In Albi wiederum brachte der Abt das Volk dazu, einhellig der Häresie abzuschwören, was Geoffroy wiederum nur durch ein Wunder erklären konnte, da die Situation in Albi nach seinen eigenen Worten besonders kritisch war. Ein päpstlicher Legat hatte es gerade erst erfahren müssen.

»In Albi hat sich etwas ereignet, was wir mit Fug und Recht über die Wunder glauben stellen zu dürfen. Nach dem was wir hörten, waren die Bewohner dieser Stadt mehr als alle der Umgebung von der Häresie angesteckt. Dergestalt daß sie vor den Augen Monsignores des Legaten, der zwei Tage vor uns da war, mit Eseln und Trommeln aus den Häusern kamen. Und als man die Glocken läutete, um die Leute zur heiligen Messe zu rufen, erschienen nicht einmal dreißig.«[10]

Aus Geoffroys Wundergeschichte lassen sich trotz allem einige aufschlußreiche Feststellungen herauslesen. Der Mönch Henri war nicht nur aus Toulouse geflohen, sondern war auch allmählich als Verursacher des ganzen Übels verschwunden; möglicherweise hat er zum Zeitpunkt der Mission des heiligen Bernhard gar nicht mehr gelebt. Als Hinterlassenschaft seiner Wanderpredigt ließ sich das Ausmaß des Antiklerikalismus nicht mehr erklären, dem der Zisterzienserabt mit seiner Begleitung begegnete. Indem Geoffroy den Häretikern einen Namen gab, erkannte er an, daß es sich nicht mehr um einen bunten Haufen kurzfristig aufgeputschter Laien handelte, sondern um eine längst etablierte häretische Sekte. Der Name »Leineweber« (textores) für Häretiker war schon in anderen Gegenden gebräuchlich und hieß nicht, daß nur die Leineweber von der Ketzerei angesteckt waren; der Name »Arianer« wiederum bedeutete nicht, daß die Lehre des im 4. Jahrhundert verurteilten Presbyters Arius in Toulouse noch Anhänger besessen hätte; »Arianer« war einfach ein Synonym für Anhänger einer anderen als der römisch-katholischen Lehre geworden. Geoffroy d'Auxerre hatte außerdem bemerkt, daß die Häresie in den Städten weniger verbreitet war als auf dem Land; doch dort war es nicht das als ohnehin wankelmütig eingeschätzte Volk, das vom rechten Glauben abgefallen war, sondern die Ritter, die Herren der *castra* genannten Siedlungen. Möglicherweise weist der Name der östlich von Toulouse gelegenen Stadt Castelnaudary darauf hin, daß ihr Gründer zu den »Arianern« gerechnet wurde: als *Castellum novum quod cognominatur Arri*, okzitanisch Castel-nau-d'Ary, wurde sie erstmals 1118 erwähnt [11]; demnach wäre die »arianische« Häresie schon älteren Datums gewesen und könnte auch nicht dem Wanderprediger Henri in die Schuhe geschoben werden.

Mag der heilige Bernhard auch, unter dem Eindruck seiner eigenen Wunderpropaganda, befriedigt aus Toulouse und Albi abgereist sein, so mußten ihn die Nachrichten, die er in der Abtei von Clairvaux vorfand, zutiefst beunruhigen. Die Häresie hatte sich nicht nur in der Grafschaft Toulouse eingenistet, sondern überall im katholischen Europa Städte und Ländereien befallen. Aus Italien, Flandern, Nordfrankreich, England und dem Rheinland kamen alarmierende Meldungen. Schon zwei Jahre vor der Bekehrungsreise nach Toulouse hatte Bernhard von Clairvaux einen Brief des Ordensgenerals Ewerwin aus Steinfeld im Rheinland erhalten, wonach mit einer Ketzerei zu rechnen sei, in der sich die Umrisse einer häretischen Kirche abzeichneten:

»Kürzlich hat man hier in der Nähe von Köln Häretiker entdeckt, von denen einige zur Kirche zurückgekehrt sind und taten, was sich gehört. Zwei von ihnen, und zwar derjenige, der sich als ihr Bischof ausgab, und sein Begleiter, haben sich uns in einer Versammlung von Klerikern und Laien widersetzt, in Anwesenheit Monsignores des Erzbischofs selbst und des hohen Adels. Sie verteidigten ihre Häresie mit den Worten Christi und der Apostel . . .

Nachdem sie drei Tage lang verwarnt worden waren und nicht einsichtig werden wollten, wurden sie gegen unseren Willen von einer allzu glaubenseifrigen Menge ergriffen, auf einen Scheiterhaufen geschleppt und verbrannt. Was das Erstaunlichste ist: sie haben den Feuertod nicht nur geduldig ertragen, sie gingen ihm mit Freude entgegen . . . Jene, die zur Kirche zurückkehrten, haben uns gesagt, daß sie sehr viele sind und fast über die ganze Erde verstreut und daß sie mehrere unserer Kleriker und Mönche auf ihrer Seite haben. Jene, die verbrannt worden sind, haben zu ihrer Verteidigung gesagt, daß diese Häresie von der Zeit der Apostel bis heute verborgen geblieben ist und daß sie in Griechenland und anderen Ländern fortbesteht. Diese Leute sind die Häretiker, die sich ›Apostel‹ nennen und ihren Papst haben.«[12]

Übertreibungen von Sektierern, die sich eine eindrucksvolle Genealogie zulegen und mit ihrer weltweiten Verbreitung prahlen, um sich wichtiger zu machen, als sie sind? 1145, im Jahr der Reise Bernhards nach Toulouse, berichteten Chorherren aus Lüttich in einem Brief an den Papst Lucius II. von einer Häresie, die sich schon zehn Jahre zuvor bemerkbar gemacht habe und vom Mont-Aimé in Frankreich ausgegangen sei. Wie die Ketzer von Köln, hatten auch die Ketzer von Lüttich zu erkennen gegeben, daß sie einer geheimen Kirche angehörten, die ihre eigene Doktrin und Hierarchie besaß; so jedenfalls gaben es ihre katholischen Verfolger wieder.

»Diese Häresie ist in Grade eingeteilt. Sie hat Zuhörer, die in die Irrlehre eingeweiht sind; bereits getäuschte Gläubige und ›Christen‹; sie hat Priester und die anderen Prälaten wie wir. Die Gotteslästerungen dieser unseligen Häresie bestehen darin, die Vergebung der Sünden durch die Taufe zu leugnen, das Sakrament des Leibes und Blutes Christi für nichtig zu erklären, zu sagen, daß die Handauflegung des Bischofs nichts bewirkt, daß niemand den Heiligen Geist ohne vorausgegangene gute Werke empfängt,

ANSICHT VON KÖLN
Holzschnitt aus der Koelhoffschen
»Cronica von der hillgen Stadt Coellen«
15. Jahrhundert

die Ehe zu verurteilen, zu predigen, daß es nur bei ihnen eine katholische Kirche gibt, jeden Schwur als ein Verbrechen anzusehen . . .

Wir haben von den Festgenommenen gehört, daß alle Regionen
Galliens und unsere Städte großenteils von dieser Irrlehre befallen
sind.«[13]

Womöglich noch alarmierender war die Lage in Italien; denn zwanzig Jahre später trat eine häretische Kirche an die Öffentlichkeit, deren Einfluß von der Lombardei bis in die Toskana reichte. Doch wer
sollte sich darum kümmern außer dem lokalen Klerus, der oft genug
unschlüssig war, wie er mit den Ketzern verfahren sollte: manchmal
überließ er die Aburteilung der Volkswut, manchmal schickte er auf-
gegriffene Häretiker zur Weiterbehandlung an den Papst. Die
schwachen Päpste aber waren Mitte des 12. Jahrhunderts von anderen Auseinandersetzungen in Anspruch genommen: sie kämpften
nach wie vor um ihre Macht über die Könige. Und Bernhard von
Clairvaux, der unermüdliche Prediger, Organisator und Statthalter
römischer Kontinuität gegenüber wechselnden Päpsten, war von an-

36

deren Sorgen geplagt. Zur Zeit seiner Toulousaner Mission traf die Hiobsbotschaft ein, daß Stadt und Reich Edessa in Syrien von den Seldschuken zurückerobert worden war.

Damit war nicht nur eine beliebige christliche Bastion im Orient gefallen, es war auch der ganze Erfolg des ersten Kreuzzugs in Frage gestellt. Bernhard wurde von Papst Eugen III., Zisterzienser wie Bernhard, beauftragt, zu einem neuen Kreuzzug aufzurufen. Nur war es mit der Kreuzpredigt nicht getan: Bischöfe, Templerorden, Ritter und Fußvolk mußten angelockt und überzeugt, vor allem die Könige mußten gewonnen und zu einer gemeinsamen Unternehmung zusammengebracht werden. 1146 gelang es dem heiligen Bernhard, den französischen König Ludwig VII. und den deutschen Konrad III. zu Anführern dieses zweiten Kreuzzugs zu machen. 1147 zog das Kreuzheer los. 1148 kehrte das, was von ihm übriggeblieben war, demoralisiert zurück. Der zweite Kreuzzug war ein Fiasko.

Bernhard starb ein paar Jahre später. Glücklicherweise, möchte man sagen. Was war von seinem Lebenswerk mehr übriggeblieben als der straff geführte Zisterzienserorden mit seinen Hunderten von Klöstern, der den Kluniazenzern den Rang ablief? Der mit Pauken und Trompeten begonnene Kreuzzug war gescheitert und hatte ungeheure Opfer gekostet. Schwerer vielleicht wog aber noch, daß dieser strenge Abt von Clairvaux, der an die Kirche die Maßstäbe seines auf Arbeit und Armut eingeschworenen Ordens anlegte, der die römische Kurie mit seiner Strafpredigt ebensowenig verschonte wie die Fürsten, beim Kampf gegen die Ausbreitung der Ketzerei, die er den laschen Fürsten und dem heruntergekommenen Klerus in die Schuhe geschoben hatte, grandios versagte. Noch zu seinen Lebzeiten beklagte ein vom Papst geleitetes Konzil in Reims die Häresie in der Provence und der Gascogne.

Es fragt sich allerdings, ob die Ketzerei mit den Mitteln, die Bernhard in seiner Zeit zur Verfügung standen, überhaupt zu bekämpfen war. Der Abt von Clairvaux hatte sie dort treffen wollen, wo er ihre Ursache vermutete, in der Verweltlichung der Kirche; das paßte zu seinem eigenen und von den Zisterzienserabteien vertretenen puritanischen Programm. Ist erst der Mißstand beseitigt, so verschwindet auch die Unruhe, die ihn begleitet: das war die Logik der Ketzerbekämpfung, soweit ihr nicht der kurze Weg zum Scheiterhaufen vorgezogen wurde. Nur hält sich in dieser Logik, die zu den Motiven aller reformistischen Politik gehört, ein Fehlschluß verborgen, den ein Blick auf die Zeitdimension zum Vorschein bringen kann.

Es fällt nämlich auf, daß die Häresie sich kaum rührte, als die Zustände in der Kirche so zum Himmel stanken, daß die Kurie auf sie aufmerksam wurde. In der zweiten Hälfte des 11. Jahrhunderts, dem Zeitraum, in dem Gregor VII. die Zügel in die Hand nahm und der Kirche eine Roßkur verordnete, blieben die Ketzer stumm. Der Unmut brach erst hervor, als die schlimmsten Mißstände durch die Gregorianische Reform bekämpft worden waren. Offenbar wurden die Zustände in der Kirche erst dann als unerträglich empfunden, nachdem sie nicht mehr als unabänderlich galten, nachdem sie *ex officio* als Mißstände gebrandmarkt worden waren.

Die Zisterzienser, die mit der praktischen Kritik an der verweltlichten Kirche vorangingen, wurden dadurch vielleicht Geburtshelfer der Häresie, die sie später verfolgten. Vielleicht hat die Gregorianische Reform durch die Ordnung, die sie in die Kirche brachte, dem Antiklerikalismus, dem sie den Boden entziehen wollte, erst recht auf die Sprünge geholfen: denn eine ordentliche Kirche trieb auch den Zehnten gewissenhafter ein als eine verrottete, und der Zehnte ist, wie die meisten Häretiker bekannten, immer wieder Stein des Anstoßes gewesen.

Vielleicht wollten die Ketzer nicht eine bessere, reinere, unbestechlichere Kirche, sondern eine ganz andere Kirche; oder etwas anderes als eine Kirche. War ein solcher Wunsch im 12. Jahrhundert überhaupt denkbar?

Mit der Ketzerei war es jedenfalls noch lange nicht vorbei. 1163, zwanzig Jahre nach dem ersten Auftreten, wurden in Köln wieder Ketzer verbrannt. Der Mönch Eckbert von Schönau bezeichnete sie mit dem Namen, unter dem sie bald danach die große Bühne betraten: Katharer, lateinisch cathari. »Hos nostra Germania catharos appellat.« Unser Deutschland nennt sie Katharer.[14]

Die Kölner Katharer werden verbrannt, die Katharer von Albi gründen ihre Ketzerkirche

Juni 1165. Großer Aufzug im *castrum* von Lombers, ein paar Wegstunden südlich von Albi. Der Erzbischof von Narbonne erschien mit seinem Gefolge, die Bischöfe von Albi, Toulouse, Agde, Lodève und Nîmes kamen angereist. Die Äbte der Abteien Saint-Pons, Fontfroide, Castres, Ardourel, Candeil, Cendras und Gaillac versammelten sich, umgeben von Mönchen und Weltgeistlichen. Der Lehnsherr der Herren von Lombers, Vizegraf Raimond Trencavel von Albi und Carcassonne, war anwesend, ebenso Constance, die Frau des Grafen von Toulouse und Schwester des Königs von Frankreich, und der Vizegraf Sicard von Lautrec. Die geistliche und die weltliche Macht der Region, die später den Namen Languedoc erhielt, weil in ihr die Langue d'oc gesprochen wurde im Unterschied zur Langue d'oïl des Nordens, war in der Burg von Lombers vertreten. Es war zwar kein regelrechtes Konzil einberufen worden, aber die Sache, die zur Verhandlung anstand, war offenbar von allerhöchster Bedeutung.

Es ging um Häresie und Häretiker. Das Scenario allerdings hatte sich gewandelt gegenüber früheren Ketzerverhandlungen. Die Häretiker wurden nicht zwangsweise vorgeführt, um sich verhören, aburteilen und bestrafen zu lassen. Sie erschienen freiwillig, als freie Männer, und forderten die Kleriker zum Disput mit ihnen auf. Schon die Wahl des Diskussionsorts war ein Zugeständnis an die Häretiker gewesen: in Albi, dem nahegelegenen Bischofssitz, wollten sie nicht auftreten, weil sie eine Falle befürchteten. Die Herren von Lombers dagegen waren ihnen gewogen. Unbehelligt betraten sie ihre Burg.

In Vorgesprächen mit dem Bischof von Albi waren die Spielregeln des Treffens ausgehandelt worden. Die Häretiker hatten sich ausbedungen, daß sie nicht gezwungen werden dürften, ihre Aussagen zu beschwören, da ihre Überzeugung ihnen das Schwören verbot. Beide Seiten benannten Personen, die nach Art einer Geschworenenjury auf den korrekten Ablauf der Verhandlung achten und sich am Ende auf einen Urteilsspruch einigen sollten. Schlimmstenfalls drohte den

Häretikern der Entzug des Wohlwollens, das sie bei den Herren der ländlichen *castra* genossen; angesetzt war kein Inquisitionsprozeß, sondern ein *placitum*, wie es in einem Verhandlungsbericht heißt, also ein Zivilprozeß. Als Kläger trat Bischof Gaucelm von Lodève auf; die als Häretiker Geladenen waren ein gewisser Olivier und seine »Bonshommes« (*boni homines*) - das ist der Name, den sich die Katharer des Languedoc selbst gaben. Olivier war möglicherweise ein häretischer Bischof.

Wenn auch einige Historiker Zweifel an der Authentizität des Verhandlungsprotokolls angemeldet haben - es tauchte erst im 17. Jahrhundert auf, als Zusammenfassung einer offenbar verlorenen Handschrift[1], so wird die Verhandlung in Lombers von verschiedenen Quellen bezeugt. Dem überlieferten Protokoll zufolge eröffnete der Bischof von Lodève die Befragung:

>»Er fragte als erstes, ob sie das Gesetz Moses' und die Propheten, das Alte Testament und die Schriftgelehrten des Neuen Testaments anerkennten.
>
>Sie antworteten vor allen Leuten, daß sie weder das Gesetz Moses' noch das Alte Testament anerkennten, sondern nur die Evangelien, die Briefe des Paulus und die sieben katholischen Briefe, die Schriften der Apostel und die Apokalypse.
>
>Zweitens befragte er sie zu ihrem Glauben und forderte sie auf, ihn darzulegen; sie antworteten, daß sie dazu nichts sagen würden, es sei denn unter Zwang.
>
>Drittens befragte er sie zu der Taufe der Kinder und ihr Heil durch die Taufe.
>
>Sie antworteten, daß sie dazu nichts sagten, daß sie sich aber zum Evangelium und den Briefen erklären würden.
>
>Viertens befragte er sie über den Leib und das Blut des Herrn, an welchem Ort sich das Sakrament vollziehe, durch wen und wer es empfange, und ob es besser oder eher von einem Gerechten als einem Sünder vollzogen würde.
>
>Sie sagten, daß diejenigen, die seiner würdig seien, gerettet würden, und daß die seiner Unwürdigen ihre eigene Verdammung empfingen (1. Kor. 11, 27-29). Sie sagten, daß es von allen Gerechten, Klerikern oder Laien, erteilt würde, daß sie aber nichts anderes antworteten, denn sie dürften nicht gezwungen werden, zu ihrem Glauben Antwort zu geben.
>
>Fünftens fragte er sie, was sie von der Ehe hielten, und ob der Mann und die Frau, die sich fleischlich vereinigten, gerettet werden könnten.

Sie wollten nicht antworten, nur soviel, daß sich der Mann und die
Frau zur Unzucht vereinigten, wie der heilige Paulus in seinen
Briefen sagt (I. Kor. 7, 2-7).

Sechstens befragte er sie zur Buße, und ob sie in der letzten Stunde
zum Heil führe; ob die tödlich verwundeten Soldaten durch die
Buße der letzten Stunde gerettet würden; ob man seine Sünden
den Priestern und anderen Dienern der Kirche beichten müsse
oder irgendeinem Laien; und wovon der heilige Jakobus sprä-
che, wenn er sagt: ›Bekenne einer dem anderen seine Sünden‹
(Jak. 5, 16).

Sie antworteten, daß die Kranken beichten könnten, wem sie wollten. Über die Soldaten wollten sie nichts sagen, weil der heilige
Jakobus nur von den Kranken spricht.

Er fragte sie weiter, ob allein die Reue des Herzens bei der Ohren-
beichte ausreiche, oder ob es notwendig sei, durch auferlegte
Bußen, Fasten, Züchtigungen und Almosen Vergebung zu er-
langen, oder ob es ausreiche, seine Sünden zu beweinen.

Sie antworteten, daß Jakobus nur vom Beichten spricht und daß
sie nicht besser sein wollten als der Apostel und seiner Lehre
etwas nach eigenem Gutdünken hinzufügen, wie es die Bischöfe
tun.«[2]

Die *Bonshommes* hatten es nicht darauf angelegt, das Publikum durch
Bekennermut zu beeindrucken; sie wollten mit den Bischöfen und
Äbten eine theologische Debatte führen. Allerdings gaben sie, wie
immer unter Hinweis auf Textstellen des Neuen Testaments, zu erkennen, daß Priester und Bischöfe für sie keine Autoritäten waren,
sondern »gefräßige Wölfe, Heuchler und Verführer«. Das ließen sich
die Kleriker nicht gefallen. Nach Interventionen verschiedener Bischöfe meldete sich der Kläger zu Wort:

»Ich, Gaucelm, Bischof von Lodève, fälle im Auftrag des Bischofs
von Albi und seiner Assessoren das Urteil, daß jene, die sich Bonshommes nennen, Häretiker sind, und verdamme die Sekte Oli-
viers und seiner Begleiter sowie jene, die der Sekte der Häretiker
von Lombers, oder woher sie auch sein mögen, Unterstützung gewähren.«[3]

Die *Bonshommes* drehten den Spieß um und erklärten, daß nicht sie
die Häretiker seien, sondern die Bischöfe. Sie seien die falschen Propheten, die im Schafspelz daherkämen, wie Jesus selbst gesagt hat.
Darauf drohte der Bischof von Lodève, den Fall der Bonshommes
von Lombers bis vor den König von Frankreich oder sogar den Papst
zu bringen, falls sie nicht endlich ein Glaubensbekenntnis ablegten.

Sie erklärten sich auch dazu bereit, aus Liebe zu den Anwesenden in der Burg von Lombers, wie sie hinzufügten, und begannen gemeinsam zu sprechen. Zur Überraschung aller legten sie ein untadeliges katholisches Glaubensbekenntnis ab. Worauf der Bischof von Lodève die Bonshommes aufforderte, ihr Bekenntnis zu beschwören. Das wiederum lehnten sie kategorisch ab, unter Berufung auf das Neue Testament, und erinnerten daran, daß der Bischof von Albi ihnen zugesagt hatte, sie nicht zum Schwur zu zwingen, denn schwören hieß für sie sündigen. Der Bischof bestritt eine solche Zusage.

Wie die Zuhörer auf den Schlagabtausch reagierten, ist nicht überliefert. Am Ende der Verhandlung wurde das Urteil - Häresie! - wiederholt, und der Bischof von Albi warnte die Ritter von Lombers ausdrücklich davor, die Häretiker weiter zu unterstützen. Mehr als diese Verwarnung kam aber nicht heraus: das Kräfteverhältnis zwischen kirchlicher und weltlicher Macht erlaubte es der Kirche offenbar nicht, die Häretiker ernsthaft zu verfolgen, sie gar auf den Scheiterhaufen zu bringen. Wo war die Wunderwirkung der Bußpredigten und Brandreden geblieben, die der heilige Bernhard in der Gegend von Albi und Toulouse gehalten hatte? 1165 hatte es die katholische Kirche längst nicht mehr mit herumziehenden Einzelgängern wie dem Mönch Henri zu tun, sondern mit einer ortsansässigen Ketzerbewegung, die sich nicht einmal vor Bischöfen und Grafen versteckte und bei den Rittern der *castra* offene Türen fand.

Es kam noch schlimmer. Die Häretiker gaben sich nicht damit zufrieden, die Kirche theologisch herauszufordern; sie machten der Kirche bald als Kirche Konkurrenz. 1167, zwei Jahre nach der Konferenz von Lombers, war Saint-Félix-de-Caraman östlich von Toulouse Schauplatz einer unerhörten Manifestation: die Häretiker versammelten sich, unter dem Schutz der Herren des *castrum*, zum regelrechten Konzil. Das Treffen bezeugte weit mehr als die Ausbreitung der Häresie in der Grafschaft Toulouse, denn es waren auch Teilnehmer aus Agen und Carcassonne, aus Nordfrankreich und der Lombardei und sogar dem Balkan gekommen. Es brachte vor allem die Existenz einer häretischen Ökumene ans Licht, die in Gestalt des Patriarchen Niketas aus Konstantinopel, dem »häretischen Gegenpapst der Albigenser«, wie es in einer späteren (katholischen) Anmerkung zu den Akten des Konzils heißt, ein geistliches Oberhaupt besaß.

»Im Monat Mai des Jahres 1167 nach der Fleischwerdung des Herrn brachte die Kirche von Toulouse den Papst (oder Popen) Niketas in die Burg von Saint-Félix, und eine große Menge von

Männern und Frauen der Kirche von Toulouse und der anderen benachbarten Kirchen versammelte sich dort, um das Consolamentum zu empfangen, das Monseigneur Niketas erteilte.

Danach kam Robert d'Epernon, Bischof der Kirche der Franzosen, mit seinem Rat. Marc aus der Lombardei kam mit seinem Rat. Sicard Cellerier, Bischof der Kirche von Albi, kam mit seinem Rat. Bernard Cathala kam mit dem Rat der Kirche von Carcassonne, und der Rat der Kirche von Agen war anwesend.

Als alle in unzählbarer Menge versammelt waren, wollten die Leute der Kirche von Toulouse einen Bischof haben und wählten Bernard Raimond. Bernard Cathala und der Rat der Kirche von Carcassonne, ersucht und aufgefordert von der Kirche von Toulouse, wählten desgleichen Guiraud Mercier, mit der Zustimmung, dem Willen und Entschluß von Monseigneur Sicard Cellerier. Die Leute aus dem Agenais wählten Raimond de Casals.«[4]

Das Konzil von Saint-Félix hat sich, diesem Bericht zufolge, nicht mit dogmatischen, sondern mit organisatorischen Fragen beschäftigt. Wenn sich die häretischen - von nun an durchaus als »katharisch« zu bezeichnenden - Kirchen im Aufbau an die katholische Kirchenorganisation anlehnten, so konnten sie, wegen ihrer unterschiedlichen Stärke, ihre Bistümer nicht einfach nach den katholischen Kirchenprovinzen abstecken. Zwischen den Kirchen von Albi, Toulouse und Carcassonne muß es zu Streitigkeiten über die Begrenzung ihrer Einflußsphären gekommen sein, denn der Bericht vermerkt eine besänftigende Intervention des Katharerpopen Niketas:

»Ihr habt mich gebeten zu sagen, ob die Gebräuche der frühen Kirchen locker oder streng gewesen sind. Ich werde euch sagen, daß die sieben Kirchen Asiens voneinander getrennt und gegeneinander abgegrenzt waren und daß keine von ihnen irgend etwas gegen die Rechte der anderen unternahm. Und die Kirchen von Romanien (dem byzantinischen Reich), von Dragowitsa, Melengien, Bulgarien und Dalmatien sind getrennt und abgegrenzt, und keine unternimmt irgend etwas gegen die Rechte der anderen. Und so haben sie Frieden untereinander: macht es ebenso.«[5]

Und so scheinen alle Teilnehmer des Konzils von Saint-Félix-de-Caraman friedlich und vereint unter dem Dach ihrer katharischen Kirche auseinandergegangen zu sein.

Wie kam es überhaupt dazu, daß sich die Häresie gerade im Land zwischen Agen und Carcassonne so rasant verbreitete und sich fast ungestört als katharische Kirche etablieren konnte, während die Ketzerei in anderen Gegenden Europas in der zweiten Hälfte des 12.

Jahrhunderts nur noch vereinzelt zum Vorschein kam und in der Regel der gnadenlosen Verfolgung durch die Kirche ausgeliefert war?

1163 wurden in Köln fünf Häretiker verbrannt.

Zur gleichen Zeit wurden in Besançon zwei Häretiker aufgegriffen und der Hexerei beschuldigt. Ausgang unbekannt.

1165 scheiterte der Versuch aus Deutschland stammender Häretiker, in England Fuß zu fassen. Folter und Tod durch Erfrieren.

1167 wurden sieben Häretiker in Vézelay verurteilt und auf dem Scheiterhaufen verbrannt.

1172 wurde in Arras ein Priester gefoltert und verbrannt, weil er die Ansicht vertreten hatte, daß ein erbrochenes Abendmahl seinen Wert verliert.

Im Süden dagegen, in den Landstrichen zwischen Mittelmeer, Pyrenäen, Garonne und Zentralmassiv, die im Mittelalter *terrae linguae occitanae* genannt wurden, Länder okzitanischer Zunge, kurz, Okzitanien[6], bauten die häretischen Katharer in aller Ruhe ihre Kirchen auf, wählten Bischöfe und ernannten Kommissionen zur Überwachung der häretischen Bistumsgrenzen.

Die okzitanischen Autonomisten von heute erklären die Blüte der Ketzerei in Okzitanien gern mit dem Hinweis auf die prinzipielle Neigung zu Dissens und Häresie, die den Okzitaniern innewohne, wodurch sie zwar ihrem eigenen Dissens einen schönen alten Glanz verleihen, zur Erklärung der okzitanischen Häresie aber nichts beitragen. Denn auch die Bulgaren, Bosnier, Dalmatiner und Lombarden müßten sich durch den eingefleischten Hang zur Häresie ausgezeichnet haben, was dann dem okzitanischen Fall seine ethnopsychische Besonderheit nimmt.

Die Historikerin Renée Mussot-Goulard hat dafür plädiert, die Ursprünge der okzitanischen Häresie lieber in der Kirchengeschichte als im Volkscharakter zu suchen. Was den Süden Galliens, das spätere Okzitanien, demnach vom Norden unterscheidet, ist Zeitpunkt und Art der Christianisierung: der Süden war viel früher christianisiert worden als der Norden, und zwar nicht von Rom aus, sondern von der orientalischen Kirche. Die Heiligen und Märtyrer des Südens, Genès, Hermès, Tropez, Maximin, Gilles, waren Missionare des orientalischen Christentums. Eigenheiten der Liturgie in der Kirche des Südens trugen ebenso die Spuren des orientalischen Einflusses wie die herausragende Verehrung von Paulus und des Apostels Johannes samt seiner Apokalypse. Ein Text, der später als apokryph verurteilt wurde, die »Himmelfahrt Jesajas«, war schon früh im Süden Galliens bekannt und verbreitet und hatte die Geister

VERBRENNUNG

für die Gedankenwelt empfänglich gemacht, die in den gleichfalls aus dem Orient stammenden heterodoxen Schriften der Katharer ausgemalt war.

»Die alten religiösen, manchmal deformierten Traditionen des Südens haben die Verbindungen spürbarer gemacht, die diese südlichen Gebiete mit den griechischen und orientalischen Ländern vereinten«.[7]

Für die häretischen Botschaften, die auf den Handelswegen zwischen Byzanz und den okzitanischen Marktplätzen zirkulierten und gelegentlich auch von heimkehrenden Kreuzfahrern mitgebracht wurden, war das Terrain also vorbereitet. Mussot-Goulard macht darauf aufmerksam, daß in der Zeit, in der sich die Häresie ausbreitete, auf okzitanischem Boden der jüdische Talmud entwickelt wurde, und daß es der jüdische Gerichtsvorsitzende von Narbonne, Abraham Ben Isaac, gewesen ist, der Ende des 12. Jahrhunderts viele der alten Spekulationen der Kabbala transskribierte. Motive wie »Der Baum der Welt«, die Hierarchie der Engel oder das Privileg der ganz Reinen, in Verbindung mit Gott zu treten, finden sich sowohl in diesen jüdischen wie in den katharischen Spekulationen. Hat es einen Austausch gegeben oder entstammten die Motive einer gemeinsamen Wurzel in der Gnosis des oströmischen Reichs? Die Inquisition des 13. Jahrhunderts machte kurzen Prozeß und verfuhr

45

mit den Juden oft wie mit den Katharern, als hätten sie sich einer einzigen Ketzerei schuldig gemacht.

Trotz allem sieht Mussot-Goulard keinen Grund, Okzitanien als prädestiniertes Ketzerland zu bezeichnen: Beim Streit mit den Arianern war das Land eine sichere Bastion der römischen Kirche. Die Päpste hatten im frühen Mittelalter ein scharfes Auge auf die okzitanischen Länder, weil das nahegelegene Bistum von Santiago de Compostella im Begriff war, seinen Einfluß mit Hilfe des Jakobinerordens auszudehnen und der römischen Petrusverehrung mit dem Jakobskult zu begegnen. Rom behielt Okzitanien fest im Griff. Papst Urban II. rief 1096 auf einer Reise durch die südlichen Diözesen zum ersten Kreuzzug auf, nachdem er sich hatte überzeugen können, daß die okzitanischen Feudalherren bereit waren, dem Ruf aus Rom zu folgen. In ihrem heiligen Eifer bei der Eroberung Jerusalems ließen sie sich von den Kreuzfahrern des Nordens nicht übertreffen. Die Häresie, die sich seit der Jahrtausendwende in Europa rührte, hat bis Mitte des 12. Jahrhunderts in Okzitanien kein sichereres Asyl gefunden als anderswo. Weshalb aber brannten dann in Köln, Vézelay in Burgund und anderswo die Scheiterhaufen, während sich die okzitanischen Katharer in Lombers ohne Gefahr für Leib und Leben in der Öffentlichkeit zeigen konnten?

Gern wird die Offenheit, Friedensliebe und Toleranz des Südens hervorgehoben. Warum auch nicht. Nur sind es weniger die Zeichen von Toleranz und Friedensliebe, die beim Blick auf das Okzitanien des 12. und 13. Jahrhunderts ins Auge fallen, als ständige Querelen, Machtkämpfe und Kleinkriege zwischen den größeren und kleineren Landesherren. Die Nachsicht gegenüber den Katharern von seiten der weltlichen Herren glich mehr einem Nebeneffekt der weltlichen Händel, in die sie verstrickt waren, als einer bewußten Entscheidung für religiöse Toleranz.

Möglicherweise hatten die Katharer die Plätze ihrer öffentlichen Auftritte unter Berücksichtigung der okzitanischen Politik sorgfältig ausgewählt. Sowohl Lombers als auch Saint-Félix-de-Caraman gehörten zwar zum Gebiet der Grafschaft Toulouse, standen aber unter der Lehnsherrschaft des Vizegrafen Trencavel von Béziers-Carcassonne, des unberechenbaren Rivalen von Graf Raimond, und befanden sich demnach auf der Schwelle zwischen zwei Machtsphären. Wer hätte den »weltlichen Arm« zur Verfolgung der Ketzer anbieten sollen, falls die Kirche nach ihm verlangt hätte?

Der Vizegraf Trencavel, der im *castrum* von Lombers an der Ketzerverhandlung teilnahm, war allem Anschein nach kein Muster an

fürsorglicher Nachsicht gegenüber seinen Untertanen. Zwei Jahre
nach der Konferenz, 1167, wurde er von Bürgern in Béziers ermordet, nachdem er einen von ihnen gedemütigt hatte. Sein Sohn und
Nachfolger Roger II. Trencavel nahm dafür barbarisch Rache. Er
stiftete den König von Aragon an - einen weiteren Mitspieler bei dem
okzitanischen Tauziehen des 12. Jahrhunderts -, eine Garnison nach
Béziers zu verlegen. Die Bürger von Béziers, die ihre Stadt zur Republik erklärt und gleichfalls das Haus Aragon um Schutz gebeten hatten, öffneten den Truppen arglos die Tore. Es begann ein entsetzliches Massaker. Auf Befehl Rogers II. wurden alle männlichen Bewohner der Stadt getötet, die Frauen standen zur freien Verfügung
der aragonensischen Söldnertruppen.

47

Der bedeutendste der okzitanischen Herren, Graf Raimond V. von Toulouse, ließ die Katharer keineswegs aus Respekt vor Andersgläubigen gewähren. Obwohl das Haus Toulouse von Bernhard von Clairvaux auf die Ketzergefahr hingewiesen worden war, waren ihm die Ketzer, als Problem, nicht wichtig genug. Auf der Konferenz von Lombers ließ er sich durch seine Frau Constance vertreten. Ihn plagten zu dieser Zeit andere Sorgen. Von der Aquitaine her, die durch die Heirat Aliénors mit Heinrich II. Plantagenet unter die englische Krone gekommen war, wurde die Grafschaft Toulouse bedroht. 1159 hatte Raimond V. seinen Schwager, den König von Frankreich, Ludwig VII., zu Hilfe rufen müssen, um einen englischen Sturmangriff auf Toulouse abzuwehren. Zeitweise hatten sich Vizegraf Trencavel und der König von Aragon auf die Seite Englands geschlagen. Zwischen 1165 und 1167 herrschte zwar im Westen der Grafschaft, zur Gascogne hin, Waffenstillstand, aber im Osten, in der Provence, erwartete den Grafen eine neue Herausforderung.

Wie die Bedrohung durch die Plantagenets, so hatte Raimond V. auch diese teilweise seinen eigenen Expansionsgelüsten zuzuschreiben. Schon lange hatte er ein Auge auf die Provence geworfen, in der er selbst einen Titel als Marquis besaß, die aber, als Grafschaft unter der Lehnsherrschaft der Staufer, mit dem Königreich von Aragon verbunden war. Der Graf der Provence war aber gerade in einem Scharmützel bei Nizza gefallen, und Raimond von Toulouse hatte die Gelegenheit benutzt, durch die frühe Verlobung seines zehnjährigen Sohns mit der fünfjährigen einzigen Tochter des Grafen, sich die Provence für die Zukunft zu sichern. Als diese Tochter bald danach starb, heiratete Raimond V. die Witwe Richilde selbst; seine Frau Constance, die er kurz nach der Verhandlung von Lombers auf die Straße setzte, hatte er inzwischen offiziell verstoßen. Die Aussicht, den Grafen von Toulouse auch noch als Herren der Provence zu erleben, war für das Königshaus Aragon zuviel. 1166 erschien der erst 15jährige König Alphonse an der Spitze einer aus lauter Feinden Raimonds zusammengesetzten Streitmacht an der unteren Rhône, und der Graf von Toulouse mußte sich beeilen, seine am Ufer gelegene Festung Beaucaire zu verteidigen.

Das war nur der Auftakt zu einem langwierigen, komplizierten, einen Handelskrieg zwischen Genua und Pisa einschließenden Krieg, der sich, von kurzen Friedensphasen unterbrochen, 20 Jahre lang hinzog. Raimond V. verzichtete schließlich auf seine provençalischen Ambitionen, zumal der Onkel seiner Frau Richilde und Lehnsherr der Provence, Kaiser Friedrich Barbarossa, nicht den kleinen Finger rührte, um ihn gegen Aragon zu unterstützen. Immerhin gelang es ihm, einen für ihn gefährlichen Parteigänger des Königs Alphonse von Aragon - den man »den Keuschen« nannte, weil er unter den Herrschern seiner Zeit durch ein unauffälliges Sexualleben auffiel - abzuwerben: den Nachbarn Vizegraf Roger Trencavel. 1171 überredete er den jungen Herrn von Béziers und Carcassonne, die mit reichlich Mitgift versehene Grafentochter Alazais zur Frau zu nehmen. 1172 wischte er auch noch dem König von Frankreich eins aus, indem er in einem feierlichen Akt Heinrich Plantagenet, der dem Kapetinger nicht nur die Frau, sondern auch die Aquitaine weggenommen hatte, für seine Länder huldigte. Wobei der französische König nach wie vor der rechtmäßige Lehnsherr der Toulousaner Grafschaft war.

Diese Überlappungen von Huldigungen, Lehns- und Vasallenverhältnissen waren eher die Regel als die Ausnahme. Auch nachdem Vizegraf Trencavel ins Lager von Raimond V. übergegangen war, blieb er mit bedeutenden Besitzungen, dem Lauragais (südöstlich von Toulouse), dem Carcassès (um Carcassonne) und dem Razès (oberes Tal der Aude) dem König von Aragon lehnspflichtig. Mit ihren verschiedenen Beinen standen die Feudalherren oft in ganz verschiedenen Lagern. Und was die Großen vormachten, das machten die Kleinen nach. In einem Land, das durch wechselnde Allianzen und Kriege in Bewegung gehalten wurde, lernten die Herren der *castra*, die *milites* hießen, denn der Krieg war ihr Beruf, ihre Dienste und ihre Vasallentreue meistbietend zu verkaufen. Sei es an Toulouse, sei es an Aragon. Die Lehnsherren wiederum konnten ohne *milites* keine Kriege führen und waren daher gezwungen, sollten diese Kader nicht dem Feind in die Arme getrieben werden, manche ihrer Eigenheiten in Kauf zu nehmen, etwa ihre Sympathie mit der katharischen Ketzerkirche.

Die Nachsicht mit der Häresie war zugleich aber auch die Achillesferse, an der widerspenstige okzitanische Grundherren zu treffen waren: da ließ sich die Kirche auf den Plan rufen, und wenn sie ein Interdikt oder die Exkommunikation aussprach, war der Betreffende außer Gefecht gesetzt. Die Häresie konnte zum Politikum gemacht werden: das hat Raimond von Toulouse offenbar schnell begriffen. Zehn Jahre nach Lombers und Saint-Félix zeigte er sich auf einmal sehr besorgt über die Ausbreitung der Häresie in der Grafschaft. Wollte er sich damit nur als guter treuer Katholik ausweisen, nachdem er den Fauxpas begangen hatte, während des vorausgegangenen päpstlichen Schismas auf den falschen Papst zu setzen? Oder

sollte damit der immer noch mit dem gegnerischen Aragon verbun-
dene Schwiegersohn Trencavel getroffen werden, in dessen Territorien, Albi, Carcassès und Lauragais, sich die Ketzer ungestört austo-
ben durften, ja dem man nachsagte, selbst zu ihnen zu gehören? 1177
jedenfalls schrieb Raimond V. einen Brandbrief an das Generalkapitel von Cîteaux, die nächste Vertretung päpstlicher Autorität, also
an den Orden des Ketzerpredigers Sankt Bernard:

»Die Verderblichkeit und die Verbreitung dieser Häresie haben
derart die Oberhand gewonnen, daß fast alle ihre Anhänger überzeugt sind, Gott zu huldigen ... Sie hat Zwietracht zwischen
Mann und Frau, Vater und Sohn, Schwiegermutter und Schwie-
gertochter gesät ... Selbst jene, die mit dem Priesteramt bekleidet
sind, werden durch die Ausbreitung der Häresie verdorben; die alten Kirchen, einstmals Gegenstand der Verehrung, werden im
Stich gelassen und dem Verfall preisgegeben; man verweigert die
Taufe; die Eucharistie ist entweiht, die Buße wird verachtet; man
mag nicht an die Erschaffung des Menschen und die Auferstehung
des Fleisches glauben; alle Sakramente der Kirche werden für null
und nichtig erklärt, und, was noch schlimmer ist, man führt sogar
zwei Prinzipien ein ...

... Was mich angeht, der ich das eine der beiden göttlichen
Schwerter trage und der, wie ich anerkenne, eingesetzt bin, um der
Rächer und Diener des göttlichen Zorns zu sein, so muß ich beken-
nen, daß, wenn ich mich bemühe, diesem Glaubensabfall eine
Grenze und ein Ende zu setzen, mir die Mittel fehlen, um eine Auf-
gabe dieser Art und Bedeutung zu erfüllen: Die Edelsten meines
Landes, von dem Übel der Untreue befallen, haben sich verder-
ben lassen, und mit ihnen eine große Zahl von Menschen, die vom
Glauben abgefallen sind, was bedeutet, daß ich diese Aufgabe weder zu einem Ende zu führen wage noch könnte.

Da wir wissen, daß die Kraft des geistlichen Schwertes nicht ge-
nügt, um eine solche Häresie auszurotten, muß sie durch das Mittel des weltlichen Schwertes vernichtet werden. Um das zu ver-
wirklichen, schlage ich vor, daß der Herr König von Frankreich
aus Euren Ländern hierherkommt, denn ich glaube, daß durch
seine Anwesenheit diese so großen Übel verschwinden werden.
Wenn er selbst da ist, werde ich ihm die Städte öffnen; ich werde
Dörfer und castra seinem Ermessen überlassen; ich werde ihm die
Häretiker zeigen, und überall, wo er meiner bedarf, werde ich ihm
bis zum Vergießen meines Blutes beistehen, um alle Feinde Christi zu vernichten.«[8]

RAIMOND DE TOULOUSE

Raimond V., der 1194 starb, erlebte nicht mehr mit, wie die Geister, die er da rief, tatsächlich kamen, mit geistlichen und weltlichen Schwertern bewaffnet. Es dauerte 30 Jahre, bis sein Hilferuf erhört wurde, dann allerdings kam die Antwort mit solcher Gewalt, daß den Okzitaniern Hören und Sehen verging. Ihre Nachfahren, die nicht müde wurden, die große Invasion aus dem Norden zu beklagen und die Grafen von Toulouse als Hüter südlicher Eigenart zu verklären, haben nur zu schnell vergessen, daß es ein Graf von Toulouse war, der den König aus dem fränkischen Norden einlud, sich den ketzerischen Süden aus der Nähe anzusehen, seine Städte und Dörfer zu durchkämmen.

Nach der Feudalordnung war Raimonds Hilferuf formal durchaus in Ordnung, denn der König von Frankreich war, als Lehnsherr des Grafen, verpflichtet, einem bedrängten Lehnseidigen zu Hilfe zu kommen. Warum hat sich Raimond V. dann aber nicht direkt an Ludwig VII. gewandt, sondern an die Zisterzienser, die dem Papst näherstanden als den unsicheren weltlichen Kantonisten? War es nur ein Versuchsballon, um die Verbindungen zwischen dem einflußreichen Cîteaux und dem französischen König zu testen und gleichzeitig den englischen König zu brüskieren, dem Raimond ebenfalls gehuldigt hatte? Sollte nur der unzuverlässige Vizegraf Trencavel eingeschüchtert werden durch die Drohung mit höherem Eingreifen, oder war der Graf von Toulouse, ein guter Katholik, vom

51

Ausmaß der Ketzerei in seiner Grafschaft tatsächlich so sehr beunruhigt, daß er, von den eigensinnigen okzitanischen *milites* im Stich gelassen, keinen anderen Ausweg mehr sah, als eine größere Macht um brüderliche Hilfe zu ersuchen?

Eine befriedigende Antwort auf diese Fragen liegt nicht vor. Duvernoy ist sogar der Auffassung, daß Raimonds Brief gar nicht von Raimond selbst geschrieben wurde - so gewunden, sagt er, drückte man sich in den gräflichen Kanzleien sonst nicht aus -, sondern von einem Zisterzienser.[9] Wie auch immer: Was an dem Brief auffällt, ist seine verhältnismäßig differenzierte Kennzeichnung der Häresie. Sie wird nicht mehr nur wie sonst in den zeitgenössischen Zeugnissen als bloß negative Aktion beschrieben, als Verneinung der katholischen Institutionen, Glaubenssätze und Riten; es wird auch angedeutet, daß sie, »was noch schlimmer ist«, ein eigenes Dogma besitzt: »Man führt sogar zwei Prinzipien ein.«

Auf dem Laterankonzil, das 1179, kurz nach Raimonds Intervention, einberufen wurde, war viel von der Gefahr der Häresie die Rede. Namentlich die »cathari« wurden erwähnt. Es ist an der Zeit, die Katharer selbst zu Wort kommen zu lassen.

Die Eidechse im Eselskopf.
Über die Religion der Katharer

Da die Geschichte die Geschichte der Sieger ist, und da die Katharer zu denen gehören, die in der Geschichte unterlagen, ist das Wissen über die Katharer und ihren Glauben zum größten Teil verzerrt und entstellt überliefert worden, in der Gestalt, die den siegreichen Verfolgern auf den Leib geschrieben war. Es wimmelt nur so von Anklageschriften *contra haereticos*, von subtilen theologischen Abhandlungen, die mit allen Mitteln scholastischer Gelehrsamkeit die Katharer des manichäischen Irrglaubens überführen, bis zu Hetztiraden, in denen schon die »Hexenhämmer« späterer Zeiten anklingen. Gegenüber den Katharern hat der hochgebildete Zisterzienser Alanus ab Insulis aus dem 12. Jahrhundert alle philologischen Skrupel verloren und die Volksetymologie von den katzenarschküssenden »Kätzern« übernommen: »Ketzer« war lange Zeit hindurch ein Synonym für »Sodomit«.[1]

Wie man die Ketzer verbrannte, so verbrannte man auch ihre Bücher und Schriften. In der Legende um den Heiligen Dominikus hat die Bücherverbrennung, wundersam überhöht, ihre Spuren hinterlassen: Während die Ketzerbücher die Feuerprobe nicht bestehen, denen der fromme spanische Betbruder sie unterwirft, wird die katholische Heilige Schrift - Fra Angelico hat das Wunder auf einem Gemälde festgehalten - unversehrt aus den Flammen gezogen.

Sorgfältig aufbewahrt in Klosterbibliotheken und den Archiven des Vatikan, haben die katholischen Kontroversschriften die Jahrhunderte überstanden, mit ihnen aber auch Bruchstücke der häretischen Lehre, der die orthodoxen Einsprüche galten. Seit die heilige Inquisition im 13. Jahrhundert die Führung im Kampf gegen die Katharer übernahm, erloschen zwar nicht die Scheiterhaufen, ganz im Gegenteil, aber der Verurteilung der Ketzer ging ein langwieriges Verhör der Verdächtigen voran. In den Protokollen von Inquisitionsprozessen, die sich erhalten haben, kommen die Katharer selbst zu Wort - wenn auch nicht direkt, denn ihre Aussagen wurden aus der okzitanischen Umgangssprache ins Lateinische übersetzt, und es waren auch keine unparteiischen Schreiber, die das Protokoll führten. Aber als Quellen sind die Inquisitionsprotokolle unersetzbar. Vor allem die *Register* des Bischofs Jacques Fournier, der von 1318 bis 1325 die Inquisition in Pamiers (Département Ariège) leitete, haben den Historikern einzigartige Aufschlüsse über das Alltagsleben in den Pyrenäen am Anfang des 14. Jahrhunderts geliefert: Le Roy Ladurie hat die von den Verhörten gegebenen Auskünfte einem großen Publikum als ethnographische Erzählung zugänglich gemacht.[2] Der Katharismus selbst spielt in den Protokollen keine zentrale Rolle; um diese Zeit hatte er unter den Bewohnern der abgelegenen Dörfer nur noch in Form einer mündlich überlieferten Tradition überlebt.

Der Inquisition ist es zu verdanken, daß einige der für die Katharer offenbar zentralen theologischen Schriften, gewissermaßen als Asservate und Belegexemplare, erhalten blieben. In den Archiven des Vatikan fand sich erst im 20. Jahrhundert eine Abhandlung, die Mitte des 13. Jahrhunderts von dem italienischen Katharer Giovanni de Lugio geschrieben wurde: der *Liber de duobus principiis*, das Buch der zwei Prinzipien. Von den »zwei Prinzipien« als Inbegriff des Häretischen hatte auch schon Raimond von Toulouse gesprochen, aber das Buch von den zwei Prinzipien existierte damals noch nicht, und es ist ungewiß, ob es unter den Katharern Okzitaniens bekannt und verbreitet war.

Einem okzitanischen Katharer, einem gewissen Bartolomeus von Carcassonne, wird ein *Tractatus catharus* zugeschrieben, der, als Textbeleg, in die antiketzerische Streitschrift »Liber contra Manicheos« des abgefallenen Waldensers Durand de Huesca aufgenommen wurde. Ob es sich bei diesem »Tractatus« tatsächlich um die Abschrift eines unter den Katharern zirkulierenden Textes gehandelt hat oder nur um eine Kompilation von Informationen *über* die Katharer, ist dabei fraglich. Ganz anders verhält es sich mit einem Buch, das die Inquisition in Carcassonne konfisziert und aufbewahrt hat: der *Interrogatio Iohannis*, Befragung des Johannes, in der französischen Neuausgabe »Das geheime Buch der Katharer«[3] genannt. Diese »Interrogatio« ist zugleich ein Beleg dafür, daß die okzitanischen und italienischen Katharer enge Verbindungen unterhielten und daß ihre Doktrin aus Bulgarien, von den Bogomilen, stammte. Denn die Handschrift von Carcassonne trägt den Vermerk: »Das Geheimnis der Häretiker von Concorezzo ist, voller Fehler, von Bulgariens Bischof Nazarius überbracht worden.«[4]

Concorezzo ist der Name eines Städtchens bei Mailand, das ein häretischer Bischofssitz war, der Sitz jenes Marc aus der Lombardei, der an der Verhandlung von Lombers bei Albi teilnahm.

Diese »Interrogatio Iohannis« gibt das Wesen der katharischen Lehre nicht ohne weiteres preis. Es handelt sich um eine der Apokryphen unklarer Herkunft, wie sie im frühen Christentum zirkulierten, von der Kirche aber als nichtkanonische Schriften verworfen wurden. Von den kanonischen Schriften kommt die Apokalypse des Johannes den Apokryphen am nächsten: In vielen von ihnen spielt der Apostel Johannes die Rolle des Vermittlers zwischen Gott und Welt, dessen sich Christus bedient, um weitere Botschaften zu verkünden. Es sind nicht nur eschatologische Botschaften wie in der Apokalypse, sondern auch Darstellungen der Schöpfungs- und Heilsgeschichte, die von der des Alten Testaments oft erheblich abweichen. In der »Interrogatio« wird die Erschaffung des Menschen nicht als Werk Gottes, sondern des Satans erzählt:

»Und er dachte sich aus, den Menschen zu seinen Diensten zu erschaffen, und nahm Lehm und machte den Menschen, ihm selbst ähnlich. Und er befahl dem Engel des zweiten Himmels, in den Körper aus Lehm zu gehen; und er nahm ein Stück davon und machte einen anderen Körper in der Gestalt der Frau und befahl dem Engel des ersten Himmels, in ihn zu gehen. Die Engel weinten sehr, als sie auf sich diese sterbliche Hülle in unterschiedlichen Formen sahen.

Und er befahl ihnen, den fleischlichen Akt in diesen Lehmkörpern zu begehen, sie wußten aber nicht, wie man sündigt. Darauf verfuhr der Urheber der Sünde so mit seiner List: Er pflanzte das Paradies und setzte die Menschen hinein und befahl ihnen, nichts davon zu essen.

Der Teufel betrat das Paradies und pflanzte Schilfrohr inmitten des Paradieses und er machte aus seinem Auswurf die Schlange und befahl ihr, im Schilf zu bleiben, und der Teufel verbarg so die Arglist seines Betrugs, damit sie seine Täuschung nicht sahen. Und er näherte sich ihnen mit den Worten: eßt alle Früchte, die sich im Paradies finden, aber eßt nicht die Frucht der Verderbnis. Darauf ging der gerissene Teufel in die Böse Schlange und täuschte den Engel, der in der Gestalt einer Frau war, und verbreitete über seinem Kopf die Begierde der Sünde: und die Begierde Evas war wie eine heiße Glut. Und sogleich kam der Teufel in Gestalt der Schlange aus dem Schilf und machte mit Hilfe des Schwanzes der Schlange seine Unzucht mit Eva. Deshalb heißen die Menschen nicht Kinder Gottes, sondern Kinder des Teufels und der Schlange, die bis an das Ende der Zeiten die teuflischen Werke ihres Vaters verrichten.

DIE VERTREIBUNG AUS DEM PARADIES
Buchillustration aus dem 12. Jahrhundert

Darauf verbreitete der Teufel seine Begierde über dem Kopf des Engels, der Adam war, und alle beiden befanden sich in der Unzucht der Ausschweifung und zeugten Söhne des Satans, bis das Jahrhundert vollendet war.

Und dann habe ich, Johannes, den Herrn gefragt und gesagt: Warum sagen die Menschen, daß Adam und Eva von Gott geformt und ins Paradies gesetzt wurden, um seinen Befehlen zu gehorchen, und daß sie wegen des Verstoßes gegen den Befehl des Vaters dem Tod ausgeliefert wurden? Und der Herr sagte: Höre, liebster Johannes, dies sind unwissende Menschen, die sagen, daß mein Vater Körper aus Lehm schuf nach der Untreue, aber in

56

Wahrheit schuf er alle Mächte des Himmels mit dem Heiligen Geist, und wegen ihres Ungehorsams und ihres Falls haben sich jene in Körpern aus Lehm wiedergefunden und sind dem Tod ausgeliefert worden.«[5]

Die diesem Schöpfungsmythos der bogomilischen »Interrogatio« zugrundeliegende Vorstellung, daß der Herr der Himmel und der Schöpfer der Welt nicht miteinander identisch sind, ist nicht erst mit dem Katharismus entstanden. Die Gnostiker des 2. Jahrhunderts u. Z. mochten sich mit dem Gedanken nicht abfinden, daß die unvollkommene und schlechte Welt das Werk *eines* Schöpfers sein soll, der selbst der Inbegriff der Vollkommenheit ist. So nahmen sie an, daß es einen Demiurgen gegeben hat, der, zwar ausgesandt vom vollkommenen Gott, selbst aber unvollkommen oder sogar böse, die sichtbare Welt erschuf. Während die Gnostiker ein komplexes System von Vermittlungen und Zwischenstufen aufstellten, um den Übergang vom Vollkommenen zum Unvollkommenen denkbar zu machen, schlugen die Bogomilen und mit ihnen die Katharer alle Vermittlungen durch und setzten den welterschaffenden Demiurgen mit dem Satan gleich. Aus dem gnostischen Demiurgen, der bei aller Unvollkommenheit zur Sphäre des höchsten Gottes gehörte, ist bei den Bogomilen und Katharern der Gegenspieler Gottes, das böse andere Prinzip, der Teufel geworden. Als Werk des Satans ist die sichtbare Welt von jeder Verbindung mit dem himmlischen Gottesreich abgeschnitten. Diese vereinfachte und zugleich radikalisierte Fassung der gnostischen Schöpfungsidee begründet den Dualismus, der die katharische Lehre unversöhnlich von der römisch-katholischen Kosmologie trennt.

Wie die »Interrogatio« zeigt, verlangt die dualistische Auffassung erhebliche Korrekturen an der Schöpfungsgeschichte des Alten Testaments. Die Menschen können nicht mehr nach dem Bilde Gottes geschaffen sein; der Satan erschuf die Menschen, zu seinen eigenen Zwecken. Wiederum gnostischen Mythen folgend, läßt die »Interrogatio« Engel erscheinen, die den Lehmkörper Adams und Evas beleben; aber es sind keine Abgesandten Gottes mehr, sondern Diener des Satans, die sich von ihm täuschen und benutzen lassen. Das Paradies ist, als Erzeugnis des Satans, von Anfang an verloren, und der Sündenfall beginnt nicht erst mit dem Verzehren der verbotenen Frucht. Vom Augenblick ihrer Belebung an gibt es für Adam und Eva kein Entrinnen mehr vor dem Bösen. Die Verführung Evas durch den Satan in Gestalt der Schlange, ein Thema auch der jüdisch-rabbinischen Tradition, fügt dem Bösen der Menschenerschaffung keine neue Qualität hinzu. Ob es nun die Schlange selbst ist, die mit Eva Kain erzeugt, oder Adam, nachdem er sich vom Satan hat anstacheln lassen, macht keinen Unterschied für die dualistische Schöpfungsgeschichte, denn die Sexualität ist in jedem Fall mit dem Fluch des Satanischen belegt. Sie sorgt dafür, daß das Böse weiterhin das Böse zeugt und die gefallenen Engel in den Menschenhüllen gefangen bleiben.

Nach der Auffassung okzitanischer Katharer hat der Satan die Reize einer in die oberen Himmel eingeschleusten Frau benutzt, um die Engel dem heiligen Vater abspenstig zu machen.

»Als sie, von seiner Begierde angesteckt, sie sahen, wollte jeder von ihnen sie besitzen, worauf der Satan besagte Frau aus dem Reich des Vaters und des Geistes hinausführte, und sie folgten, von der Begierde nach der Frau verlockt, dem Satan und seiner Frau.«[6]

Die Sterblichkeit der Menschenhüllen ist laut »Interrogatio« die Strafe dafür, daß die Engel den Verlockungen des Satans nachgaben und das himmlische Reich verließen: Die Sexualität wiederum ist für den Satan als Herrscher über die nichtige Welt das Lockmittel, das die Menschen dazu bringt, ihre Gefangenschaft in ihren sterblichen Hüllen zu verewigen, dadurch, daß sie sich auch ohne direktes Zutun des Satans fortpflanzen.

Der Dualismus der Katharer gründet sich aber nicht ausschließlich auf heterodoxe Mythen, wie sie in der »Interrogatio Iohannis« erzählt werden. Die Weltverneinung, die er zum Extrem treibt, war allen christlichen Lehren der ersten Jahrhunderte u. Z. gemeinsam, von der Gnosis bis zur Patristik; ihre Stütze fand sie in der Bibel selbst: »Liebt die Welt nicht und nicht das, was in der Welt ist. Wenn einer die Welt liebt, so ist nicht des Vaters Liebe in ihm; denn alles in der Welt, des Fleisches Lust und der Augen Lust und des Lebens Prahlen, das stammt nicht her vom Vater, sondern stammt von der Welt. Und die Welt vergeht und ihre Lust. Doch wer den Willen Gottes wirkt, der bleibt in Ewigkeit.« (1. Brief des Johannes, 2, 15-17) Die Katharer beriefen sich vorzugsweise auf diesen Spruch und den Apostel Johannes überhaupt, den sie gelegentlich mit Jesus auf eine Stufe stellten; ihre Gegner hatten es im Angesicht solcher Zitate schwer, den Nachweis zu führen, daß die katharische Trennung von himmlischem Reich und nichtiger Welt gegen den Christenglauben verstieß.

Die Angriffe, denen die Katharer ausgesetzt waren, und die Kontroversen, die sie mit den Katholiken führten, ließen die Darstellungen ihrer Lehre nicht unberührt. Der *Liber de duobus principiis*, der in der Zeit der Verfolgung in Italien entstand, begnügt sich nicht mehr wie die »Interrogatio« mit gegenmythischen Beweisführungen. Sein Autor nimmt die Autorität der Bibel und die Argumentationstechniken der Scholastiker zu Hilfe, um die katholische Doktrin von der Einheit Gottes und der Welt, den Monismus, zu widerlegen und den Dualismus als schriftkonforme Lehre zu verteidigen:

»Christus sagt im Evangelium des heiligen Matthäus: ›Ihr seid ausgegangen wie zu einem Mörder, mit Schwertern und mit Stangen, mich zu fangen. Bin ich doch täglich gesessen bei euch und habe gelehrt im Tempel, und ihr habt mich nicht gegriffen.‹ (Matth. 26, 55) ›Aber dies ist eure Stunde und die Macht der Finsternis‹ (Lukas 22, 53). Deshalb muß man glauben, daß die Macht Satans und der Finsternis nicht direkt und unmittelbar vom Herrn und wahren Gott ausgeht. Denn wenn die Macht Satans und der Finsternis direkt und unmittelbar vom wahren Gott ausginge - zusammen mit allen anderen Mächten, Kräften und Herrschaften (des Bösen) - wie die Unwissenden sagen -, verstünde man nicht, wie Paulus und die anderen Jünger Jesu Christi ›den Mächten der Finsternis entrissen‹ werden könnten. Noch wie sie sich von dieser Macht des Satans hätten abwenden und dem Herrn und wahren Gott hätten zuwenden können. Vor allem wenn man bedenkt, daß sie sich, indem sie sich von der Macht der Finsternis losrissen, in Wirklichkeit, im eigentlichen und wesentlichen Sinn, von der Macht des wahren Herrn und Gottes losrissen, da ja alle Mächte und Kräfte (nach dem Glauben unserer Gegner), im eigentlichen und wesentlichen Sinn, vom guten Gott ausgehen. Und wie hätte dieser gute Gott eine andere als seine eigene Macht bloßlegen und besiegen können, wenn es wahr ist, daß es keine Macht außer der seinen gibt, wie alle Gegner dieser wahren Christen sagen, die man mit ihrem richtigen Namen Albanenser nennt« - (so hießen die Anhänger der Katharerkirche von Desenzano am Gardasee).[7]

Ein schwer zu widerlegender Einwand gegen die Lehre vom Einssein Gottes mit der Welt und also auch mit dem Bösen. Wie kann, fragen die Katharer, alles eins sein, wenn es zugleich etwas anderes gibt, das nicht zum Guten Gottes gehört, sondern zum Bösen? Den Gott des Alten Testaments, der gut ist und zugleich böse in seinem Zorn, erkannten die Katharer nicht an; bis auf die Psalmen und einige der Propheten verwarfen sie das Alte Testament. Das Johannesevangelium und die Apokalypse vor allem waren für sie eine Fundgrube dualistischer Deutungen. »Und es ward ausgeworfen der große Dra-

DAS APOKALYPTISCHE WEIB UND DER DRACHE
St. Savin sur Gartempe (Vienne)
Um 1100

che, die alte Schlange, die da heißt der Teufel und Satanas, der die
ganze Welt verführt, und ward geworfen auf die Erde, und seine Engel wurden auch dahin geworfen.« (Apokalypse 12, 9). Das ließ sich
durchaus im Sinn des Schöpfungsmythos der »Interrogatio« verstehen. Der Autor des »Liber de duobus principiis« sieht in dieser Stelle
den Beweis dafür, daß die Bibel selbst die Ewigkeit des bösen Prinzips neben der Ewigkeit des guten behauptet:

»Denn, ob nun diese Dinge (Sünde, Strafe, Furcht und Teufel
selbst) die Namen sind, mit denen man das höchste Prinzip des
Bösen bezeichnet, oder nur die Namen, mit denen man seine Wirkungen bezeichnet, sie bezeugen in jedem Fall die Existenz einer
einzigen, ewigen, immerwährenden oder uralten Ursache des Bösen, denn wenn die Wirkung ewig, immerwährend oder uralt ist,
muß die Ursache es notwendig ebenfalls sein. Es existiert also
ohne jeden Zweifel ein böses Prinzip, von dem diese Ewigkeit, dieses Immerwährende und dieses Alte direkt und wesentlich her-
kommen.«[8]

Haben die katharischen Gelehrten auch keinen Aufwand gescheut,
um mit Hilfe logischer Schlußtechniken darzulegen, daß die Welt
nicht das Werk Gottes sein kann und deshalb auf das Vorhandensein
eines konkurrierenden bösen Prinzips - im Sinn von *principium* = An-

fang - hindeuten muß, so sind sie, bei der Suche nach dualistisch interpretierbaren Bibelstellen, mit dem Text oft nicht zimperlich umgegangen. Der Autor des *Tractatus Catharus* von Carcassonne zitiert Paulus (Korinther 13, 2): »Und wenn ich weissagen könnte und wüßte alle Geheimnisse und alle Erkenntnis und hätte allen Glauben, also daß ich Berge versetzte, und hätte der Liebe nicht, so wäre ich nichts«, und zieht daraus den Schluß: »Was bedeutet, daß, wenn der Apostel nichts ist ohne die Liebe, alles, was ohne die Liebe ist, nichts ist.«[9]

Hat dieser häretische Gelehrte einmal das »nichts« als das Zeichen erkannt, an dem sich der heimliche Dualismus der heiligen Schrift verrät, schreckt er auch vor Übersetzungsmanipulationen nicht zurück, um die dualistische Lesart plausibel zu machen. »Wenn alle bösen Geister, wenn alle schlechten Menschen und alle Dinge, die sichtbar sind in der Welt, nichts sind, weil sie ohne Liebe sind, so deshalb, weil sie ohne Gott geschaffen sind. Gott hat das nicht geschaffen, da das Nichts ohne ihn geschaffen wurde (erschienen ist)«. Das Johannesevangelium ist dem »Tractatus Catharus« Beweis genug, denn er läßt es sagen: »Ohne ihn wurde das Nichts geschaffen« (Joh. 1, 3)[10].

»Alle Dinge sind durch dasselbe gemacht, und ohne dasselbe ist nichts gemacht, was gemacht ist«, heißt dieser Vers in Luthers Übersetzung, nah am Text der Vulgata: »Omnia per ipsum facta sunt et sine ipso factum est nihil«. Die okzitanische Übersetzung der sogenannten *Bibel von Lyon*: »Totas causas son faitas per Lui e senes Lui es fait nient«[11] hält sich zwar an die Vulgata, läßt aber, wie der Spezialist für Katharismus und okzitanische Sprache, René Nelli, sagt, eine dualistische Deutung zu, wie wenn geschrieben wäre: ›Alle Dinge sind durch ihn gemacht, und ohne ihn ist gemacht, was nichtig ist‹.[12] Zurückübersetzt in das Latein des »Tractatus Catharus«, wird aus dem Vers des Johannesevangeliums der dualistische Lehrsatz par excellence: Es hat zwei Schöpfer und zwei Schöpfungen gegeben, eine gute, von Gott im Himmel ins Werk gesetzte, und eine böse, vom Satan inszenierte, identisch mit der sichtbaren Welt.

Wenn aber die Welt die Schöpfung des Satans und die Domäne des Bösen ist, was kann dann die Fleischwerdung von Jesus Christus bedeuten? Gibt es überhaupt eine Heilsgeschichte, die den Abgrund zwischen den beiden *principia* überwindet, können die Katharer innerhalb ihrer dualistischen Lehre die Dreieinigkeit von Vater, Sohn und Heiligem Geist denken, haben die Begriffe Vergebung und Erlösung einen Sinn, wenn die Welt der Menschen das Böse ist? Die bogomilische »Interrogatio Iohannis« handelt die Mission Christi in wenigen Sätzen ab. Der von Johannes befragte Christus erklärt sie so:

> »Mein Vater hat mich in diese Welt gesandt, damit ich seinen Namen den Menschen bekanntmache und damit sie ihn kennen, ihn und den bösen Teufel. Als aber Satan erfuhr, daß ich in die Welt hinuntersteigen würde, schickte er seinen Engel und nahm Stücke von drei Bäumen und gab sie dem Propheten Moses, um mich zu kreuzigen; dieses Holz ist bis heute für mich aufbewahrt worden. Und Satan verkündete ihm seine Göttlichkeit und befahl ihm, den Söhnen Israels das Gesetz zu geben, und so ließ Moses sie trockenen Fußes durchs Meer gehen.
>
> Als mein Vater beschloß, mich in diese Welt zu senden, schickte er durch den Heiligen Geist einen seiner Engel, um mich zu empfangen; dieser Engel hieß Maria, meine Mutter. Und ich stieg hinab: durch Marias Ohr kam ich hinein und wieder heraus.«[13]

Der Autor der »Interrogatio« stützt sich zunächst auf einen Vers des Johannesevangeliums, der schon für die Gnosis von zentraler Bedeutung war: »Ich habe deinen Namen offenbart den Menschen, die du mir von der Welt gegeben hast« (17, 6). Die Offenbarung des Namens war für die Gnostiker der Beginn der »Gnosis«, der Erkenntnis, die dadurch, daß sie die Finsternis des Teufelswerks durchdringt, den Menschen den Weg des Heils zeigt. Die »Interrogatio« spart sich allerdings die umständlichen Spekulationen, durch die sich die Bekanntmachung des göttlichen Namens für die Gnostiker als Rettung zu erkennen gibt. Sie greift gleich auf die alte Legende vom Kreuzholz zurück, um deutlich zu machen, daß die Kreuzigung Christi nichts mit dem göttlichen Heilsplan zu tun hat. Die »Interrogatio« deutet dabei eine Legende dualistisch um, die seit den Kirchenvätern verbreitet war: Daß das Kreuz vom gleichen Holz war wie der Stab, mit dem Moses das Rote Meer teilte.

> »Das durch den Wunderstab beruhigte und gereinigte Wasser ist die Menschheit, die durch das Gift der Schlange bitter geworden war, das heißt durch die Erbsünde, und die durch den am Kreuz geopferten Christus erneuert wird.«[14]

Für die Bogomilen und die Katharer war Moses ein Werkzeug des Teufels, und das Holz des Stabs und des Kreuzes gehörten zu der satanischen Welt. Der Bauer Leutard aus der Champagne, der die Kreuze in den Kirchen zerstörte, handelte durchaus in Übereinstimmung mit der bogomilisch-katharischen Lehre. Die Katharer lehnten den Kult des Kreuzes entschieden ab, weil sie das Kreuz nicht als

Symbol der Rettung und des Trostes verstanden, sondern als Zeichen der satanischen Macht in der Welt.

Wenn die Kreuzigung Christi nicht das gottgewollte Opfer war, durch das die Heilsgeschichte ihren Anfang nahm, sondern ein Sieg der satanischen Welt, in welcher Gestalt und in welcher Mission ist Jesus dann in die Welt herabgestiegen? Die Erzählung der »Interrogatio« spricht von einer merkwürdigen Form »unbefleckter Empfängnis«, durch das Ohr Marias, was die Deutung nahelegt, daß Jesus als Wort in Erscheinung trat. Am Portal der Würzburger Marienkapelle findet sich die bildliche Darstellung der Ohrenlegende: an einer Art Seil, das den Mund Gottes mit dem Ohr Marias verbindet, steigt Jesus vom Himmel herunter. Verkündigung und Empfängnis fallen darin zusammen. Ob Jesus als Wort, Geist, Gott in Menschengestalt oder sterblicher Mensch zu verstehen war, darüber gingen die Meinungen der Katharer weit auseinander. Die Frage hatte für ihre Lehre eine weit geringere Bedeutung als für die katholische Doktrin. In welcher Gestalt auch immer Jesus erschienen sein mag, an der Macht des Bösen über die Welt konnte er nicht rütteln. Er hat nur ein Beispiel gegeben, wie die Seelen dem Reich des Bösen entkommen können; erlöst hat er sie nicht durch sein Opfer für die sündige Menschheit.

Manche Katharer sprachen Jesus die göttliche Herkunft ganz einfach ab. Andere hielten ihn für den guten Bruder des bösen Satans, von Gott in die Welt geschickt, um dem Satan das Göttliche streitig zu machen, das als Geist innerhalb der verdorbenen Welt überlebt. Der Ex-Katharer Rainier Sacchoni, der mit seiner intimen Kenntnis der katharischen Lehre der Inquisition gute Dienste leistete, hat das katharische Jesusbild so wiedergegeben:

> »Er war ein Engel, der niemals wirklich aß, trank, litt, starb, begraben ward; seine Auferstehung geschah nicht wirklich. All das war nur vorgestellt.«[15]

Wie die Manichäer und Gnostiker waren die Katharer offenbar Doketisten, das heißt, sie betrachteten die Menschwerdung Jesu als Schein. Der katharische Jesus glich mehr einem Buddha als dem Christus der orthodoxen Christenheit[16]; er lehrte durch sein Beispiel, zeigte den Weg zum Heil, aber war nicht dessen Werkzeug. So wenig Jesus als Erlöser verehrt wurde, so wenig respektieren die Katharer den katholischen Kult um Maria als die jungfräuliche Erlösermutter.

Wenn überhaupt, dann hatte sich das Opfer Christi für die Katharer nicht auf der Erde, sondern in den höchsten Himmeln vollzogen;

ihre Vorstellungen von diesem Himmelsopfer aber blieben vage und widersprüchlich. Wie die orthodoxen Christen priesen die Katharer die Dreieinigkeit von Vater, Sohn und heiligem Geist, aber es bleibt dunkel, was die Trinität in ihrer dualistischen Lehre bedeutete. Ist der heilige Geist eine Emanation Gottes, die sich in den Geschöpfen der nichtigen Welt niederläßt und dort die Göttlichkeit inmitten des Bösen überleben läßt? Oder fällt er mit dem zusammen, was die Katharer als »Geist« von der Seele und dem Körper unterschieden? Theoretisch trennten die Katharer strikt den Geist von der Seele: der Geist war die ungreifbare, unwandelbare, unverderbliche göttliche Substanz, die nicht in den Menschen wohnte, sondern durch sie hindurchging; die Seele dagegen gehörte zum Einzelnen, war das Bindeglied und zugleich das Trennende zwischen dem Satanischen, dem Körper, und dem Göttlichen, dem Geist. Rettung gab es nur, wenn sich die Seele von der Bindung an den nichtigen Leib befreite und auf die Seite des Geistes schlug; dann konnte sie sich vom Geist aus der Welt des Bösen in die göttliche Sphäre des Guten forttragen lassen.

Was aber geschieht mit den Seelen, die dem sterblichen Leib und also dem Bösen verhaftet bleiben? Die Auskünfte der Katharer gehen, wie in vielen anderen Fragen ihrer Lehre, weit auseinander. Einmal wird auch den gefallenen Seelen in der eschatologisch fernen Zukunft Rettung versprochen. Die »Interrogatio Iohannis« dagegen sagt ein Jüngstes Gericht voraus, das die Schafe von den Böcken scheiden wird:

> »Und der Gottessohn wird seine Gerechten aus der Mitte der Sünder nehmen und ihnen sagen: Gesegnete meines Vaters, nehmt hier als Erbe dieses Königreich, das seit Schaffung der Welt für euch bereitet wurde. Und dann wird er zu den Sündern sagen: geht weit weg von mir, Verfluchte, ins Feuer, das für den Teufel und seine Engel bereitet wurde.
>
> Und die anderen werden die letzte Trennung sehen, und die Sünder werden in die Hölle geworfen werden.«[17]

Nicht nur viele Katharer, sondern auch die Bogomilen von Byzanz verwarfen die Idee eines Jüngsten Gerichts und der Höllenstrafe für die Sünder. Die Katharer neigten sogar dazu, das Jüngste Gericht mit der Erschaffung der Welt gleichzusetzen, so daß das irdische Dasein selbst die Höllenstrafe war. Nicht nur die Körper waren ihr ausgesetzt, sondern auch jene Seelen, die sich von den Versuchungen der satanischen Welt hatten freimachen können; solange sie sich nicht durch den göttlichen Geist reinigten, waren sie gezwungen, von einer körperlichen Hülle in die andere überzusiedeln. Die Katharer glaubten an die Seelenwanderung, aber ihre Vorstellung von der Metempsychose blieb unklar: Wanderten die Seelen nur zwischen menschlichen oder auch zwischen menschlichen und tierischen Körpern hin und her? In der zweiten Vorstellung sah der Scholastiker Alanus ab Insulis die Begründung dafür, daß die Katharer, zumindest die strenggläubigen unter ihnen, kein Fleisch aßen; denn das Fleisch konnte ein Stück weltverhafteter Seele enthalten und somit die Weltverhaftung der anderen Seele verlängern.[18]

Das Heil, das die Katharer erwarteten, war, anders als im orthodoxen Christentum, kein individuell, durch Sündenvergebung und Erlösung erreichbares Ziel. Nur die Gesamtheit der Seelen konnte es erreichen, dann nämlich, wenn die Seelenwanderung zum Stillstand kam und die Seelen aufgehört hatten, sich im Fleisch zu reinkarnieren. Die ganze Menschheit mußte zum katharischen Glauben und zur katharischen Lebensweise übergegangen sein, damit die Macht des Satans endlich gebrochen würde; Christus konnte dabei nicht helfen, seine Erlösermacht war auf die Menschen selbst übergegangen. Aber wie so viele der katharischen Konzeptionen blieb auch die katharische Heilslehre fragmentarisch und widerspruchsvoll, der Bezug zum römisch-katholischen Dogma unklar. Die von den häretischen Gelehrten ausgearbeiteten subtilen Differenzen verwischten sich in dem Alltagsglauben der Katharer.

Vor der Inquisition in Pamiers Anfang des 14. Jahrhunderts hat der Ketzer Pierre Maury mit Hilfe einer Fabel erklärt, wie sich die Katharer das Verhältnis von Körper, Seele und Geist dachten:

»Es waren einmal, sagte der Häretiker, zwei Gläubige an einem Bach. Der eine schlief ein. Der andere blieb wach und sah etwas, das einer Eidechse glich, die aus dem Mund des Schläfers kam und auf einmal auf einem Stamm oder einem Brett den Bach überquerte. Dort lag ein ausgebleichter Eselsschädel, durch dessen Löcher das Ding hinein- und herauskroch. Dann kam es über das Brett wieder zum Mund des Schläfers zurück. Das Ding tat es ein- oder zweimal. Als das derjenige sah, der wach geblieben war, nahm er das Brett weg, als das Ding gerade auf der anderen Seite zum Schädel unterwegs war, um es an der Rückkehr zum Mund des Schläfers zu hindern.

Als das Ding aus dem Schädel zum Bach kam, konnte es nicht hinüber, weil das Brett fortgenommen war, und der Körper des Schläfers zuckte heftig, ohne zu erwachen, obwohl der andere ihn schüttelte; schließlich legte der das Brett zurück. Das Ding überquerte den Bach auf dem Brett und kehrte in den Mund des Schläfers zurück. Der wachte sogleich auf und sagte zu seinem Gefährten, daß er tief geschlafen habe. Der andere sagte zu ihm, daß es, während er schlief, ein großes Tohuwabohu gab, und daß er sich im Schlaf herumgeworfen hatte. Der Schläfer antwortete, er habe viel geträumt. Er hatte tatsächlich geträumt, daß er auf einem Brett über einen Bach hinübergegangen und in einen großen Palast gekommen war, in dem es viele Türme und Zimmer gab; als er zurückkehren wollte, war das Brett vom Bach fortgenommen, und er konnte nicht hinüber; er ging zum Bach, blieb dann aber stehen, aus Angst zu ertrinken; er war sehr aufgeregt, bis das Brett wieder über dem Bach lag und er ihn überqueren konnte. Derjenige, der wach geblieben war, erzählte ihm, was er gesehen hatte, und die beiden Gläubigen verfielen in großes Staunen.

Danach suchten sie einen guten Christen (das heißt einen Häretiker) auf und erzählten ihm die Sache. Der antwortete, daß die Seele des Menschen immer im Körper blieb bis zum Tod des Körpers, daß aber der Geist des Menschen ein- und ausging, wie sie es bei dieser Eidechse gesehen hatten, die aus dem Mund des Schläfers kam, in dem Eselsschädel verschwand und in den Mund des Schläfers zurückkehrte. Und da sie es gesehen hätten, könnten sie es gern glauben.«[19]

Mit der strikten katharischen Theorie von der Geist-Seele-Leib-Trias war das Eidechsengleichnis und seine Deutung durch den häretischen Lehrer nicht vereinbar. Die Fabel selbst entstammt älteren, keltischen und germanischen Quellen[20]; schon der Bauer Leutard aus der Champagne wollte seine Inspiration von einem ein- und ausfliegenden Bienenschwarm erhalten haben. Nach der katharischen Lehre war es die Seele, die ein- und ausgehen konnte; im schlechten Fall blieb sie dem Leib verhaftet, im guten erhob sie sich, schon zu Lebzeiten des Leibes, über ihn und vereinigte sich mit dem Geist. Der Geist aber war immer außerhalb des Leibes. Dem gelehrten Inquisitor Jacques Fournier, der nach dem Ende seiner erfolgreichen Karriere als Inquisitor zum Papst Benedikt XII. gewählt wurde, kam die ganze Sache spanisch vor. Mit der Lehre der Katharer bestens vertraut, bohrte er nach:

»Haben Sie Häretiker sagen hören oder selbst geglaubt, daß es im Menschen zwei rationelle Substanzen gäbe, das heißt zwei Seelen oder einen Geist und eine Seele, dergestalt, daß die eine zeit seines Lebens im Menschen verbleibe, daß aber die andere, der Geist, komme und gehe und nicht immerzu im Menschen verbleibe; daß die Vorstellungen, die Tagträume, die Reflexionen und anderen

Phänomene, die das Bewußtsein betreffen, beim Menschen vom Geist hervorgebracht seien, und daß der Mensch durch die Seele einzig das Leben hätte?

Ich habe den verstorbenen Häretiker Philippe de Coustaussa und die Gläubige Mersende Marty sagen hören, daß der Mensch zu seinen Lebzeiten immer eine Seele hätte; daß aber, wenn man gläubig oder Häretiker würde, ein guter Geist käme, dergestalt, daß sich zwischen der ersten Seele und dem Geist eine Art Hochzeit ereignete, deren Anstifter Gottvater sei. Wenn der Gläubige oder Häretiker anschließend aber den Glauben oder die Häresie aufgäbe, verließe der gute Geist den Menschen und würde durch einen bösen ersetzt. So, sagten sie, geht der Geist in den Menschen und aus ihm hinaus.

Die Seele ihrerseits bliebe zeitlebens im Menschen.

Ob dieser Geist aber ein menschlicher Geist oder ein geschaffener Geist (*spiritus creatus*) oder der Heilige Geist, also Gott sei, habe ich sie nicht bestimmen hören, obgleich sie den bösen Geist, der in den Menschen geht, ›Teufel‹ nannten.«[21]

Die Geist-und-Seelen-Theorie, die der Ketzer Pierre Maury vor dem Inquisitionsgericht referierte, stand einem volkstümlichen, mit Teufelsglauben versehenen Katholizismus näher als der Metaphysik des katharischen Dualismus.

Eine in sich geschlossene, kohärente religiöse Lehre war der Katharismus nur in den Augen der Inquisitoren und der Verfasser antihäretischer Traktate. Er zerfiel von Anfang an in zwei Schulen, eine radikale und eine gemäßigte. Die Radikalen vertraten einen absoluten Dualismus: sie nahmen an, daß dem guten Gott von Anfang an ein böser Konkurrent gegenüberstand, Satan, und daß deren Opposition zwei voneinander getrennte Schöpfungen, *dua principia,* entsprachen. Die Gemäßigten glaubten an einen einzigen Gott und betrachteten Satan als einen Engel, der ursprünglich gut gewesen war, dann aber, nachdem Gott ihm die Aufsicht über die anderen Engel anvertraut hatte, böse wurde und die Herrschaft über die irdische Schöpfung an sich riß. Der Autor des »Liber de duobus principiis« zählte zu den radikalen Dualisten, die bogomilische »Interrogatio Iohannis« gilt als Dokument des gemäßigten Dualismus. Die Katharerkirchen Bulgariens und der Lombardei waren allem Anschein nach gemäßigt dualistisch, die Kirchen von Dalmatien, Dragowitsa (Mazedonien) und Okzitanien eher radikal; der Pope Niketas war möglicherweise deshalb 1167 zum Katharerkonzil nach Lombers gereist, um die im Entstehen begriffenen okzitanischen Kirchen im

Sinn des absoluten Dualismus seiner eigenen Kirche zu beeinflussen.[22] Die in Carcassonne aufgefundene »Interrogatio« deutet darauf hin, daß die okzitanischen Kirchen die Lehre des gemäßigten Dualismus nicht in Bausch und Bogen ablehnten. Für die katharische Glaubenspraxis waren die Differenzen zwischen beiden Schulen wahrscheinlich bedeutungslos; denn beide lehrten, daß die Welt böse und nichtig sei, und daß es einem guten Christen wohl anstehe, sich auf diese Welt nicht einzulassen.

Die Anziehungskraft des Katharismus lag vielleicht gerade in der Heterogenität seiner Elemente: wer sich die Welt am liebsten durch Mythen und Legenden erklären ließ, dem boten die Katharer Mythen und Legenden; intellektuelle Ansprüche wurden durch parascholastische Beweisführungen befriedigt; der Schriftglaube kam auf seine Kosten, denn die Katharer zitierten in ihren Predigten und Zeremonien unablässig aus der Bibel. Ihre Bibellektüre war allerdings ebenso eklektisch wie die orthodoxe: große Teile des Alten Testaments ließen sie nicht gelten, auch am Neuen machten sie Abstriche, und wenn sie sich auf die Autorität der Bibel beriefen, dann schwankten sie zwischen wörtlicher und symbolischer Auslegung des Gotteswords. Die katharische Lehre, so wie sie sich in den Traktaten und Inquisitionsprotokollen darstellt, war eine Kompilation von Überlieferungen unterschiedlichster Herkunft: von apokryphen Schriften aus frühchristlicher Zeit bis zu volkstümlichen Legenden, von Bibelauslegungen der Kirchenväter bis zu aristotelisch verfeinerten Argumentationstechniken. Ihre Unreinheit war gerade die Stärke der katharischen Lehre gegenüber dem römisch-katholischen Dogma; der mittelalterliche Dualismus der Katharer »gehörte nicht zur Kultur der Gelehrten, auch wenn ihre tiefsten Geheimnisse nur den Eingeweihten vorbehalten waren«[23]. Als merkwürdige Mischung aus volkstümlichen Legenden und gelehrten Bibelauslegungen entstammt die »Interrogatio Iohannis« einer Zivilisation, in der sich die Kultur der Gelehrten noch nicht vollständig von der Welt der mündlichen Überlieferung abgesondert hatte.

Herausgefordert sah sich die etablierte Kirche weniger von den theologischen Spekulationen der häretischen Gelehrten als von der einfachen katharischen Botschaft, die jedermann zugänglich war: daß die irdische Welt zum Reich des Satans zählte, daß sie des Teufels war. Wer aber glaubte, daß ihn keine Hölle mehr erwartete, weil er schon in der Hölle lebte, der war mit der Androhung von Höllenstrafen nicht mehr zu packen. Das ganze Arsenal von Bußen, Kirchenstrafen, Gnadenvergaben, Exkommunikationen, mit dem die

römische Kirche ihre Gläubigen bei der Stange hielt, konnte den katharischen Gläubigen nicht mehr beeindrucken. Vor allem sah er
keinen Anlaß mehr, einer Kirche, deren Sündenvergebungsmonopol
er nicht anerkannte, weiterhin den Zehnten zu zahlen. Damit drohte
die katharische Häresie der Kirche die irdische Grundlage zu entziehen und ihren »weltlichen Arm« zu schwächen; das ganze mühsam
ausbalancierte Gleichgewicht der feudalistischen Ordnung geriet in
Gefahr. Die Kirche und die weltlichen Hüter des Gebäudes sorgten
sehr bald dafür, daß den Katharern das Leben erst recht zu der Hölle
wurde, in der sie zu schmoren glaubten.

Gib uns unser überstoffliches Brot.
Die Riten der Katharer

Schon tausend Jahre vor den Katharern hatte es eine *ecclesia catharorum*, eine Kirche der Reinen, gegeben, angeführt vom Bischof Novatianus, der im Jahr 250 als Gegenbischof gegen Bischof Cornelius von Rom gewählt worden war. »Rein« nannte sich diese novatianische Kirche, weil sie große Sünder verstieß und Sakramente für ungültig erklärte, die von unwürdigen Priestern erteilt worden waren; darin folgte ihr die Häresie späterer Zeiten. Es waren aber nicht die sehr christlichen novatianischen *cathari*, die sich die Katharer des Mittelalters zum Vorbild nahmen, sondern die orientalischen, nichtchristlichen Manichäer, die Schüler des persischen Religionsstifters Mani aus dem dritten Jahrhundert u. Z. Die entstehende römische Kirche hatte die Manichäer beizeiten fürchten gelernt, denn ihre Lehre drang auch ins Christentum ein und verband sich dort mit dem Glauben an den Christengott und den Teufel; der christlich erzogene Augustinus war lange Jahre Anhänger der manichäischen Religion gewesen, bevor er zum Christentum zurückkehrte. Wenn die Vertreter der katholischen Orthodoxie in den Katharern die wiedererstandenen Manichäer bekämpften - »Liber contra Manichaeos« des Durand de Huesca - , so reduzierten sie den Katharismus nicht bloß auf ein bekanntes historisches Muster, sondern kehrten hervor, was die mittelalterliche Häresie der Katharer mit der orientalischen Religion verband: das dualistische Prinzip.

Himmel und Hölle, Gott und Teufel, Licht und Finsternis. Noch in Augustinus' strikter Trennung von *civitas dei* - Gottesstaat - und *civitas terrena* - Weltstaat - wirkt der manichäische Dualismus nach. Die sichtbare Welt ist für Mani das Werk des Teufels, der Adam geschaffen hat, um mit Hilfe Evas, der personifizierten Sinnenlust, das Licht in dem aus Finsternis gemachten Leib gefangenzuhalten. Das Heil kommt mit der vollständigen Befreiung des Lichts, der Entmischung des Hellen und Finsteren.

»Licht wird das Tor wie der Inhalt der Reinheit, ein Inhalt, der sich dauernd durch den Gegensatz zu Fleisch, Besitzgier, Weltbindung, Macht, Äußerlichkeit ausdrückt. Von hier die Fortwirkung Manis, das ist: seiner schroff antithetischen Parole, bis in die große Ketzerbewegung der Albigenser; sie wurden nicht grundlos Neumanichäer genannt«, schreibt Ernst Bloch.[1]

Der Dualismus schlug sich auch im Aufbau der manichäischen Gemeinden nieder: ihre oberen Ränge waren von den *electi* besetzt, den Auserwählten, die das lichte Leben vorlebten, keinen Wein tranken, kein Fleisch aßen, sich der Sexualität enthielten und überhaupt jede Berührung mit der realen Welt vermieden, sei es durch Arbeit oder sei es durch Gewalt gegenüber Menschen, Tieren und Pflanzen. Darunter saßen die gewöhnlichen Gläubigen, *auditores* genannt, die den *electi* zwar nacheifern sollten, aber mit Maßen, denn die *electi* wollten auch ernährt sein, durch die Arbeit der Gläubigen. Verwaltet wurden die Gemeinden von einer der römisch-christlichen Kirche entlehnten Hierarchie aus Bischöfen, Presbytern und Diakonen, die über die Einhaltung der ebenfalls den Christen abgeschauten Zeremonien wachten.

Wie die Manichäer, so teilten sich die Katharer in Eingeweihte und gewöhnliche Gläubige. Als *cathari* waren ursprünglich allein die Initiierten gemeint, die sich selbst *Bonshommes* nannten und von den anderen als *perfecti* bezeichnet wurden oder *parfaits*. Das Fußvolk bestand aus der Masse der *credentes* oder *croyants*, der einfachen Gläubigen, die wie die *auditores* bei den Manichäern milderen Regeln unterworfen waren als die *parfaits*. Die Askese, die Jesus seinen Jüngern nahegelegt hatte, wurde von den *parfaits* als ein radikaler Weltverzicht praktiziert, gemäß der katharischen Überzeugung, daß nur die vom Leiblichen befreite Seele für den Übergang ins himmlische Geistesreich gerüstet ist.

Wie wurde man *parfait*? Durch eine unter Umständen mehrjährige Probezeit mit anschließender Ordination. Unter Aufsicht älterer *parfaits* lernte der Anwärter, auf alle irdischen Genüsse zu verzichten, jede tierische Nahrung zu verschmähen, keusch zu bleiben, besitzlos zu leben, stets die Wahrheit zu sagen und die katharischen Glaubenssätze zu vertreten. Er mußte dreimal in der Woche fasten und die Fastenzeiten von Weihnachten, Ostern und Pfingsten einhalten. Wurde der Anwärter für würdig befunden, in die Kaste der Eingeweihten aufgenommen zu werden, führte ihn der geistliche Pate einer Versammlung von *parfaits* und *croyants* vor, die, unter dem Vorsitz eines Kirchenältesten, Bischofs oder Diakons, die Initiation des Adepten absegnete.

Da die Katharer niemals über eigene Kirchengebäude verfügten, fanden solche Zeremonien im Haus eines Gläubigen oder in der Unterkunft einer Gemeinschaft von *parfaits* statt. Ein weißgedeckter Tisch mit dem Evangelienbuch darauf war das Dekor. Kniend hörte der Adept der Ansprache des ordinierenden Geistlichen zu, bevor ihm das Buch überreicht wurde. Es folgte die Lesung des Vaterunser, eines durchaus orthodoxen Vaterunser, bis auf ein Detail: statt »gib uns unser täglich Brot« sagten die Katharer: »Gib uns unser überstoffliches Brot (*panem supersubstantialem*)«. Das katharische »Ritual latin«, das sich im Anhang zu der okzitanischen Bibelübersetzung befand, erklärt diese Formel: »Unter überstofflichem Brot versteht man das Gesetz Christi, das allen Völkern gegeben wurde«.[2] Wenn der Anwärter seinerseits das Vaterunser gesprochen hatte, erhielt er das Recht, das Essen und Trinken der Gläubigen als Seelsorger mit dem Vaterunser zu segnen.

Nach dem katharischen Ritual schloß sich dem *Pater* die Zeremonie des *consolamentum* an - die »Tröstung« -, die eigentliche Initiation des *parfait* und zentrales Ritual der Katharer überhaupt. Es war eine Kombination aus Taufe, Firmung, Ordinierung, Beichte, Buße und Absolution. Es begann mit einem Zwiegespräch zwischen dem Adepten und dem ordinierenden Würdenträger. Der künftige *parfait* war aufgefordert, seinen Verzicht auf Fleisch, jedwede Völlerei, auf Lügen und auf Schwören zu bekräftigen und zu versprechen, den Glauben auch unter Todesdrohung nicht aufzugeben. Möglicherweise mußte er dabei auch expressis verbis der Lehre und den Riten der römisch-katholischen Kirche abschwören; in dem geschriebenen Ritual ist, wohl aus Sicherheitsgründen, nichts davon festgehalten.[3]

Vorbereitet von Gebeten, Bibelauslegungen und rituellen Formeln, begann die Verpflichtung des Adepten:

»Durch diese und viele andere Zeugnisse ist festgelegt, daß ihr den Anordnungen Gottes folgt und daß ihr diese Welt haßt. Und wenn ihr bis ans Ende in diesem Sinn handelt, haben wir die Hoffnung, daß eure Seele das ewige Leben erhalten wird.«[4]

In der anschließenden Zeremonie des *melioramentum* bat der Anwärter Gott, die Kirche und die Anwesenden, seine sündhaften Taten und Gedanken zu verzeihen, und wenn die Gemeinde die Bitte um Vergebung wiederholt hatte, legte er ein Sündenbekenntnis ab. Dann kniete er vor dem ordinierenden Würdenträger, der Gott um Vergebung bat, und bereitete sich auf den Empfang der »Geisttaufe« des *consolamentum* vor.

Dies bedeutete für die Katharer das Erscheinen des Parakleten, des »Trösters«, des Geistes der Wahrheit, den Jesus laut dem Johannesevangelium (15, 26) den Jüngern ankündigte. Wenn der Würdenträger die offene Schrift, das Johannesevangelium, auf den Kopf des Adepten legte, war die Übertragung des Geistes vollbracht. Alle Anwesenden *parfaits* umstanden den Ordinierten und hielten die rechte Hand über das Buch. Ein neuer *parfait* war in ihre Gemeinschaft aufgenommen. Oder eine *parfaite*; in diesem Fall hieß es in dem Gebet »suspice ancillam tuam« (»nimm deine Dienerin«) anstelle von »suspice servum tuum«. Die männlichen *parfaits* durften eine *parfaite* aber unter keinen Umständen mit der Hand berühren, und die *parfaites* keinen katharischen Mann. Wenn die Teilnehmer der Zeremonie am Schluß den Friedenskuß austauschten, blieben Männer und Frauen unter sich. Nur über das Buch, das mit den Lippen berührt wurde, war der Austausch zwischen den Geschlechtern erlaubt.

Für die katharischen *croyants* galten andere Riten und Regeln. Ihr Beitritt zur katharischen Gemeinschaft wurde durch die Zeremonie der *convenenza* besiegelt, der feierlichen Verpflichtung, die *parfaits* zu respektieren und zu verehren und ihnen Hilfe zu gewähren, wann immer sie verlangt würde. Der *croyant* erhielt dafür die Zusicherung, daß ein *parfait* an seinem Sterbebett erschiene, um ihn durch die Geisttaufe des *consolamentum* in die Gemeinschaft der Reinen aufzunehmen und seine Seele auf die Ablösung von der schlechten Welt vorzubereiten.

Begegnete ein *croyant* einem *parfait*, hatte er sich vor ihm auf die Knie zu werfen, sich dreimal zur Erde zu beugen und jedesmal den rituellen Satz zu sprechen, auf Latein oder Okzitanisch: »Bon crestia la benediccion de Dieu et de vos; pregatz per nos; (Guter Christ, gebt uns den Segen Gottes und Euren Segen; betet für uns).« Und der *parfait* antwortete: »Ajatz-la de Dieu et de nos! Que Dieu vos aduga a bona fin e vos faga bon crestian! (Nehmt sie von Gott und von uns! Gott möge euch zu einem guten Ende führen und einen guten Christen aus euch machen!)«[5] Dieses Ritual des *melioramentum* (Verbesserung) symbolisierte für den Gläubigen den Kontakt mit dem Heiligen Geist, der sich in den *parfaits* verkörperte, wenn es auch der bloßen Respektsbezeugung des Laien gegenüber dem Eingeweihten glich. Vor der Inquisition in Toulouse wurde von einer Hofdame der Gräfin von Toulouse berichtet, die auf den katharischen Segen so wenig verzichten mochte, daß sie einen *parfait* in das Gefolge des Grafen einschmuggelte, als der Hofstaat zu einer Reise nach Rom aufbrach. Als Pilger hergerichtet, begleitete der katharische Diakon die Dame beim täglichen Gang in die päpstliche Kapelle und erteilte ihr während der Messe das *melioramentum*: vielleicht ein magischer Schutz gegen die Wirkungen der katholischen Sakramente, die die

Katharer als weltverhaftetes Teufelswerk ablehnten, gerade deshalb aber für nicht so wirkungslos hielten, wie sie behaupteten.[6]

Die *croyants* waren angehalten, an regelmäßigen Gottesdiensten teilzunehmen, die einer Mischung aus frühchristlichen, römisch-katholischen und spezifisch katharischen Riten glichen. Bevor der predigende *parfait* den Gläubigen das *melioramentum* erteilte, segnete er ein Brot, brach es und verteilte es an die Anwesenden. Wie vertrug sich diese Zeremonie mit der katharischen Ablehnung aller symbolischen, gar den Leib Christi beschwörenden Handlungen? Und wenn das Brot auch nur auf die Erhaltung des Lebens hindeutete: weshalb wurde etwas gesegnet, was der Inbegriff des verhaßten irdischen Daseins war? Ein Zugeständnis an den katholischen Ritus, um die katholisch erzogenen Proselyten nicht zu verschrecken und kirchentreue Zuhörer für den Katharismus zu gewinnen? Dieselbe Frage stellt sich auch angesichts der Beicht- und Bußzeremonie, die auf den Katharersegen folgte, genannt *apparelhamentum*: was »Vorbereitung« heißen kann (auf die Beachtung der katharischen Vorschriften) oder auch »Angleichung« (an die ›vollkommene‹ Lebensweise).[7]

Im Gegensatz zur katholischen Beichte handelte es sich um eine öffentliche Konfession.

»Nos en vengut denant Deu e denant vos e denant l'azordenament de sancta Gleisa, per recber servisi e perdo e penedensia de tuit li nostri pecat . . .«, beginnt das okzitanische Beichtritual der Katharer. »Wir sind vor Gott und vor euch und vor die Hierarchie der heiligen Kirche getreten, um Beistand und Vergebung und Buße für alle unsere Sünden zu erhalten, die wir von unserer Geburt bis heute getan, gesagt, gedacht oder bewerkstelligt haben, und bitten Gott und euch um Barmherzigkeit, damit ihr für uns zum heiligen Vater der Barmherzigkeit betet, daß er uns vergebe . . .

. . . Die Belehrung, die wir erhalten haben, haben wir nicht gewissenhaft beachtet, so wenig wie die Fastenzeit und das Gebet: wir haben unsere Tage überschritten, wir verletzen unsere Stunden; während wir im heiligen Gebet sind, wendet sich unser Sinn den fleischlichen Gelüsten und weltlichen Sorgen zu, dergestalt, daß wir in dieser Stunde kaum wissen, was wir dem Vater der Gerechten darbringen. Benedicite parcite nobis . . .

. . . O Herr, verurteile und verdamme die Laster des Fleisches, hab kein Erbarmen mit dem aus der Verderbnis geborenen Fleisch, aber hab Erbarmen mit dem Geist, der in Gefangenschaft ist, und verordne uns Tage und Stunden und ›veniae‹ (Kniefall) und Fasten und Gebete und Predigten, wie es der Brauch der guten Christen ist, damit wir am Tag des Gerichts nicht mit den Eidbrüchigen verurteilt und verdammt werden. Benedicite parcite nobis.«[8]

Nach dem Text des Beichtrituals ist es wenig wahrscheinlich, daß die Gläubigen *und* die Ordinierten in dieser Form beichteten, wie manchmal behauptet wurde[9]; denn die *croyants* konnten sich der Verstöße gegen die Gebote, von denen im Ritual die Rede ist, gar nicht schuldig gemacht haben, da sie zu ihrer Einhaltung nicht verpflichtet waren. Die Bußen, die anschließend verhängt wurden, deuten ebenso darauf hin, daß das *apparelhamentum* ausschließlich für die *parfaits* galt, wenn es auch vor der ganzen katharischen Gemeinde zelebriert wurde. Der kollektiven Beichte entsprach die kollektive Buße: der Diakon, der die Zeremonie als eine Art Beichtvater entgegennahm, konnte die *parfaits* zu Fastentagen und zusätzlichen Betstunden verdonnern. Das galt aber nur für routinemäßige Sünden wie für ungewollte Lügen oder die Übertretung der Vorschrift, niemals mit einer Person des anderen Geschlechts auf einer Bank zu sitzen. Todsünden dagegen, vor allem das *peccatum carnale* der Fleischeslust, wurden, nach individueller Beichte, durch grausame Bußen geahndet: bis zu vier Wochen ohne Essen und Trinken, Entzug der Erlaubnis, Sterbenden das *consolamentum* zu geben.[10]

Dieses *consolamentum* war die lebenslang erwartete »Geisttaufe« des Gläubigen: Die katharische Kirche löste damit das Versprechen ein, den *croyant*, der die *convenenza* mit ihr geschlossen hatte, »zu einem guten Ende zu führen«. Der Gläubige erwarb dadurch den metaphysischen - nicht den hierarchischen - Status eines *parfait*: seine Seele reinigte sich von allen Sünden und vereinigte sich mit dem Geist, der sie der Herrschaft des Satans entriß und sie davor bewahrte, sich noch einmal in einer fleischlichen Hülle inkarnieren zu müssen.

Das *consolamentum* der Kranken oder Sterbenden entsprach der Ordinierungszeremonie der *parfaits*, mit dem Unterschied allerdings, daß die fehlende vorausgegangene Zeit der Probe und Enthaltsamkeit durch die Unterweisung der Abstinenz ersetzt war. Zwei *parfaits* nahmen dem Kranken das Versprechen ab, sich künftig an die Regeln der Kirche zu halten, weder zu lügen noch zu schwören und die Vorschriften der katharischen Abstinenz zu beachten. Der Jesuit Ignaz von Döllinger hat in seinen *Beiträgen zur Sektengeschichte des Mittelalters* von 1890 den Ritus des *consolamentum* der Kranken nach den von ihm gesammelten (katharischen und katholischen) Quellen so beschrieben:

76

»Der Vorsteher pflegte dann die Hände des Einzuweihenden zwischen den seinigen zu halten und ein Buch, in welchem das Evangelium Johannis nebst den Vorschriften der Sekte enthalten war, auf sein Haupt zu legen. War der Anfang des Johannes-Evangeliums gelesen, so folgte die Handauflegung; man übergab dem Kranken einen Zettel, der das Vaterunser in der Form, in welcher die Katharer es hatten, enthielt, und wenn er es wegen Schwäche nicht selbst hersagen konnte, so mußte einer der Anwesenden es für ihn thun. Darauf sagte er dreimal Benedicite mit Neigung des Hauptes und mit gefalteten Händen; der Einweihende aber und die übrigen anwesenden Vollkommenen beteten unter mehreren Prostrationen oder Kniebeugungen das Vaterunser . . . Sollte ein Weib getröstet werden, so wurde ein weißes leinenes Tuch über sie gebreitet, damit keine Berührung, die den Katharern streng untersagt war, stattfände; denn die Scheu vor jeder weiblichen Berührung und der dadurch nach den Lehren der Sekte verursachten Befleckung ging soweit, daß selbst ein Vater, Petrus Sicardi, seiner Tochter gebot, sie solle ihn, nachdem er die Tröstung empfangen, nicht mehr anrühren, weil von nun an jede weibliche Berührung sündhaft und schädlich für ihn sei.«[11]

Der »Getröstete« mußte von nun an das asketische Leben eines *parfait* führen, durfte keine Frau (oder keinen Mann, je nachdem), kein Fleisch, keinen Käse und keine Milch mehr anrühren, durfte überhaupt nur essen, wenn ein *parfait* die Mahlzeit gesegnet hatte, mußte sich, falls verheiratet, von seinem Ehepartner lossagen, zumal die Katharer das Sakrament und die daraus folgende Unauflöslichkeit der Ehe nicht anerkannten.

»Als die Häretiker zu besagtem Kranken kamen«, berichtet ein Inquisitionsprotokoll aus Toulouse, »ersuchten sie die Toulousaner Frau des Kranken, ihren Mann Gott und dem Evangelium und den Bonshommes zu übergeben. Sie antwortete mit nein und begann zu schreien.«[12]

Für einen Todkranken oder Sterbenden war der Verzicht auf Fleisch und Liebe sicher das kleinere Übel, im Angesicht der bevorstehenden ewigen Seeligkeit. Was aber, wenn der Tod auf sich warten ließ, wenn der Kranke gar wieder zu Kräften kam? Dann rief der »Getröstete«, heißt es in vielen Katharerdarstellungen, den Tod mit Gewalt zurück. Um die im *consolamentum* erworbene Sündenlosigkeit nicht mehr zu verlieren, aßen und tranken die eingeweihten *croyants* nicht mehr. Sie begaben sich, wie der katharische Terminus dafür heißt, in die *endura*: langsame Selbsttötung durch Nahrungsentzug. Der rituelle, weil nach Riten und Vorschriften eingeleitete Selbstmord erscheint überhaupt als das unheimliche, faszinierende Geheimnis der Katharer: Pyrenäenbauern werden zu Samurai. Die frühen lombardischen Häretiker, berichtet der Chronist Landulf der Alte, töteten sich gegenseitig.[13] Der deutsche Katharerenthusiast Otto Rahn wußte sogar zwischen fünf verschiedenen Selbstmordarten zu unterscheiden: »Sie nahmen Gift, sie hungerten sich zu Tode, sie öffneten sich die Pulsadern, stürzten sich in eine Schlucht oder legten sich im Winter nach einem heißen Bad auf kalte Steinfliesen, um eine Lungenentzündung zu bekommen.«[14]

Obwohl der Selbstmord als logische Konsequenz aus der Weltverneinung der Katharer plausibel wäre, und obwohl es in der Zeit der Verfolgung nahegelegen haben mag, sich umzubringen, statt sich auf dem Scheiterhaufen qualvoll verbrennen zu lassen, sind selbst die antiketzerischen katholischen Streitschriftsteller, sonst nicht zimperlich bei üblen Nachreden, äußerst zurückhaltend, wenn es um die in katholischen Augen sündhafte Selbsttötung unter den Katharern geht. Rainier Sacchoni, der als ehemaliger lombardischer Katharer und späterer Inquisitor Kenntnisse aus erster Hand besaß, drückt sich auffallend vorsichtig aus:

> »Es darf nicht vergessen werden, von ihrem Gebet zu sprechen, wenn sie es für notwendig hielten, vor allem beim Essen und Trinken. Viele von ihnen haben in der Tat bei Krankheiten zu denen, die sie pflegten, gesagt, ihnen keine Nahrung und kein Getränk einzuflößen, wenn sie nicht wenigstens das Vaterunser sagen könnten, und so ist es sehr wahrscheinlich, daß sie sich auf diese Art selbst töteten.«[15]

Die *endura* (lat. durare = aushalten) bezeichnete bei den Katharern kein Ritual der Selbsttötung, sondern des Fastens. Ein *parfait*, der eine Lüge beichtete, mußte sich als Buße drei Tage lang der *endura* unterziehen[16]. Der Jesuit Ignaz von Döllinger begründet die Eile, mit der die Inquisitionsgerichte gegen katharische *parfaits* vorgingen, mit der ›humanen‹ Befürchtung der Inquisitoren, die Angeklagten könnten ihnen vom Hungern entkräftet wegsterben, bevor sie ordentlich verurteilt wären. Der katholische Gelehrte fügt immerhin hinzu, daß die *parfaits* nicht aus häretischer Verzückung die Nahrung verweigerten, sondern weil sie, allein in der Zelle eingesperrt, keinen katharischen Gefährten hatten, der das Brot nach der Vorschrift als nichtirdisches Brot (*panem supersubstantialem*) segnen konnte.[17] Das Inquisitionsprotokoll von Carcassonne berichtet vom freiwillig-unfreiwilligen Hungertod einer gefangenen »Getrösteten«, die vielleicht gegessen hätte, wenn ihr die rettende Formel geläufig gewesen wäre:

»Nachdem sie häretiziert (*haereticata*, d. h. nach dem Empfang des *consolamentum*) worden war, verharrte besagte Dame 15 Tage ohne Essen und Trinken - außer Wasser -, und die selbe Zeugin beobachtete sie ununterbrochen bis zum Tod. Auf die Frage, warum sie denn nichts äße, nachdem sie häretiziert worden war, sagte sie, weil sie weder das Gebet nach Art der Häretiker wüßte noch Leute bei sich hätte, die es ihr sagen könnten.«[18]

Das (im Druck) 1300 Seiten starke Protokoll des Bischofs Fournier von Pamiers führt mehrere Beispiele von *endura* nach dem *consolamentum* Kranker an, macht aber deutlich, daß die Katharer darunter keinen Ritus und keine feste Vorschrift verstanden und ganz unterschiedlich mit ihr verfuhren.

»Vor fünfzehn oder siebzehn Jahren, zu Ostern, um die Dämmerung«, berichtete Brune Pourcel, uneheliche Tochter des *parfait* Prades Tavernier, »brachten mir Guillaume Belot, Ramond Benet (der Sohn des Guillaume Benet) und Rixende Julia aus Montaillou die Na Roqua ins Haus, sie trugen sie in einer groben Kotze. Na Roqua war schwerkrank und war gerade häretiziert worden. Und sie sagten zu mir: ›Gib ihr nichts zu essen oder zu trinken, du darfst das auf keinen Fall.‹

Diese Nacht verbrachte ich mit Rixende, Julia und Alazaïs Pellissier an Na Roquas Bett. Wir sagten ihr immer wieder: ›Rede mit uns! Sag doch was!‹ Aber sie brachte die Zähne nicht auseinander. Ich wollte ihr eine Brühe von gepökeltem Schweinefleisch zu trinken geben; aber wir konnten ihren Mund nicht aufkriegen. Als wir es einmal versuchten, um ihr zu trinken zu geben, schloß sie ihn nur umso fester. Zwei Tage und zwei Nächte blieb sie in diesem Zustand. Nach der dritten Nacht, bei Morgenrot, starb sie.«[19]

Eine andere alte Frau aus dieser am längsten von der Häresie befallenen Gegend, die Mutter des Bauern Guillaume Escaunier aus Ax-les-Thermes im Tal der Ariège, sträubte sich gegen die mit dem *consolamentum* eingegangene Verpflichtung, um des Seelenheils willen zu fasten, wie ihr Sohn vor der Inquisition aussagte:

»Als der Häretiker (d. h. *parfait*) meine Mutter häretiziert hatte, sagte er uns, daß wir ihr künftig nur noch klares Wasser geben dürften. Dann ging er in das Haus von Raimond Peyre. Nach fünf oder sechs Tagen, als sie nichts als frisches Wasser zu sich genommen hatte, fühlte sich meine Mutter besser und verlangte zu essen. Marquèse, ihre Tochter, wollte ihr aber, nach der Vorschrift des

Häretikers, nur Wasser geben. Meine Mutter machte ihrer Tochter Vorwürfe, daß sie ihr nichts zu essen gab, und fragte sie nach den Gründen. Sie antwortete ihr, daß sie ihr nichts zu essen gäbe, weil sie von dem Häretiker in ihre Sekte und ihren Glauben aufgenommen worden sei; aus diesem Grund dürfe sie sich nur von frischem Wasser ernähren, weil es der Häretiker so angeordnet hatte. Ich selber sagte ihr das selbe oder etwas ähnliches: Sie antwortete uns, daß sie dem Befehl des Häretikers nicht folgen, daß sie aber essen wolle.«[20]

»Als meine Schwiegermutter häretiziert worden war«, erzählte Mengarde Buscail aus Prades bei Montaillou, »hatte ich ein zwei oder drei Monate altes krankes Kind. Guillaume Buscail (ihr Schwager) sagte: ›Sollen wir einen der guten Männer (gemeint Häretiker) holen, damit er deinen Sohn in ihre Sekte aufnimmt, wenn es mit ihm zu Ende geht? Denn wenn er von ihnen aufgenommen wäre und stürbe, würde er ein Engel Gottes.‹ Ich fragte ihn, was ich mit dem Kind machen sollte, wenn es von den Häretikern aufgenommen sei. Guillaume sagte, daß ich ihm dann keine Milch und nichts anderes mehr geben und es so sterben lassen würde. Als ich das hörte, sagte ich ihm, daß ich um keinen Preis aufhören würde, dem Kind die Brust zu geben, solange es lebte . . .«[21]

Nach der katharischen Lehre war in diesem Fall die Mutter im Recht und nicht der eifrige Schwager: denn ein Baby konnte genausowenig das *consolamentum* entgegennehmen wie ein Erwachsener, der nicht mehr bei Sinnen war und das Vaterunser nicht mehr verstand. Vieles ging durcheinander in der Spätphase des okzitanischen Katharismus, aus der die Aussagen vor Jacques Fournier stammen, da wechselten sich ein *parfait* und der Priester am Bett der Sterbenden ab, wobei der Priester selbst heimlicher Parteigänger der Katharer war. Aus der Aussage des *croyant* Pierre Maury aus Montaillou geht hervor, wie sehr sich der Katharismus selbst für einen *parfait* mit der katholischen Lehre und Elementen des Volksglaubens vermischt hatte: das langwierige Sterben nach dem *consolamentum* wurde zu einem, für den dualistischen Glauben unannehmbaren, Zeichen, daß der Sterbende sein Leiden verdient hatte:

»Der Häretiker fügte hinzu, daß er einen aufgenommenen (»getrösteten«) *croyant* gesehen hatte, der sich ›in die endura‹ begab, dreizehn Tage und Nächte lang, und nicht sterben konnte. Dennoch war er in der Haut oder dem Fleisch, in dem er steckte, ein guter *croyant* gewesen. In einer anderen Haut oder einem anderen

Fleisch aber war er sehr böse gewesen, und aus diesem Grund konnte er nicht schnell sterben und büßte für die schlechten Handlungen, die er getan hatte. Und er sagte, glücklich sei jener, der die Buße für die schlechten Handlungen ertrüge, die er in dieser Welt getan hätte. Es gibt welche, sagte er, die sterben gleich, nachdem sie von uns aufgenommen sind, und die dennoch böse waren in der Haut oder dem Fleisch, in dem sie von uns aufgenommen wurden; in einer anderen Haut oder einem anderen Fleisch aber haben sie es verdient, gleich nach ihrer Aufnahme gerettet zu werden.«[22]

Die grausame Anweisung, den Kranken nach dem *consolamentum* nur noch Wasser einzuflößen, gehorchte allerdings mehr der Not als der katharischen Regel. Zu diesem Zeitpunkt, Anfang des 14. Jahrhunderts, als sich die katharische Kirche längst aufgelöst hatte und ihre Überreste in den Tälern des Sabarthès - Süden des Départements Ariège - oder im katalonischen Exil ihrer endgültigen Vernichtung entgegensahen, waren die *parfaits* rar geworden. Von der Inquisition gehetzt, lebten sie versteckt, bewegten sich oft nur nachts und versahen ihren Dienst bei den *croyants* höchst unregelmäßig. War einer dieser letzten *parfaits* zu einem Kranken gerufen worden, um das *consolamentum* zu erteilen, so kam er entweder zu früh oder zu spät oder es blieb ihm nicht die Zeit, um am Sterbebett zu verharren und das Brot, falls der Kranke danach verlangte, durch Segnung unschädlich zu machen. So hinterließ er, um die durch das *consolamentum* erreichte Sündenlosigkeit des Kranken zu erhalten, den Angehörigen die strikte Anweisung, nach seinem Weggang nichts anderes mehr als klares Wasser zu geben. Wobei er damit rechnen mußte, daß die Angehörigen, kaum war er um die Ecke gebogen, dem Sterbenden die als Universalheilmittel geltende Hühnerbouillon einflößen würden.[23]

Am Personalmangel lag es auch, daß den »getrösteten« *croyants* ein im katharischen Sinn durchaus legaler Ausweg aus der quälenden *endura* versperrt war. Wie ein *parfait*, der gesündigt hatte, war auch ein ihm gleichgestellter »Getrösteter«, der gegen die Abstinenzregel verstieß, nicht für die Ewigkeit verloren: er konnte, durch Buße und ein zweites *consolamentum*, die alte Reinheit zurückgewinnen. Aber dazu mußten *parfaits* zur Stelle sein, die die Seele des Sünders sofort aus der Verstrickung mit dem schlechten Leib befreiten. Anfang des 14. Jahrhunderts aber war aus ihnen eine Seelenfeuerwehr für die dringendsten Fälle geworden; die Nachsorge blieb den Laien überlassen. Ihr Amt übernahm die Angst der Menschen, nicht erlöst zu werden, die, wie LeRoy Ladurie sagt, größer war als die Angst vor der Vernichtung.[24]

»LEBEN IN DER KLOSTERKÜCHE«
Holzschnitt aus dem 14. Jahrhundert

Asketen und Libertins.
Die Dualethik des Katharismus

»Es liegt auf der Hand«, schreibt LeRoy Ladurie, »daß eine Kirche, die so hohe Ansprüche stellte, zwar eine Minderheit anziehen, den großen Haufen aber hätte abstoßen müssen.«[1] Das Erfolgsgeheimnis des Katharismus war es gerade, Anziehung und Abstoßung in einer einzigen Bewegung aufzufangen, die ihm scharenweise Anhänger zutrieb. Seine Lehre hatte es verstanden, die Erlösungssehnsucht der Christen mit den Regungen ihrer irdischen Natur so zu versöhnen, daß weder Gott noch dem Lustprinzip allzuviel Gewalt angetan wurde. An diesem Problem war die orthodoxe Theologie immer wieder gescheitert - bis zu Thomas von Aquin, der sein System nicht zufällig im ketzerischen 13. Jahrhundert ausarbeitete. Der von den Kirchenvätern und den für die Laien ausgesuchten Bibelfragmenten belehrte Christ war ja zwischen zwei Überzeugungen hin- und hergerissen: einmal sah er sich, unter der Drohung des ganzen höllischen Strafarsenals, verpflichtet, in dieser Welt möglichst wenig zu sündigen, bis an die Grenze der Askese zu gehen; zum anderen aber sah er sich jedoch durch die Aussicht entlastet, daß das himmlische Reich in unerreichbarer eschatologischer Ferne liege und daß es deshalb nicht mehr darauf ankomme, mit lauter guten Taten zur Verwirklichung des Gottesreichs auf Erden beizutragen.

Der Katharismus fand die geniale Lösung des Problems, das Sartre in *Saint-Genet* mit diesen Worten benennt:

»Im Extremfall der objektiven Ethik geben wir unseren Besitz mit Gleichgültigkeit auf, diese Gleichgültigkeit ist das Kennzeichen unserer Liebe zu Gott; an der Grenze der subjektiven Ethik enteignen wir uns voller Verzweiflung, die Verzweiflung ist das Maß unserer Liebe. Man müßte also *zugleich* gleichgültig und verzweifelt sein . . . Obwohl nämlich die simultane Ausübung zweier Ethiken unmöglich ist, ist sie zugleich unentbehrlich, und wenn der Christ die eine ohne die andere anwendet, setzt er sich merkwürdigen Irrungen aus: wenn er in der reinen Objektivität bleibt, fällt er durch seine Verachtung der gesamten Schöpfung, das heißt des göttlichen Werks, in die katharische Ketzerei.«[2]

83

Nun hat Sartre gerade nicht gesehen, daß die »katharische Ketzerei« dem Anschein des ethischen Extremismus zum Trotz jene simultane Ausübung zweier Ethiken, einer asketischen und einer hedonistischen, ermöglicht hat, die innerhalb des Katholizismus, außer in den trivialen Formen praktischer Doppelmoral, so schwerfiel. Ein Anhänger der katharischen Lehre konnte zugleich die Sünde verabscheuen und ohne Gewissensbiß sündigen, er konnte zugleich gleichgültig und verzweifelt sein. Diese Simultaneität wurde paradoxerweise durch eine Spaltung innerhalb der katharischen Kirche möglich gemacht, die unendlich tiefer ging als die Kluft, die katholische Priester und Laien voneinander trennte.

Hinter dem katharischen *parfait*, der im schlichten schwarzen Gewand daherkam und kein anderes äußeres Zeichen seiner Würde trug als das am Gürtel befestigte Johannesevangelium, verbarg sich ein geistlicher Status, der den des katholischen Priesters haushoch überragte. Der *parfait* oder die *parfaite* waren nicht einfach Mittler zwischen den Gläubigen und Gott, sondern, als Träger des Heiligen Geistes, Gott näher als den übrigen Menschen. Sie lebten bereits in einer anderen Welt. Wenn der Priester die Macht besaß, Gnade zu vergeben und einzelne Sünden zu erlassen, so hatte der *parfait* die weit größere Macht, den Gläubigen ungeachtet seiner einzelnen Sünden zu sich auf die Seite des rettenden Geistes hinüberzuziehen. Plausibel wurde die Macht des *parfait* durch den riesigen Abstand, der ihn von den gewöhnlichen Sterblichen trennte: »Vollkommener« in der Enthaltsamkeit, apostolischen Armut, Gewaltlosigkeit und Tugendhaftigkeit als jeder Mönch, von den Priestern jener Zeit ganz zu schweigen, rief der *parfait* dem gewöhnlichen Gläubigen nicht einfach nur die eigene Sündhaftigkeit schmerzlich in Erinnerung, sondern entlastete ihn zugleich von ihrem drückenden Gewicht, denn die Reinheit des *parfait* war die Garantie dafür, daß es in seiner Macht stand, den Gläubigen dereinst von allem Sündenschmutz zu reinigen.

Mit der *convenenza* hatte der katharische Gläubige seine Seele haftpflichtversichert. Er war zwar aufgefordert, sich an den asketischen Eingeweihten seiner Kirche ein Beispiel zu nehmen, aber das war nur ein moralischer Appell. Wenn es ernst wurde, wenn es passiert war, brauchte der *croyant* nicht gleich um sein ganzes Seelenheil zu bangen und mußte nicht, wie ein Katholik, einschneidende Bußen - etwa die Teilnahme an einem Kreuzzug - befürchten; er konnte sich darauf verlassen, daß der Schaden durch das *consolamentum* auf dem Sterbebett geregelt würde.

»Sie hatten keine Angst, irgendeine Schandtat zu begehen, im Vertrauen darauf, daß sie am Ende von den Häretikern aufgenommen und gerettet werden würden, nachdem sie so Absolution für alle Sünden erhalten hätten«, sagte der katharische Gläubige Pierre Maury aus Montaillou, der damit auch seine eigene (vergangene) Überzeugung zu erkennen gab, vor der Inquisition.[3] Waren die katharischen Gläubigen nicht fein heraus? Sie hatten Obere, die an Tugendhaftigkeit, Keuschheit, Bedürfnislosigkeit von keinem Zisterziensermönch zu übertreffen waren - was sie den Katholiken oft genug unter die Nase rieben unter Hinweis auf Reichtum, Prunk und Sittenlosigkeit des Klerus -, und sie selbst durften tun und lassen, was den Katholiken großenteils verboten war, ohne dafür Höllenstrafen oder zumindest drastische Bußen befürchten zu müssen.

»Was sie in einem gewissen Optimismus leben ließ«, schreibt René Nelli, »war die von ihrer Religion gegebene Versicherung, daß sie keinerlei Verantwortung trügen für die Sünden, die der Satan in ihnen und durch sie beging, und daß ihnen im übrigen viel Zeit blieb, um sich zu ändern - oder geändert zu werden - und sich zu befreien. Alles spielte sich für sie nicht in einem einzigen Leben, sondern in vielen aufeinanderfolgenden Leben ab. Man hat den Eindruck, daß die Reinkarnationen weder von denen gefürchtet wurden, die das Leben leidenschaftlich liebten, noch von denen, die auf Reinigung und Vervollkommnung hofften.«[4]

Wieviel leichter hatten es die Katharer gegenüber den, zuweilen kurzerhand zu ihren Nachfahren gerechneten, Protestanten, die sich, ungeschützt durch Bußen und Milderungen, mit ihrer ganzen Sündenlast einem ungewissen Gnadenschicksal ergeben mußten. Die katharischen Gläubigen konnten, in Übereinstimmung mit ihrer dualistischen Lehre, die Welt verachten und sich gleichzeitig auf die Welt einlassen, ohne daß sie dort bei jedem Schritt über Gebote und Verbote stolperten. Denn wenn die Welt die Hölle war, konnten die darin aufgestellten Gesetze nicht göttlichen Ursprungs sein und göttliche Autorität beanspruchen. Zusammen mit den anderen Sakramenten erkannten die Katharer deshalb das Sakrament der Ehe nicht an. Wenn die Aussagen der Katharer vor der Inquisition den Eindruck erwecken, der Katharismus habe mitten im Mittelalter die Umrisse einer permissiven Gesellschaft entworfen, in der alles erlaubt war, was gefällt, so darf allerdings nicht vergessen werden, daß die Verhörten von einer Zeit sprachen, in der die Katharer längst keine Gemeinden mehr bildeten, die Gläubigen sich selbst und ihren Gedankengängen überlassen waren. Vorbei die belle époque des Katharismus, in der die *parfaits* regelmäßig bei den Gläubigen einkehrten und sie in Glaubensdebatten verwickelten; Anfang des 14. Jahrhunderts kamen die wenigen *parfaits*, wenn überhaupt, nur noch zu den Sterbenden und verschwanden gleich wieder in Nacht und Nebel. Der letzte bekannte *parfait* Okzitaniens, Guillaume Bélibaste, der 1321 bei Carcassonne auf dem Scheiterhaufen endete, war selbst kein Muster an Vollkommenheit gewesen; als Mörder gesucht, war er im Schnellverfahren *parfait* geworden, aber ohne rechte Überzeugung: so zeugte er ein Kind und überredete dann einen befreundeten Gläubigen, die schwangere Geliebte zu heiraten.

»Im Alltagsleben«, schreibt der Inquisitionshistoriker Yves Dossat, »war der Gegensatz zwischen traditioneller Religion und Häresie nicht so deutlich wie in einem theologischen Streitgespräch.«[5] Sicher ebensowenig in der Alltagsmoral: Die katharischen Gläubigen lebten ja mitten unter den Katholiken, nicht in abgeschotteten Gettos, sie gingen vielfach zur Messe und zur Beichte und teilten die gleiche Lebensweise. Mit der Sexualmoral hielten es die Katholiken von Montaillou nicht viel anders als ihre häretischen Nachbarn; in der Freimütigkeit, mit der sich die Katharer zu ihren von der orthodoxen Sündenordnung abweichenden Auffassungen bekannten, unterschieden sie sich allerdings von den katholischen Laien. Daß es in der Zeit der Katharerverfolgung auch für einen Katholiken gefährlich war, kein Blatt vor den Mund zu nehmen, mußte Pierre Vital aus Foix erfahren, der nach einer harmlosen Unterhaltung mit zwei Klerikern über Frauen und Sünden unter der Anklage der Ketzerei vor die Inquisition gebracht wurde. Ein Zeuge sagte dort aus:

»Am vorletzten Tag des Juli in diesem Jahr kam Pierre Vital aus Foix in mein Haus in Ax und wurde da untergebracht. An jenem Abend sagte er nichts. Am nächsten Tag, als der Herr Bischof gekommen war, um besagten Pierre, der bei mir war, vorzuladen, sagte ich zu ihm: ›Und warum hat der Herr Bischof dich vorladen lassen? Bist du Häretiker?‹

Er antwortete mir: ›Gestern habe ich bei der Brücke von Perles einen Schulmeister (Kleriker) getroffen; wir sprachen über Frauen, und er fragte mich dann, ob ich glaubte, daß es eine Sünde sei, Frauen fleischlich zu erkennen, mit denen man nicht verheiratet ist. Ich antwortete ihm, Frauen dieser Art fleischlich zu erkennen, wenn sie einwilligten, und man sie bezahlte, sei keine Todsünde.‹ Ich sagte dann zu Pierre, daß er böse geredet hatte, weil es eine Todsünde ist, irgendeine Frau fleischlich zu erkennen außer der, mit der man verheiratet ist, und daß man diese Sünde einem

Priester beichten muß. Er antwortete mir, daß er das bis jetzt nicht
geglaubt hätte.«[6]
Pierre Vital war kein Katharer, sondern ein katholischer Landmann,
der ahnungslos zum besten gab, was man damals im Volk dachte,
nämlich daß Vergewaltigung, Ehebruch und Inzest Sünden seien,
nicht aber der Beischlaf mit einer Konkubine oder Prostituierten,
und der erst vor der Inquisition begriff, daß ihm die Kleriker auf der
Straße eine Falle gestellt hatten - wahrscheinlich um sich bei Bischof
Fournier als eifrige Ketzerjäger hervorzutun oder dabei vielleicht
noch die Prämie zu kassieren, die auf den Kopf eines Häretikers ausgesetzt war. Die spezifisch katharische Einstellung zur Sexualmoral
hat Pierre Maury aus Montaillou referiert, auf die entsprechende
Verhörfrage des Inquisitors Fournier:
»Ich habe den Häretiker Guillaume Bélibaste sagen hören, daß es
gleichbedeutend oder gleich sündhaft sei, seine eigene Frau, eine
Mätresse oder Konkubine fleischlich zu erkennen. Er sagte aber,
es sei besser, sich an eine bestimmte Frau zu binden, als zu mehreren zu gehen und mit ihnen ›den Schmetterling zu machen‹, das
heißt uneheliche und Bastardkinder zu haben. Denn wenn man zu
einer bestimmten Frau geht, hilft sie einem, ein gutes Haus zu führen; wenn man aber zu verschiedenen Frauen geht, plündert jede
und nimmt was sie kann, und man wird von ihnen ruiniert.«[7]
Wenn die Welt die Hölle und am Ende alles Sünde ist, bleibt für die
Begründung der Moral, wie der *parfait* Bélibaste dem katharischen
Laien Pierre Maury erklärte, nichts als Kategorien der Zweckmäßig-
keit. Es sei zwar keine Sünde, das Böse zu tun, sagte er an anderer
Stelle, aber die Gläubigen sollten es lassen, »ihrem guten Ruf bei den
Nachbarn zuliebe und aus Furcht vor der weltlichen Justiz«. Praktischen Erwägungen zuliebe stellten die Katharer mitunter auch ihre
eigenen Grundsätze hintan: damit die häretischen Häuser erhalten
blieben, in denen die *parfaits* Unterschlupf fanden, empfahlen sie den
jungen *croyants*, zu heiraten und Kinder in die Welt zu setzen, obwohl
der eheliche Beischlaf in katharischer Sicht eine ebenso verabscheu-
enswerte *fornicatio* war wie jede andere Form von Geschlechtsleben,
und die Fortpflanzung nur die Zahl der in der Erdenhölle schmoren-
den Seelen erhöhte.

Das Inquisitionsprotokoll des Bischofs Fournier hält allerdings
vornehmlich die Aspekte der katharischen Ethik fest, die der Orthodoxie Munition für ihre Anklagen lieferte; daß dieselbe Ethik die Katharer - nicht alle, aber sehr viele - instandsetzte, Verfolgung, Kerker
und Scheiterhaufen tapfer auf sich zu nehmen, fällt dabei unter den

Tisch, selbstverständlich, denn Hartnäckigkeit galt bei der Inquisition als strafverschärfende Ketzerverblendung.[8] Die Aussagen vor Jacques Fournier lassen aber auch keinen Zweifel daran, daß die Simultanethik des Katharismus manchen Beteiligten dazu gedient hat, ihre Schäfchen besonders elegant ins trockene zu bringen. Die Kastellanin von Montaillou zum Beispiel, Béatrice de Planissoles, hatte erfahren müssen, daß ihr Interesse für die Häresie von einem liebeshungrigen Katharer ausgenützt wurde, um leichter an sie heranzukommen. Dieser Raimond Roussel hatte der adligen Dame klargemacht, daß ihre Seele rettungslos verloren sei, wenn sie nicht Mann und Burg verließe und mit ihm zu den »guten Christen«, den *parfaits*, in der Lombardei ginge, wo das Kind, das sie im Leib trug, zu einem Engel gemacht werden könnte. Béatrice de Planissoles war schon drauf und dran, trotz Schwangerschaft mit dem um ihr Seelenheil besorgten Häretiker davonzuziehen, als etwas dazwischenkam, was sie mit einem Schlag ernüchterte:

»Nachdem er mich immer wieder und an verschiedenen Orten mit seinen häretischen Reden und Einladungen, mit ihm fortzugehen, überhäuft hatte, traf es sich schließlich eines Abends, an dem wir zusammen gegessen hatten, daß er sich in mein Schlafzimmer schlich und sich unter meinem Bett versteckte.

Ich brachte das Haus in Ordnung und begab mich ins Bett, und als dann alles ruhig war und im Schlaf lag, und ich selbst eingeschlafen war, kam Raimond unter meinem Bett hervor und stieg im Hemd hinein und machte Anstalten, wie wenn er fleischlich mit mir schlafen wollte. Ich sagte: ›Was geht hier vor?‹ Er sagte, ich solle still sein. Ich antwortete: ›Wie soll ich da still sein, Lümmel!‹, und fing an zu schreien und meine Dienerinnen zu rufen, die nebenan in diesem Zimmer schliefen, und ich sagte zu ihnen, daß ein Mann in meinem Bett war.

Als er das hörte, verließ er das Bett und das Zimmer. Am nächsten Tag sagte er zu mir, daß er schlecht daran getan hätte, sich bei mir zu verstecken. Ich antwortete ihm: ›Ich begreife jetzt wohl, daß eure Aufforderungen, zu den guten Christen zu gehen, nur das Ziel hatten, mich zu besitzen und fleischlich zu erkennen. Wenn ich nicht Angst hätte, daß mein Mann mir nicht abnimmt, nichts Unschickliches mit euch gemacht zu haben, würde ich euch sofort ins Verlies stecken lassen.‹

Wir sprachen nicht mehr über Fragen der Häresie, und kurz danach verließ Raimond unser Haus und ging heim nach Prades.«[9] Weniger plump als der Stallmeister Roussel setzten andere Männer die katharische Häresie als Verführungsmittel ein. Von einem geschickten Rhetoriker in die Hand genommen, eignete sich die katharische Ethik der Immanenz hervorragend dazu, in unwiderstehliche Argumente für die freie Liebe verwandelt zu werden. Mehrere Frauen aus Montaillou hatten, wie sie vor der Inquisition aussagten, Bekanntschaft mit häretischer Sexualkunde gemacht. Meister in dieser Kunst war ausgerechnet der Pfarrer von Montaillou, Pierre Clergue, ein ungewöhnlich vielseitiger Mann, der nicht nur ausgezeichnete Beziehungen zur katholischen Hierarchie und zur Inquisition unterhielt, sondern auch gern mit den *parfaits* der Gegend zusammensaß. Häretiker war er, scheint es, vor allem unter der Soutane. Die junge Witwe Grazide Lizier erzählte dem Inquisitor, daß der Pfarrer Clergue sie im Alter von vierzehn oder fünfzehn Jahren defloriert habe, im Stroh, doch ohne jede Gewalt.

»Dann gab mich der Pfarrer Pierre Lizier zur Frau, meinem verstorbenen Mann, wonach mich dieser Priester, mit Wissen und Billigung meines Mannes, vier Jahre lang, solange mein Mann lebte, häufig fleischlich erkannte. Als mein Mann mich fragte, ob dieser Priester etwas mit mir hätte, sagte ich ja, und mein Mann sagte, ich soll mich vor anderen Männern in acht nehmen, mit Ausnahme dieses Priesters. Dieser Priester erkannte mich jedoch nie, wenn mein Mann zuhause war, sondern nur in seiner Abwesenheit.«[10]

Die Mutter der jungen Frau, Fabrissa den Riba, hatte zwar nichts dagegen gehabt, daß der Pfarrer von Montaillou, mit dem sie im übrigen weitläufig verwandt war, ihre Tochter in die Liebe einführte, aber seine Affären mit verheirateten Frauen gingen ihr dann doch zu weit. Als der Priester einmal zum Vesperläuten ging und an ihrem Haus vorbeikam, stellte sie ihn zur Rede:

»Da viele Leute damals sagten, daß er Gaillarde, die Frau von Pierre Benet aus Montaillou, aushielt und fleischlich erkannte, sagte ich ihm, daß davon geredet würde, und daß er, wenn es wahr wäre, unrecht täte und sehr sündigte, dadurch daß er Ehebruch mit einer verheirateten Frau beging. Er antwortete mir, daß eine Frau so gut sei wie eine andere und daß er glaubte, mit der einen genauso zu sündigen wie mit der anderen, denn er glaubte dabei überhaupt nicht zu sündigen. Als ich das hörte, ging ich schnell von ihm weg, denn mein Topf kochte und lief über.«[11]

Um die vornehmste Frau im Dorf, die Kastellanin Béatrice de Planissoles, herumzukriegen, sah sich der Pfarrer gezwungen, auf subtilere Auslegungen der katharischen Auffassung zurückzugreifen, nämlich daß die Ehe kein Sakrament sei, als er sie zur Verführung der Bauersfrauen hatte entwickeln müssen. Die Kastellanin lief erst einmal aus der Kirche, als der Priester ihr im Beichtstuhl Avancen machte; nach langem Zögern gab sie schließlich nach wie alle anderen auch, und von einem offenbar stürmischen Liebhaber bekam sie so eine komplette Unterweisung in katharischer Religionslehre und Antiklerikalismus aus erster Hand:

»Später, gegen Ostern, besuchte er mich mehrmals und forderte mich auf, mich ihm hinzugeben. Ich sagte ihm eines Tages, als er mich solcherart zuhause bei mir bestürmte, daß ich mich lieber vier Männern als einem einzigen Priester hingäbe, denn ich hatte gehört, daß eine Frau, die von einem Priester fleischlich erkannt worden war, das Gesicht Gottes nicht sehen könne. Worauf er antwortete, daß ich dumm und unwissend sei, denn für eine Frau sei es die gleiche Sünde, von ihrem Ehemann oder irgendeinem anderen Mann erkannt zu werden, die gleiche Sünde, wer auch immer der Mann sei, Ehemann oder Priester. Mit einem Ehemann sei es sogar noch eine größere Sünde, sagte er, weil die Ehefrau glaubte, mit einem Ehemann nicht zu sündigen, während sie sich dessen bei anderen Männern bewußt wäre. Im ersten Fall sei die Sünde also noch größer.

Ich fragte ihn, wie er als Priester so reden könne, wo man doch in der Kirche sagt, daß die Ehe von Gott gestiftet worden ist und daß es das erste von Gott zwischen Adam und Eva gestiftete Sakrament ist, woraus folgt, daß es keine Sünde gibt, wenn Eheleute sich erkennen. Er antwortete mir: ›Wenn es Gott ist, der die Ehe zwischen Adam und Eva gestiftet hat, und wenn er die beiden geschaffen hat, weshalb hat er sie dann nicht vor der Sünde bewahrt?‹ Ich verstand dann, was er sagen wollte, nämlich daß Gott nicht Adam und Eva geschaffen und nicht die Ehe zwischen ihnen gestiftet hatte. Er fügte hinzu, daß die Kirche viele Unwahrheiten sagte. Die Kleriker sagten dies, andernfalls flößten sie weder Respekt noch Furcht ein. Denn abgesehen von den Evangelien und dem *Vaterunser* seien alle anderen Texte der Schrift ›affitilhas‹, ein Wort, das man in der Volkssprache verwendet, um etwas zu bezeichnen, was man nach Gutdünken hinzufügt, wenn man etwas hat sagen hören.

Ich antwortete ihm damals, daß die Kleriker die Leute in die Irre führen.«[12]

Ein erstaunlich moderner Religionspsychologe, der Pfarrer Pierre Clergue aus dem Pyrenäendorf Montaillou: er hatte begriffen, daß die Kirche etwas dazwischenschalten muß, um die Gläubigen bei der Stange zu halten, daß die Sehnsucht nach Erlösung nicht ausreicht. Furcht haben müssen sie und Respekt müssen sie empfinden, und zwar schon vor den irdischen Filialen der himmlischen Instanzen, sonst fürchten und respektieren sie bald gar nichts mehr. Als Priester in einem von der Häresie heimgesuchten Dorf wußte er, wovon er sprach; schließlich hatte er selbst einiges dazu getan, daß sich Respekt vor dem Sakrament und Furcht vor der Buße in Grenzen hielten. Vielleicht wurde ihm der Rationalismus der häretischen Sündenlehre, mit dem er als Liebhaber virtuos zu hantieren verstand, auf die Dauer selbst unheimlich; Pierre Clergue schlug sich nie ganz auf die Seite des Katharismus, und wenn er auch im Gefängnis der Inquisition endete, so hatte er doch zumindest zeitweise mit den Ketzerverfolgern kollaboriert.[13]

Die realen oder imaginären Liebesabenteuer der Katharer waren für die Inquisitoren keine Neuigkeit. Wo auch immer sich die Ketzerei rührte, wurde sie von dem Gerücht begleitet, daß sich bei den Zusammenkünften der Häretiker unvorstellbare Orgien abspielten.

> »Ich hätte gern eine vollständige Darstellung der Häresie der Bogomilen gegeben«, schrieb die byzantinische Prinzessin Anna Komnena in ihrer Chronik *Alexias* Anfang des 12. Jahrhunderts, »aber die Scham hindert mich daran . . . denn obgleich Historikerin, bin ich doch auch eine Frau«.[14]

Manchen Verfassern antihäretischer Traktate reichte es nicht, den Katharern Hurerei vorzuwerfen, weil sie das katholische Ehesakrament nicht anerkannten; der Zisterzienser Geoffroy d'Auxerre, Chronist des heiligen Bernhard, nahm noch den Inzest und den Kindsmord dazu:

> »Diese Häresie verurteilt die Ehe, um zu predigen, daß jeglicher Gebrauch der Frau gleichwertig sei, daß der Bruder nicht von der Schwester, der Sohn nicht von der Mutter, irgendeiner nicht von irgendeiner lassen soll. Und da sie sagen, daß jegliches Fleisch das Werk des Teufels ist, lehren sie die Mütter, den empfangenen oder gerade geborenen Nachwuchs umzubringen.«[15]

Ein anonymer Traktat gegen die »Errores Hareticorum« aus dem 14. Jahrhundert greift die volksetymologische Herleitung des Namens Katharer von Katze (lat. cattus) auf, um die Zusammenkünfte der Häretiker als einen Hexensabbat zu beschreiben, dessen Schauder noch durch homosexuelle Unzucht gesteigert wird:

> »Brot machen sie aus Mehl und dem Samen der Jungfrau oder dem Blut des Knaben . . . Wenn Männer und Frauen in der Fin-

sternis des Versammlungsraumes zusammenkommen, zünden sie ein Licht an, und sogleich erscheint ihnen die Große Katze (Cattus Maximus), und sie küssen ihren Hintern, worauf die Katze das Licht auslöscht, und sofort mißbrauchen sie sich gegenseitig, wobei die Männer ihre Schande mit den Männern, die Frauen ihre Schande mit den Frauen treiben, und so vollzieht sich das ›Mysterium der Verderbnis‹.«[16]

Wie an den Ketzern, so hat sich auch an den Juden die pornographische Phantasie des Mittelalters entzündet[17]; die Diskrepanz zwischen der orthodoxen Sittenlehre und dem Sittenalltag der Laien und Kleriker mußte dazu reizen, die unaussprechliche Sexualität bei günstiger Gelegenheit auszusprechen, wenn auch mit allen Zeichen des Diabolischen oder wenigstens Ketzerischen versehen. Der Bauer Pierre Vital hatte am eigenen Leib erfahren, daß sich die Beziehung von Zeichen und Bezeichnetem auch umkehren ließ: für die eifernde Orthodoxie wurde die ungezwungene populäre Moralauffassung zum Symptom der Ketzerei. Eine spätere, katharerfreundliche Betrachtungsweise hat die Diffamierung der Ketzer als Sodomisten und motherfuckers ins Positive gewendet und aus den Katharern Herolde einer befreiten Erotik gemacht:

»Der ›heilige Eros‹ der Katharer ist nur ein anderer Ausdruck für die körperlich-sinnliche Erotik von Frauen und Männern der provenzalischen Gesellschaft desselben (des 12.) Jahrhunderts.«[18]

Für den Autor von *Kreuzzug gegen den Gral*, Otto Rahn, war der Katharismus schlichtweg die »Minnekirche«. Denis de Rougemont hat den Ton für ein ganzes Konzert angegeben, als er in seinem vielbeachteten Buch *Die Liebe im Abendland* den Gedanken formulierte, daß die Entdeckung der Leidenschaftsliebe im Tristan-Mythos aufs engste mit dem Katharismus zusammenhängt, ja daß der »amour« der Troubadour- und Trouvère-Dichtung ein anderer Ausdruck einer mächtigen Häresie gewesen ist.[19]

Daß die katholische Kirche die Troubadoure des Languedoc als Parteigänger der Ketzer verdächtigte, steht außer Zweifel: im Jahr 1209 mußte der Dichter Gui d'Ussel dem gegen die Katharer ausgesandten päpstlichen Legaten schwören, keine Liebesgedichte mehr zu schreiben. Unter den Katharern scheinen »Coblas« (Couplets) der Troubadoure die Runde gemacht zu haben, wie aus einer Zeugenaussage vor der Inquisition in Pamiers hervorgeht: während der Messe in der Kirche Saint-Antonin in Pamiers, berichtete der Zeuge, hatte der Ritter Guillaume Saisset, der Bruder des damaligen Bischofs von Pamiers, dem dann vor der Inquisition angeklagten Ritter

BERTRAND DE BORN

Bertrand de Taix eine Cobla von Peire Cardenal aufgesagt, die mit diesen Versen beginnt: »*Clerges se fan pastors / E son galiadors / E par de gran sanctor . . .*« (Kleriker treten als Hirten auf / und sind Betrüger / und tun sehr heilig . . .)[20]

Mit den meisten Troubadouren stimmten die Katharer zweifellos in ihrem Antiklerikalismus überein. Antiklerikal gestimmt war das Milieu des kleinen Adels, aus dem viele Troubadoure des Languedoc stammten und in dem sie ihr Publikum fanden; dasselbe Milieu hatte auch die Katharer aufgenommen und ihnen manch wertvollen Nachwuchs geliefert, ohne aber selbst im engeren Sinn katharisch zu werden. Es gibt jedoch keine Anhaltspunkte dafür, daß sich Katharismus und Troubadourbewegung, über den Antiklerikalismus hinaus, aus einer einzigen Quelle speisten, einer, wie de Rougemont sagt, »spiritualistischen Häresie«. Schon geographisch liegen sie auseinander: Die Hochburgen der Troubadoure, die Aquitaine mit dem Hof der Königin Aliénor, das Limousin, die Provence und Aragon waren weder Nährboden noch Zufluchtsstätten für Katharer. Das von der Häresie befallene Languedoc brachte zwar einige der berühmtesten Troubadoure hervor - Peire Cardenal, Raimon de Mi-

93

raval, Peire Vidal -, aber in ihren Biographien hat der Katharismus keine Spuren hinterlassen. Bertrand de Ventadorn ging auf seine alten Tage ins Kloster, und aus dem offenbar erfolglosen Troubadour Fulko von Marseille, dem Dante in der *Göttlichen Komödie* ein eigenartiges Denkmal gesetzt hat[21], ist ein Erzbischof von Toulouse und fanatischer Ketzerverfolger geworden.

In den Troubadourdichtungen selbst kommt die Häresie nicht vor; aus dem Huldigungsgedicht an den Ritter Gui Cap-de-Porc, einen Katharerfreund, dem einzigen Text, den der möglicherweise katharische Troubadour Guilhem de Durfort hinterlassen hat, läßt sich nur mit Gewalt ein Bekenntnis zur Häresie herauslesen[22]. Die beiden Verfasser der *cansos de la crusada*, Guilhem de Tudela und sein anonymer Ko-Autor, haben das Kunststück fertiggebracht, den Verlauf des Kreuzzugs gegen die Katharer in allen Einzelheiten zu erzählen, ohne auch nur ein einziges Wort über die Häretiker selbst zu verlieren. Eine Vorsichtsmaßnahme gegenüber der Inquisition? Zur Zeit der Niederschrift der »Lieder vom Kreuzzug« hatte sich noch keine Inquisition in der Grafschaft Toulouse installiert.

Die Zurückhaltung der Troubadoure der Häresie gegenüber hatte möglicherweise vor allem berufliche Gründe. Gewiß hatten sie es gern, wenn die adlige Zuhörerschaft ihren Spottliedern auf vollgefressene Priester und geile Mönche applaudierte:

»Wäre ich Ehemann, führe mir der Schreck in die Knochen
Wenn sich ein hosenloser Mann neben meine Frau setzt,
Denn unter beiden Röcken ist viel Platz,
Und das Feuer ist, gut Fett dazu, rasch entfacht«,

heißt es in einem *Sirventès* (Gelegenheitsgedicht) von Peire Cardenal aus den ersten Jahrzehnten des 13. Jahrhunderts.[23] Trieb der Adel den Antiklerikalismus aber soweit, daß er zum Katharismus konvertierte, brachen für den Troubadour bittere Zeiten an. Denn das hieß in aller Regel, die Dame des Hauses wurde *parfaite*, und eine *parfaite* nahm keine galanten Huldigungen mehr entgegen und bezahlte die Dichtkunst nicht mehr. Da mochte so mancher Troubadour den Zeiten nachgetrauert haben, als statt der asketischen, mit Gemüsesuppen bewirteten *parfaits* noch die guten alten Kleriker an der Tafel saßen, die nicht nur ein herzhaftes Mahl, sondern auch Spaß und Spott vertragen konnten.

Der Troubadour Guilhem de Montanhagol könnte mit der Formel, für die er berühmt wurde und die als Wahlspruch der verfeinerten okzitanischen Troubadourerotik gilt - »d'amor mou castitatz«, Liebe entsteht aus Keuschheit - für einen poetischen Parteigänger der Katharer durchgehen, wenn er nicht auch hätte verlauten lassen, daß er die Verfolgung der Häretiker durchaus gerechtfertigt fand. Die Inquisitoren kamen in einem seiner Gedichte schlecht weg, aber nicht, weil sie die Irrlehre bekämpften, das war schon in Ordnung; sondern weil sie gegen den Reichtum des Adels predigten und die Güter der in die Häresie verwickelten Ritter beschlagnahmten.[24] Wovon sollte ein Troubadour leben, wenn seine Arbeitgeber nichts mehr zu beißen hatten? Es lag also im Interesse der Troubadoure, daß der Status quo erhalten, der Adel in einer, nicht allzu rigoros durchgesetzten Feudalordnung mächtig und wohlhabend blieb; die Bedrohung kam sowohl von den Inquisitoren und kreuzfahrenden Baronen aus dem Norden als auch von den Katharern, deren Umtriebe das ganze Durcheinander ins Land geholt hatten.

Häretiker und Troubadoure sind deshalb noch nicht an entgegengesetzten Polen der mittelalterlichen Welt zu suchen. Beide antworteten in ihrer spezifischen Sprache auf das Vakuum, das die Entmachtung der Weltgeistlichkeit, die hinter Klostermauern mit sich selbst beschäftigte katholische Lehre und der Zerfall der Einheit von kirchlicher und weltlicher Autorität hinterließen. Wenn auch nicht auf das Land der Langue d'oc beschränkt oder gar exklusiv von der okzitanischen Kultur hervorgebracht, ist die Blüte der Troubadourkunst und des Katharismus in Okzitanien nicht von der Sonderentwicklung zu trennen, die dieser Isthmus zwischen Mittelmeer und Atlantik, Umschlagplatz zwischen der Levante, der Iberischen Halbinsel und dem fränkischen Norden, gegenüber anderen, kulturell und ökonomisch weniger begünstigten Regionen heraushob. Okzitanien profitierte selbst noch von den gescheiterten Kreuzzügen, da die von den Kreuzfahrern geöffneten Handelswege über seine Mittelmeerhäfen und Märkte führten und die aus dem Morgenland importierten Ideen, Traditionen und Waren einschließlich mediterraner Kulturpflanzen dort am schnellsten assimiliert wurden. Das alles macht aus den *terrae linguae occitanae* aber noch keine Insel der Seligen, die, losgelöst von den Ketten des europäischen Mittelalters, in andere Welten und Zeiten hätten davonschwimmen können.

So aber wird Okzitanien heute vielfach dargestellt: »Das Feudalsystem muß vor den Freiheiten der Gemeinden weichen« - »In einem Europa der totalen Intoleranz gibt Okzitanien ein Beispiel für religiöse Offenheit« - »In einer Zeit, in der überall anders die Frau völlig zu einer Sache reduziert wird, beginnt in Okzitanien ihre Befreiung« - »die Frauen fangen an, am politischen Leben teilzunehmen«.[25] Man nehme die Troubadourdichtung, den Katharismus, die Geschichte der Aliénor von Aquitanien in der Fassung von Régine Pernoud[26], Irmtraud Morgners Roman »Leben und Abenteuer der Trobadora Beatriz« und rühre daraus einen Eintopf an, in dem es zwischen Wörtern und Sachen keinen Unterschied mehr gibt, die Poesie der Troubadoure als Sozialreportage gelesen wird und die Hoffnung auf Befreiung und Gleichbehandlung, die sich viele von der Katharerkirche versprochen haben mögen, mit ihrer Einlösung verwechselt wird. So wie sich die Anbetung der Frauen in den Sirventès der Troubadoure prächtig mit ihrer fortdauernden Unterdrückung vertrug, so hat auch der Katharismus hinter der egalitären Fassade einer Frauenverachtung freien Lauf gelassen, die der, immerhin durch den Marienkult etwas gemilderten, Verteufelung des Weiblichen im katholischen Dogma in nichts nachstand.

Formal machte die katharische Kirche keinen Unterschied zwischen Männern und Frauen: Sie ordinierte *parfaits* und *parfaites*. Eine Gleichbehandlung allerdings nicht durch die Geschlechterdifferenz hindurch, sondern nach deren gewaltsamer Egalisierung: Mit ihrem Keuschheitsversprechen hatten die katharischen Frauen ihre Geschlechtlichkeit ausgelöscht. In ihren kirchlichen Funktionen waren sie aber den männlichen *parfaits* noch lange nicht ebenbürtig. Die Hierarchie der Kirchenältesten, Diakone und Bischöfe war ausschließlich mit Männern besetzt. Das *consolamentum* wurde, wie der Ex-Katharer Rainier Sacchoni angab, nur in äußersten Notfällen von *parfaites* erteilt.[27] Es waren *parfaits* und keine *parfaites*, die predigend über Land zogen, die Gläubigen betreuten, die katharischen Zeremonien zelebrierten und in öffentlichen Kontroversen mit katholischen Klerikern die Sache der Katharer vertraten. »Madame, gehen Sie lieber in die Spinnstube zurück«, mußte sich die *parfaite* Esclarmonde, Schwester des Grafen von Foix, bei einer solchen Debatte im Pamiers sagen lassen. »Sie verstehen nichts von diesen Dingen.«[28]

Die Spinnstube war der gewöhnliche Aufenthaltsort der *parfaites*. Zwar waren alle *parfaits* aufgefordert, ihren Lebensunterhalt mit ihrer Hände Arbeit zu verdienen, aber da die männlichen Eingeweihten bei ihren häufigen Ortswechseln nicht immer zum Arbeiten kamen, blieb der regelmäßige Gelderwerb an den in klosterähnlichen Gemeinschaften lebenden Frauen hängen. Ihr Status in der katharischen Kirche entsprach mehr dem einer Nonne als dem einer weiblichen Priesterin; die Katharergemeinschaft erfüllte für die Frauen dieser mittelalterlichen Gesellschaft die gleiche Funktion wie das Nonnenkloster: als Asyl, Versorgungseinrichtung, Altersheim. Viele Frauen sind weniger aus häretischer Überzeugung zu den Katharern gegangen als aus blanker Not: verwitwet, enterbt, sitzengelassen, verstoßen. Verheiratete Frauen hatten es im übrigen nicht viel besser als unverheiratete, selbst bei hoher Abkunft; im Gegensatz zu den Andeutungen der Troubadourdichtung genossen die edlen Damen keineswegs den magischen Schutz höfischer Verehrung. Im gleichen Jahr, in dem Raimonds Frau Constance die Grafschaft Toulouse bei dem Kathererkolloquium von Lombers repräsentierte, wurde sie - und da nützte es auch nichts, daß sie die Schwester des französischen Königs war - von ihrem Gatten verstoßen und hinausgeworfen:

> »Ich hatte nichts mehr zu essen und nichts mehr, um meine Diener zu unterhalten. Der Graf nimmt keinerlei Rücksicht auf mich und läßt mir von seinen Gütern nichts zum Überleben zukommen«, schrieb sie an ihren Bruder, den König.[29]

Der verhältnismäßig hohe Anteil an Frauen unter den *parfaits* - 34 Prozent laut Duvernoy[30] - deutet kaum auf die emanzipatorischen Tugenden der Katharer, dafür um so mehr auf das Ausmaß der Frauenunterdrückung in der doch so toleranten, die Frauenbefreiung antizipierenden Gesellschaft Okzitaniens hin.

Und es muß den Frauen schon sehr schlecht gegangen sein, denn mit ihrem Bekenntnis zum Katharismus übernahmen sie eine Lehre, die Frauen nicht nur auf Erden diskriminierte - Schwangeren war es verboten, einem *parfait* den rituellen Gruß zu entrichten -, sondern ihnen auch den Trost nahm, wenigstens in der Seelenwelt nicht mehr benachteiligt zu sein. Seit der Satan die Engel mit Hilfe einer Frau verführt hatte, hieß es, hat Gott geschworen, keine Frau mehr in den Himmel zu lassen; um dennoch gerettet zu werden, muß sich die weibliche Seele in eine männliche verwandeln.[31] Die Katharer fanden es deshalb sinnlos, die Totenglocke für Männer anders zu läuten als für Frauen, da den Frauen die Auferstehung als Frauen ohnehin versagt war. Frauen waren nicht nur des Teufels, weil sie den Sturz der Engel auf dem Kerbholz hatten, sondern auch ihrer Gebärfähigkeit wegen, die der schlechten Welt immer neue Opfer zuführte. Vor der Inquisition in Toulouse kam zur Sprache, wie eine junge Frau von *parfaites* behandelt wurde, als sie mit dickem Bauch in ihrem Haus erschien:

> »Da sie jung und schwanger war, sagten sie ihr vor allen Leuten, daß sie einen Dämon im Bauch hätte, und die anderen schüttelten sich vor Lachen. Danach mochte sie die Häretiker nicht mehr, wofür sie von ihrem Mann verprügelt wurde.«[32]

Die Frauen kamen bei den Katharern aber nicht nur aus dogmatischen Gründen schlecht weg. LeRoy Ladurie führt irdischere Motive dafür an:

> »Das Weib spielt wohl vor allem deshalb in den meisten kathari-
> schen Moralpredigten, von denen wir lesen, die böse Rolle, weil
> auch katharische Prediger gewöhnlich Männer waren und also
> empfänglich für weibliche Reize . . . Dennoch verabscheuten Ka-
> tharer prinzipiell nicht die Frauen, sondern die eigene Sexualität.«[33]

Was insofern aber keinen großen Unterschied macht, als es die Frauen waren, in denen die eigene, zurückgedrängte Sexualität greifbar erschien. Die radikale Enthaltsamkeit, derer sich die kathari-schen *parfaits* gegenüber dem prassenden und verderbten katholi-schen Klerus rühmten (ob ganz zu Recht, weiß niemand genau), kostete einen Preis, den die heiligen Männer der katharischen Kirche nicht nur selber zahlten; der Schmerz des Verzichts ist auf Dauer nur erträglich oder sogar befriedigend, wenn das, worauf man verzichtet, als Verlockung abgetötet, moralisch vernichtet, herabgesetzt und verteufelt wird. Den bekannten Spruch, daß der Teufel eine Frau ist, haben zwar nicht die Katharer erfunden; aber die dunkle Rückseite aller Verzichtsethik und lebensreformerischen Askese ist bei den Ka-tharern überdeutlich zum Vorschein gekommen.

Aber so wie jede Orthodoxie ihre Häresie hervorbringt, hat auch der strenge Katharismus seine Ketzerei produziert; er hat die Abwei-chung von seinen Vorschriften nicht nur stillschweigend, wie der Katholizismus, als Doppelmoral geduldet, sondern sie im System ei-ner dualistischen Ethik mit einbegriffen. In den Augen des katholi-schen Katharerspezialisten Pater Dondaine, der 1939 den *Liber de duobus principiis* herausgab, ist das die eigentliche Ketzerei der Katha-rer: etwas, was man für eine Sünde hält, moralisch nicht zu verurtei-len.[34] Zum Katharismus gehörten nicht nur die eifernden *parfaits*, sondern auch Anhänger wie der Pfarrer Pierre Clergue, der an den ausgefransten Rändern zweier Orthodoxien oder, was auf dasselbe herauskommt, im Überschneidungsbereich zweier Ketzereien exi-stierte und dort einen Freiraum beanspruchte, den er auch andere genießen ließ. Dank Pierre Clergue haben einige Frauen von Mon-taillou die Häresie nicht als frauenverachtende Ideologie, sondern als Befreiung von lustzerstörenden Gewissensbissen erlebt. Die junge Grazide hat es vor der Inquisition in schöner Offenheit be-kannt:

> »Ich hatte kein schlechtes Gewissen und ich dachte nicht, daß es
> irgendjemandem mißfallen könnte, wenn ich mit diesem Priester
> schlief, denn es machte uns beiden Spaß, ihm und mir.«[35]

Mönche werden ausgelacht,
der päpstliche Legat wird erschlagen

Im Jahre 1177, zehn Jahre nachdem er, die Erbin der Provence im Auge, seine Frau Constance auf die Straße gesetzt hatte, ereiferte sich Graf Raimond V. also sehr über eine Häresie, die »Zwietracht zwischen Mann und Frau sät« und auch sonst allerlei Verheerungen anrichtet. Der König von Frankreich, der in Raimonds Brief indirekt um Hilfe gegen die Ketzer gebeten wurde, kam nicht, dafür erschienen, auf den Spuren des heiligen Bernhard, die Zisterzienser, an deren Generalkapitel Raimond geschrieben hatte. Die Zisterzienser hatten auch einigen Grund, sich ins Zeug zu legen, denn die Hoffnungen, die die Päpste in diese strenge Mönchsbewegung gesetzt hatten, waren enttäuscht worden. Cîteaux hatte der Ausbreitung des Antiklerikalismus nicht Einhalt gebieten können und dessen Transformation in die offene Häresie nicht verhindert. Und vielleicht lag es gerade an den gegen die Weltgeistlichkeit kultivierten mönchischen Tugenden der Zisterzienser und Kluniazenser, daß sich die Häresie in der von den Weltgeistlichen nur noch halbherzig betreuten Christengemeinden so beunruhigend ausbreiten konnte.

»In Italien wie in Aquitanien entflammte die Ketzerei im gesamten Laienvolk, das von den besten Dienern Gottes, den zurückgezogen in ihren Grotten lebenden Eremiten und all den kluniazenzischen und zisterziensischen Mönchen, die sich hinter den Klostermauern verschlossen, völlig im Stich gelassen worden war.«[1] Im August 1178 machte sich der Abt von Clairvaux, Henri de Marcy, auf den Weg in den häretischen Süden, begleitet von mehreren Bischöfen und weltlichen Herren. Die Könige von Frankreich und England unterstützten die Mission, hielten sich aber im Hintergrund. Toulouse bereitete den Ketzermissionaren einen Empfang, der sie Böses ahnen ließ: Passanten zeigten mit Fingern auf sie und beschimpften die Herren Bischöfe als Ketzer, Heuchler und Verräter. Nach ein paar Tagen Erholung vom ersten Schreck probierte es der Abt von Clairvaux mit dem alten Rezept seines Vorgängers Bernhard und predigte vor dem versammelten Volk; ob er genügend okzitanisch sprach, um sich den Toulousanern verständlich zu machen, ist nicht bekannt. Häretiker schien es in Toulouse plötzlich nicht mehr zu geben; kein einziger meldete sich auf die Aufforderung des Abts, sich zum friedlichen Streitgespräch über den wahren Glauben zu stellen. »Die Füchse hatten sich in Maulwürfe verwandelt«, schrieb Henri de Marcy in seinem Bericht.[2]

Der Abt gab aber nicht auf und fand sogar eine Methode, um die Katharer doch noch aus ihren Schlupflöchern herauszulocken. Von kirchentreuen Bürgern ließ er sich ein Verzeichnis der stadtbekannten Häretiker aufstellen und griff sich dann den angesehensten und reichsten heraus, einen gewissen Pierre Maurand, Besitzer zweier befestigter Häuser. Die Vorladung der kirchlichen Mission ließ der Bürger unbeachtet, dem Druck des Grafen von Toulouse, den die Bischöfe zu Hilfe holten, gab er nach. Aus früheren Verhören wußten die Kleriker, wie man die Katharer aufs Kreuz legen konnte: Weigerten sie sich, ihr Bekenntnis zum rechten katholischen Glauben zu beschwören, waren sie als Häretiker entlarvt. Pierre Maurand weigerte sich zuerst und gab dann nach. Man brachte allerlei Reliquien herbei, und die Kleriker brachen, die Gnade des heiligen Geistes anrufend, dem Bericht des Abts zufolge in Tränen aus[3]. Der Verdächtige schwor also, aber was er beschwor, war die häretische Überzeugung, daß das Abendmahlsbrot nicht der Leib Christi sei. Er wurde sofort unter Arrest gestellt.

Trotz Häresie war die mit dem Grafen als weltlichem Arm drohende Kirche auch in Toulouse die unbestrittene Macht. Maurand überlegte es sich anders und gab seine Bereitschaft zu erkennen, der Ketzerei abzuschwören; einmal in ihren Händen, war mit der Kirche nicht zu spaßen. Die zisterziensische Mission ließ sich die Chance nicht entgehen, an dem stadtbekannten Maurand ein spektakuläres Exempel zu statuieren. In einer demütigenden Zeremonie wurde der reiche Mann nackt und barfuß in die mit Schaulustigen gefüllte Abteikirche Saint-Sernin geschleppt, der Erzbischof von Toulouse und der Abt geißelten ihn mit Ruten, und nach der Messe wurde ihm verkündet, daß seine Güter beschlagnahmt seien, daß seine Burg abgerissen würde und daß er als Buße eine dreijährige Pilgerreise nach Jerusalem anzutreten habe.

Die Bekehrung und Bestrafung des Häretikers machte offenbar Eindruck. Bernard Raimond, der Katharerbischof von Toulouse, und seine Stellvertreter Raimond de Baimiac, beide auf dem Konzil von Saint-Félix gewählt, legten bei ihrer ersten Anhörung noch ein geheucheltes orthodoxes Bekenntnis ab, wobei ihnen Sprachschwierigkeiten zu Hilfe kamen, da die Zisterzienser kaum Okzitanisch verstanden und die Katharer nur schlecht Latein sprachen. Man exkommunizierte sie, ließ sie aber laufen. Als sie drei Jahre später wieder vor Henri de Marcy erschienen, der inzwischen auf dem III. Laterankonzil zum Kardinal von Albano gewählt und zum päpstlichen Legaten bestimmt worden war, verloren sie die Fassung, gestanden unter Tränen, Häretiker zu sein, schworen gleichzeitig ab und legten in öffentlicher Selbstkritik die Lehre der Katharer dar, so wie die Kirche sie zu karikieren pflegte (der Bericht darüber stammt schließlich von dem Mönch Geoffroy du Vigeois[4]). Da beide nach ihrer Konversion die Posten von Chorherren in Toulouse bekamen, ist anzunehmen, daß der Übertritt der häretischen Würdenträger zum Katholizismus, der nicht wie üblich von öffentlichen Bußleistungen begleitet war, sorgfältig ausgehandelt wurde.

Ein großer Propagandaerfolg für den päpstlichen Legaten und ein schwerer Schlag für die Katharer von Toulouse. Stand ihre Kirche auf so schwachen Füßen? Vorausgegangen war der spektakulären Konversion ein Krach im Hause Trencavel, dessen Folgen die Katharer ausbaden mußten. Vizegraf Roger II. Trencavel, schon lange als Ketzerfreund verdächtig, hatte bereits während der ersten Toulousaner Mission den Zorn der Bischöfe auf sich gezogen, weil ihnen zu Ohren gekommen war, daß er den Bischof von Albi gefangenhalten und dazu schändlicherweise von Häretikern bewachen ließ. Als Henri de Marcy auf dem Rückweg nach Clairvaux in Albi nach dem rechten sehen wollte, blieb der Vizegraf unauffindbar; an seiner Stelle nahm Vizegräfin Alazais kirchliche Verwünschungen und den Exkommunikationsbeschluß entgegen. Alazais war aber nicht nur die Gattin des antiklerikal gestimmten Trencavel, sondern auch die Tochter des mit dem Vizegrafen rivalisierenden, papstfreundlichen Raimond von Toulouse, und so spielte sie ihrem Mann und dessen Schützlingen einen bösen Streich, als sie 1181 der päpstlichen Legation die Tore von Lavaur öffnete und ihr die dort residierenden katharischen Würdenträger auslieferte. Roger II. rächte sich dafür an seinem Schwiegervater, indem er ein paar Jahre später für seine Ländereien dessen Erzfeind, dem König von Aragon, huldigte, und die gräflichen Truppen vor den Toren seiner Stadt Carcassonne verjagte. Gegen öffentliche Abbitte und das Versprechen, die Ketzer tatkräftig zu verfolgen, wurde die Exkommunikation des Vizegrafen wieder aufgehoben. Gegen die Katharer aber rührte er keinen Finger.

Albi ließ er nach wie vor von dem Seneschall Peyre de Brens verwalten, der ein notorischer Häretiker war. Als der (katholische) Bischof von Albi, dem Bericht des Chronisten Guillaume de Puylaurens zufolge[5], den erkrankten Seneschall nach seinen Wünschen für das kirchliche Begräbnis fragte, bekam er nur zu hören, daß es der Kranke vorzöge, notfalls auf allen Vieren zu den »Bonshommes« zu kriechen, wenn es soweit wäre. Er starb tatsächlich katharisch »getröstet«. Im Herrschaftsbereich von Roger Trencavel hatten die Katharer nach Abzug der Zisterzienser und der päpstlichen Legation nichts zu befürchten. Selbst die Weltgeistlichkeit pflegte friedliche Koexistenz mit der konkurrierenden Kirche, und der Bischof von Albi traf sich zum freundschaftlichen öffentlichen Podiumsgespräch mit seinem katharischen Amtskollegen, Bischof Sicard Cellerier von der Diözese Albi, im *castrum* von Lombers. Die Häretiker der Grafschaft Toulouse zeigten sich keineswegs eingeschüchtert von dem Exempel Maurand und der Konversion ihrer »Häresiearchen« Raimond und Baimiac: Der vakante Bischofssitz wurde gleich wieder besetzt und an den Ort St. Paul Cap-de-Joux fern von dem für die Katharer unsicheren Erzbischofssitz Toulouse verlegt. Die 1179 vom Laterankonzil und 1184 von Papst Lucius III. verkündeten Maßnahmen gegen die Ketzer des katholischen Abendlands blieben im Languedoc toter Buchstabe.

Nach den Protokollen der Inquisition von Toulouse gab es im Bereich der Grafschaft Ende des 12. Jahrhunderts kaum einen größeren Ort, der nicht von der katharischen Häresie befallen war.[6] Zur Katharerkirche von Toulouse zählten unter anderem Castelnaudary, Avignonet, Castelsarrasin, Montauban, Moissac, Verfeil, Foix, Lavelanet, Puylaurens, Tarascon-sur-Ariège, Fanjeaux, Laurac, Lavaur. In Mirepoix sollen fünfzig Häuser katharisch gewesen sein, in Villemur hundert. Der Katharerbischof der Diözese Carcassonne betreute Gemeinden in Montréal, Cabaret, Miraval, Saissac, Servian usf. sowie Gemeinden im heutigen spanischen Katalonien. In den großen Städten - wobei die größte, Toulouse, damals zwanzigtausend Einwohner hatte - wimmelte es zwar von Häretikern, aber die Nähe der kirchlichen Autorität legte den Ketzern Zurückhaltung auf. Um so freier konnten sich die Katharer in den ländlichen *castra* bewegen, vor allem wenn die Herren der Burg selbst zu den Ketzern gehörten oder sie wenigstens unterstützten, wie es ein wieder in den Schoß der katholischen Kirche zurückgekehrter kleiner Adliger, Etienne de Servian, beim Abschwören bezeugte:

»Ich habe in meinen Burgen Häretiker und sogar Häresiarchen empfangen, und zwar Thierry, Baudoin und B. de Simorre (den Katharerbischof der Diözese Carcassonne), ich habe sie verteidigt und unterstützt; ich habe ihnen gestattet, Ketzerschulen zu unterhalten, öffentlich zu predigen, öffentlich zu disputieren . . .«[7]

Was war für diesen Adel am Katharismus so verführerisch, daß er seine Prediger und Anhänger gegen die Macht der Kirche unterstützte, ja selbst die Reihen der *parfaits* beträchtlich auffüllte? Die katharischen Ideale, Bedürfnislosigkeit, Enthaltsamkeit, Wahrhaftigkeit und Gewaltlosigkeit, zählten nicht gerade zu den Tugenden dieser *milites*, die oft genug ihrer laschen christlichen Moral wegen exkommuniziert wurden: Sie verstießen nach Belieben ihre Gattinnen, heirateten nahe Verwandte, hielten sich einen Stall voll Mätressen. Reich wären sie alle gern geworden, wenn sie gekonnt hätten; daß sie auch noch den Zehnten an die Kirche abführen mußten, die mit ihren ausgedehnten bischöflichen und klösterlichen Besitztümern seit jeher den Landhunger des Adels reizte, steigerte noch den Unmut. Die Stimmung unter den Herren der zahllosen *castra* war entschieden antiklerikal.

Der Katharismus, als Häresie mit der mächtigen Institution Kirche verfeindet, konnte den Antiklerikalismus auffangen, ihm eine Begründung und eine Sprache geben, und bot dabei alle spirituellen Vorteile der christlichen Religion. Und die sich selbst versorgende katharische Kirche verlangte ihren Anhängern keinen Zehnten und keine Bußen ab und drohte keine weltlichen Strafen an: Dennoch sorgte sie, betende und fastende *parfaits* garantierten es, fürs Seelenheil. Außerdem brachten die Katharer, worauf René Nelli aufmerksam macht, ein wenig Abwechslung in das Leben des Landadels:

»Viele hohe Damen und mächtige Herren haben ein lebhaftes Interesse - man langweilte sich in den Burgen - gewinnen können, mit den katharischen Gelehrten recht subtile Fragen der Doktrin zu diskutieren, ohne natürlich Anstalten zu machen, deren Schlußfolgerungen in ihr moralisches Leben aufzunehmen.«[8]

Geschätzt waren katharische *parfaits* allem Anschein nach auch als strenge und anspruchslose Erzieher der adligen Kinder.

Trotz allem, der Katharismus war den Feudalherren keineswegs auf den Leib geschneidert. Erschien den Katharern die Welt insgesamt als Teufelswerk, so war die Feudalordnung für sie geradezu das Abbild der Unordnung, die der Satan in den Himmeln angerichtet hatte. Nicht nur mit Hilfe einer verführerischen Frau hatte er die Engel herumgekriegt, sondern auch mit der verlockenden Aussicht, wie es in einem katharischen Gebetstext hieß,

»daß der eine die Herrschaft über den anderen bekäme, daß sie Könige, Grafen oder Kaiser würden, und daß sie, mit einem Vogel, einen weiteren bekommen könnten und, mit einem Stück Vieh, ein anderes Stück Vieh . . .«[9]

Einen »Gottesstaat« konnte es also auf Erden niemals geben, die Herren waren Herren höchstens von Teufels, niemals von Gottes Gnaden, ein heiliges Reich, gar ein heiliger König wie der französische König Ludwig der Heilige, nichts als Lug und Trug. Die ganzen vom römischen Gottkaisertum abgeleiteten, ineinander verschachtelten feudalen Herrschafts- und Ausbeutungsansprüche hatten in den Augen der Katharer keinen Bestand. Ihre Botschaft erreichte deshalb zuerst das gemeine Volk, die Habenichtse und *laboratores*, die abhängigen Bauern und Handwerker, und sie wurde dort um so besser verstanden, als die katharischen Prediger nicht in unverständlichem Latein, sondern in der Volkssprache beteten und aus der okzitanischen Bibelübersetzung vorlasen. Gegenüber der römisch verrechtlichten katholischen Doktrin lehrten die Katharer ein einfaches, eingängiges, populäres Christentum.

Daß der Katharismus dennoch nicht zur Religion der Armen schlechthin wurde, die Hungerleider nicht zur Erhebung gegen ihre Herren trieb, hing sowohl mit dem inoffensiven Geist ihrer Lehre zusammen als auch mit der sozialen und politischen Situation, in der sie von der Gesellschaft des Languedoc aufgenommen wurde. Jeder, außer den allerhöchsten weltlichen und geistlichen Herrn, konnte sich eine Scheibe abschneiden und daran laben: der gemeine Mann ließ sich von der Seelenwanderungslehre der Katharer sagen, daß die Herren nicht ewig Herren blieben, sondern sich vielleicht im Leib von Straßenräubern reinkarnierten; der kleine Adlige fand in den Katharern Brüder im antiklerikalen Geist; der Bürger erfuhr von den Häretikern, daß das handelshemmende Geldleihverbot nicht aus dem wahren Christentum zu begründen sei.

Wenn auch nicht die Ketzerei im weitesten Sinn, so ist doch das Corpus der katharischen Lehre auf Handelswegen in die Städte und *castra* des Languedoc getragen worden. Die im allerkatholischsten Geist unternommenen Kreuzzüge hatten ironischerweise ihren Teil dazu beigetragen, daß mit den orientalischen Spezereien auch häretische Gedanken ins Abendland eingeschleppt wurden. Häretische Kleiderhändler waren es vor allem, laut dem Kreuzzugshistoriker Runciman, die den Adel zum Katharismus bekehrten. »Der Kleiderhändler, vor allem der reisende Tuchhändler mit Waren aus dem Osten, war in adligen Häusern immer willkommen; adlige Damen wollten natürlich seine Ware sehen und sogar seine Läden besuchen. Seine Geschäftsverbindungen aber hielten ihn in enger Berührung mit der Lombardei und Konstantinopel. Wahrscheinlich war es der Kleiderhandel, durch den die häretische Kommunikation in Europa umlief und in die inneren Gemächer der Adelsburgen eindringen konnte. Auf ähnliche Weise konnten häretische Ärzte immer leicht zum intimen Leben des Adels Zugang bekommen.«[10]

Die Konversion des Adels allein machte das Land noch nicht häretisch. In der Provence, Grenzland zur häretischen Lombardei und mit seinen Mittelmeerhäfen offen für jeglichen Kommerz, war der Adel ziemlich früh »häretiziert« worden, sogar große Namen wie die des Grafen von Die, des Ko-Vizegrafen von Marseille und Herrn von Montélimar und des Herrn von Cavaillon tauchten auf den späteren Ketzerlisten auf. Eine Katharerkirche aber hat sich in der Provence nie gebildet. Den adligen Ketzern fehlte das, was die Herren jenseits der Rhône genossen, den Rückhalt durch eine ketzerisch gestimmte Stadt- und Landbevölkerung.

War nicht gerade eine päpstliche Legation mit ihrer bewaffneten Eskorte in der Nähe, brauchten sich die Katharer des Languedoc nicht zu verstecken. In den letzten beiden Jahrzehnten des 12. Jahrhunderts wurde das Land von Raimonds Zweifrontenkrieg in Atem gehalten, so daß die Bedrohung der Ordnung durch die Häresie ganz in den Hintergrund trat. 1188 stand Richard Löwenherz, der Sohn des englischen Königs und Herzog der Aquitaine vor den Toren von Toulouse, und nur das Eingreifen des Königs von Frankreich, Philipp-August, von Raimond V. erbeten, rettete die Grafschaft vor ihrer Einverleibung in den englisch-aquitanischen Herrschaftsbereich. Der kirchentreue Graf von Toulouse drohte allmählich die Unterstützung durch den Teil der Ritter und Stadtbürger zu verlieren, der es nicht mit den Häretikern hielt. Die »Capitouls« von Toulouse, die adligen und bürgerlichen Ratsherrn, verlangten von Raimond, den gewerbeschädigenden Kriegszustand zu beenden. Der Graf antwortete mit einer Charta, die den Toulousaner Bürgern unmißverständlich klarmachte, daß sie nicht in einer unabhängigen Stadtrepublik lebten, sondern in einer Grafschaft von des Grafen Gnaden:

»Ich, Raimond, Graf, schwöre aus meinem eigenen Willen und aus Liebe zu den Toulousanern bei den Heiligen Evangelien, alle diese Dinge zu beachten, obgleich ich dazu nur gehalten bin, weil ich es so will.«[11]

Richard Löwenherz wurde Raimond erst einmal ohne eigenes Zutun los: Der von seiner Mutter Aliénor immer wieder zur Eroberung der Grafschaft angestachelte frischgebackene englische König saß als Kreuzfahrer in Palästina fest und schmorte dann als Gefangener der Staufer auf Burg Trifels und anderswo. Von Süden her nahm die Bedrohung ebenfalls ab, nachdem Roger Trencavel 1191 das Lager des

Königs von Aragon verlassen und wieder zu Toulouse zurückgekehrt war. Seine Schwäche für die Katharer aber hatte er behalten. Raimond V. starb 1194 und hinterließ die Grafschaft einem fast vierzigjährigen Sohn, der zur Zufriedenheit seiner Vasallen und Untertanen den Krieg mit England-Aquitaine definitiv beendete. Daß er zu diesem Zweck seine zweite Frau verstieß und die Schwester von Richard Löwenherz heiratete, nahm ihm offenbar niemand übel. Anders als sein Vater zeigte sich Raimond VI. vom Ausmaß der Ketzerei in seiner Grafschaft keineswegs beunruhigt. Der zisterziensische Chronist des 13. Jahrhunderts, Pierre des Vaux-de-Cernay, nannte ihn sogar einen Häretikerfreund.[12]

Goldene Zeiten für die Katharer. Auf dem päpstlichen Stuhl saß mit Cölestin III. ein fast neunzigjähriger Greis, dessen ganze Kraft von den ewigen Querelen mit den Staufern in Anspruch genommen war. Die Häresie machte bald nicht einmal mehr vor den ganz großen okzitanischen Häusern halt: Philippa de Foix, die Frau des Grafen von Foix, zog aus der gräflichen Burg aus und ließ sich als *parfaite* in ihrer Pyrenäenfestung Dun nieder. 1204 ließ sich auch die Schwester des Grafen, Esclarmonde de Foix, zusammen mit mehreren adligen Damen vom stellvertretenden Katharerbischof der Diözese Toulouse, Guilhabert de Castres, das *consolamentum* als *parfaite* erteilen. Eine der verstoßenen Frauen Raimonds VI., Béatrice de Béziers, nahm ebenso die Kutte der Katharer.[13] Der König von Aragon ließ in Carcassonne, wo er Lehnsherr war, dreizehn Katholiken und dreizehn Katharer gegeneinander antreten; zwar befand er die Katharer am Schluß der Häresie für schuldig, aber er rührte keinen Finger, um sie zu verfolgen und zu bestrafen, wie es nach den letzten Konzilsbeschlüssen seine Pflicht gewesen wäre.

Doch fern von Okzitanien begann um die Jahrhundertwende sich etwas gegen die Katharer zusammenzubrauen. 1198 hatte der noch nicht vierzigjährige Römer Lothario Conti als Innozenz III. den senilen Papst Cölestin abgelöst und zunächst innerkirchlich die Zügel angezogen. Über den Klerus des Languedoc fällte der neue Papst ein vernichtendes Urteil, wie aus einem Schreiben hervorgeht:

»Sie beachten nicht einmal die Gesetze der Kirche: sie sammeln die Pfründe an und geben die Priesterämter und kirchlichen Würden würdelosen Priestern, leseunkundigen Kindern. Von daher kommt die Anmaßung der Häretiker, von daher die Verachtung der Herren und des Volks für Gott und seine Kirche. Die Prälaten sind in dieser Gegend das Gespött der Laien. Die Ursache des ganzen Übels aber liegt beim Erzbischof von Narbonne: dieser Mann kennt keinen Gott außer dem Geld, er hat nur einen Geldbeutel anstelle des Herzens. In den zehn Jahren, seitdem er im Amt ist, hat er seine Kirchenprovinz kein einziges Mal besucht, ja nicht einmal seine Diözese. Er hat sich für die Weihe des Bischofs von Maguelonne fünfhundert Goldmünzen zahlen lassen, aber als wir ihn gebeten haben, für die Christen des Orients Abgaben zu erheben, hat er uns nicht gehorcht. Wenn eine Kirchenstelle vakant wird, weigert er sich, sie neu zu besetzen, um selbst von den Einkünften zu profitieren. Er hat die Zahl der Chorherren von Narbonne um die Hälfte verringert, um sich die Pfründe anzueignen, und vakante Erzdiakonate verwaltet er ebenso selbst. In seiner Diözese sieht man die Mönche und Chorherren die Kutte an den Nagel hängen, mit Frauen leben, Wucher treiben, als Advokaten, Troubadoure oder Ärzte auftreten.«[14]

In den anderen Diözesen des Languedoc sah es nicht viel besser aus. Die Bischöfe von Auch, Béziers und Carcassonne galten ganz offen als Freunde der Häretiker. Selbst die Klöster waren keine sicheren Bastionen des rechten Glaubens mehr. Kurz vor dem Amtsantritt von Innozenz III. war die Abtei von Alet Mittelpunkt einer ungeheuerlichen Skandalgeschichte: Da hatte der katharische *croyant* Bertrand de Saissac, der anstelle des noch minderjährigen Sohns des verstorbenen Roger II. Trencavel die Vizegrafschaft regierte, die Wahl des neuen Abts für ungültig erklärt; dann hatte er die Mönche gezwungen, den verstorbenen Abt zu exhumieren und die Leiche den Vorsitz über eine neue Ratsversammlung führen zu lassen, die auf Druck des weltlichen Regenten dessen Wunschkandidaten wählte, einen korrupten Mönch; dem gelang es auch prompt, die Abtei durch Ausverkauf ihrer Besitzungen innerhalb eines Jahres zu ruinieren.[15]

Zu den nach wie vor streng geführten Klöstern zählte die Zisterzienserabtei Fontfroide, von wo aus die Umtriebe im nahegelegenen Narbonne seit langem argwöhnisch beobachtet wurden. Ein Mönch aus Fontfroide, Pierre de Castelnau, wurde schon bald nach dem Amtsantritt des neuen Papstes beauftragt, als Ortskundiger dem italienischen päpstlichen Legaten beizustehen. 1203 wurde Pierre de Castelnau selbst zum Ersten Legaten ernannt, und um seiner Mission mehr Nachdruck zu verleihen, zog der Abt der Mutterabtei Cîteaux Arnaud-Amaury, selbst mit durch die häretisch verseuchte Grafschaft. In Toulouse wurde der Okzitanier Castelnau so würdevoll empfangen, als hätte es nie Häretiker in der Stadt gegeben, und die Capitouls versprachen in Vertretung des vorsichtigerweise abwesenden Grafen Raimond, die Häresie, falls sich diese Scheußlichkeit tatsächlich einmal in der Stadt zeigen sollte, zu verfolgen und dem Legaten anzuzeigen. Doch der Zisterzienser aus Fontfroide kannte seine Pappenheimer und wußte, daß die Herren der Grafschaft schon immer alles versprochen und nichts gehalten hatten. In anderen Städten hielten es die Katharer nicht einmal für nötig, sich vor der Legation zu verstecken, wie in Carcassonne, wo sie vor ihr und dem König von Aragon ihre Doktrin verteidigten; und mit dem zweiten Teil der Mission, der Säuberung der Weltgeistlichkeit, kamen die Zisterzienser ebensowenig voran: der lebenslustige und geldgierige Erzbischof von Narbonne schied erst zehn Jahre später unter dem Druck der Waffen aus dem Amt.

Nach einer offensichtlich entmutigenden Inspektionsreise kreuz und quer durchs Languedoc trafen die Zisterzienser im August 1205 in Montpellier mit zwei spanischen Kollegen zusammen, dem Bischof von Osma, Diego de Acebes, und dem Subprior des Kapitels von Osma, Domenico de Guzman, genannt Dominikus. Auf dem Weg nach Rom hatten die Spanier mit eigenen Augen gesehen, wieweit die Ketzerei in der Grafschaft Toulouse vorangeschritten und wie tief die Moral des katholischen Klerus gesunken war, und sie waren mit einem ganz neuen Konzept der Ketzerbekämpfung bereits bei Innozenz III. vorstellig geworden, der ihr Vorgehen auch schon gebilligt hatte. So wie sie es anstellten, mußten sich Abt Arnaud-Amaury und Pierre de Castelnau von den spanischen Klerikern sagen lassen, konnten sie das schwankende Volk niemals zum rechten Glauben zurückführen: In vollem Ornat auf prächtigen Pferden daherkommen und dann den in Saus und Braus lebenden Prälaten ins Gewissen reden oder gar vor den schlicht auftretenden Häretikern die bessere Figur machen wollen, das mußte einfach scheitern. Sie, Diego und Dominikus, wollten mit gutem apostolischem Beispiel vorangehen, in evangelischer Armut zu Fuß das Land durchwandern und die Gläubigen nicht durch glänzende Insignien, sondern allein durch den Glanz der Predigt überzeugen. Kurzum, die Katharer sollten mit ihren eigenen Waffen, der ostentativen Übereinstimmung von Lehre und Leben, bekämpft und geschlagen werden.

Während Dominikus barfuß, im härenen Gewand und mit nichts als seinen Gebetbüchern im Gepäck die Ketzerregionen durchwanderte und dabei den einen oder anderen Katharer zum Abschwören brachte - zum Beispiel, so die Legende um den später kanonisierten Dominikus, seinen häretischen Gastwirt in Toulouse nach einer durchdiskutierten Nacht -, nahm in Rom die Idee einer rationelleren

INNOZENZ III.
Papst 1178–1180
Fresko von Giotto in der Grabeskirche von Assisi, frühes 14. Jahrhundert

Bekämpfung der Ketzerplage langsam Gestalt an. Innozenz III.
hatte 1202 einen großen Triumph erlebt, als es ihm gelang, die Fürsten zu einem neuen Kreuzzug zusammenzutrommeln, dem vierten;
aber dann kamen die Kreuzfahrer nicht einmal bis ins Heilige Land,
da die Venezianer, auf deren Schiffen sie fuhren, beizeiten abdrehten
und den ganzen Kreuzzug nach Konstantinopel umlenkten - für die
Kaufleute aus Venedig ein riesiger, ihnen bisher verschlossener An-
tiquitätenmarkt, den sie sich vom Kreuzheer erobern ließen. Der
»Heilige Krieg« war, wie Runciman sagt, »zu einer tragischen

Posse«[16] geworden, Handelsinteressen hatten über den Glaubenseifer den Sieg davongetragen; ein Geschenk immerhin brachten die
Kreuzfahrer nach Rom zurück, die abgefallene Kirche von Konstantinopel; Waffen und päpstliche Diplomatie sorgten zur gleichen Zeit
dafür, daß der häretische, bogomilische König von Bosnien mit seinem Hofstaat unter das römische Dach zurückkehrte. Angeregt von
diesen Erfolgen im Osten, schrieb Innozenz III. 1204 an den König
von Frankreich:

> »Du mußt den Grafen von Toulouse aus dem Land jagen, das er
> im Besitz hat, und es den Sektierern entreißen und es guten Ka-
> tholiken geben, die unter deiner glücklichen Herrschaft treu dem
> Herrn dienen können.«[17]

Der Papst hatte zwar nicht die Macht, einem König jedweden Befehl
zu erteilen, aber die Idee, die er mit dem Brief in die Welt setzte, löste
sich keineswegs in nichts auf; sie wartete nur auf ihre Zeit. Als hätten
sie gerochen, daß sich hinter dem Horizont etwas zusammenbraute,
was ihnen harte Zeiten bescheren könnte, sahen sich einige Katharer
aus der Grafschaft Foix nach möglichen Zufluchtsorten um. Raimond de Péreille, Sohn einer *parfaite*, besaß in einem abgelegenen
Winkel der Grafschaft eine seit langem verfallene Burg, Montségur;
auf Bitten seiner Glaubensgenossen ließ er die auf einem zwölfhun-
dert Meter hohen schroffen Felskegel gelegene Ruine wieder auf-
bauen. Das war 1204, im gleichen Jahr, in dem der Katharismus mit
dem spektakulären *consolamentum* von Philippa und Esclarmonde aus
dem Hause Foix seinen endgültigen Siegeszug in Okzitanien anzutreten schien.

Einstweilen trug der Kampf gegen die Häresie das Gewand des
Bettelmönchs Dominikus, der sich unbehelligt von seinen Gegnern
in einer ihrer Hochburgen, Fanjeaux[18], niederließ. Nach der St. Do-
minikus-Legende soll der Spanier allein durch die Überzeugungs-
kraft seiner Predigt ein Dutzend junger *parfaites* zum Auszug aus ihrem Gemeinschaftshaus und zum Eintritt in das von ihm gegrün-
dete, von der Kirche bezahlte Kloster Prouille bewegt haben; ob katharisch oder katholisch, machte für die bekehrten Frauen keinen
großen Unterschied, da sie ihre Tage weiterhin mit Handarbeiten
und Beten zubrachten; beim Vaterunser mußten sie ein wenig um-
lernen, und einmal im Jahr, an Ostern, durften sie Fleisch essen. Abgesehen von den verschiedenen Wundern, die Dominikus nachgesagt werden - dem Buchwunder und dem Wunder der Ähren, aus
denen Blut quoll, als sie von häretischen Bauern an einem heiligen
Feiertag geschnitten wurden - sind dem frommen Prediger dreizehn

Bekehrungen gelungen, acht bei Frauen und fünf bei Männern laut Aussagen vor der Inquisition.[19] Keine überwältigende Bilanz im Angesicht der sechshundert *parfaits*, die sich im Jahr 1206, zur Zeit von Dominikus' intensivster antiketzerischer Aktivität, zu einer öffentlichen Konferenz in Mirepoix versammelten.

Die katharischen Kirchen des Languedoc, ihrer Popularität und Unversehrbarkeit sicher wie nie zuvor, forderten Dominikus und Bischof Diego von Osma und die Zisterzienser zu öffentlichen Streitgesprächen heraus, auf der Basis der Waffengleichheit und unter Verzicht auf jegliche Sanktion. Bei einer solchen Debatte im häretischen Montréal (zwischen Carcassonne und Fanjeaux) erlebten die Katharer, was Duvernoy den »größten Erfolg ihrer Geschichte«[20] nennt: die unparteiische Schiedskommission weigerte sich, nach Prüfung der schriftlich dargelegten Argumente und Gegenargumente, den Katharismus als Häresie zu verurteilen, und der päpstliche Legat Pierre de Castelnau sah sich als Aushängeschild einer »Hure« und »Teufelsweib« genannten römischen Kirche verspottet.

Nicht nur der harte Zisterzienser Pierre de Castelnau muß nach solchen Demütigungen schäumend von dannen gezogen sein. Auch der sanfte und geduldige Dominikus stieß in seinem Kloster Prouille, der Keimzelle des späteren Dominikanerordens, finstere Drohungen aus, wie der Dominikaner Etienne de Salagnac später berichtete:

> »Seit mehreren Jahren, sagte er zu der in Prouille versammelten Menge, habe ich euch die Sprache des Friedens hören lassen. Ich habe gepredigt, gefleht, geweint. Doch wie der Volksmund in Spanien sagt: Wo der Segen nicht hilft, hilft der Stock. So werden wir die Fürsten und die Prälaten gegen euch aufbringen, und jene werden, ach! Nationen und Völker zusammenrufen, und viele werden durch das Schwert umkommen. Die Türme werden zerstört, die Mauern geschleift werden, und ihr werdet in die Sklaverei wandern. So herrscht die Gewalt, wenn die Sanftmut scheitert.«[21]

Ob der heilige Dominikus diese Worte nun gebraucht hat oder nicht, es steht außer Zweifel, daß der Bettelmönch zu diesem Zeitpunkt informiert war über das, was zwischen dem Papst, den Legaten, den papsttreuen Bischöfen und einigen weltlichen Herrschern ausgeheckt wurde. Denn er freundete sich schnell mit dem seit 1206 in Toulouse amtierenden Bischof Fulko an, dem ehemaligen Troubadour, der sich, wie so mancher Renegat, zu einem rasenden Hüter der Orthodoxie entwickelt und dadurch dem Papst empfohlen hatte. Von den Toulousanern mit solcher Feindseligkeit empfangen, daß sogar die Maultiere aus seinem Gefolge von Soldaten geschützt werden mußten, sah der neue Bischof dem Grafen von Toulouse genau auf die Finger und meldete, was ihm über Raimonds Mangel an katholischem Glaubenseifer zu Ohren kam, nach Rom. Was sich durch dominikanisches Predigen nicht hatte erreichen lassen, sollte durch Druck von oben erreicht werden: 1207 wurde Raimond VI. vom Legaten exkommuniziert, und Innozenz III. drohte, ihn durch einige Herren aus der Nachbarschaft der Grafschaft mit Gewalt zur Raison bringen zu lassen.

Die Exkommunikation war für den Herrscher über häretisch gestimmte Länder weniger schlimm als die Androhung militärischen Eingreifens. Im Januar 1208 bat Raimond den päpstlichen Legaten zu einer Aussprache auf sein Stammschloß Saint-Gilles in der Camargue. Das Zusammentreffen der beiden Kontrahenten nahm einen stürmischen Verlauf, trotz Raimonds Bereitschaft, sich ernsthaft um die Ketzerei in seinem Herrschaftsbereich zu kümmern. Die Arroganz des Legaten brachte den Grafen derart in Rage, daß er sich nur durch das gute Zureden des Abts von Saint-Gilles davon abbringen ließ, Pierre de Castelnau hinauszuwerfen. »Wohin du auch fährst, zu Land oder zu See, paß auf! Ich werde ein Auge auf dich haben«, soll der Graf dem Zisterzienser nachgerufen haben.[22] Pierre de Castelnau kam nicht mehr weit, wie Nikolaus Lenau in seinem Versdrama *Die Albigenser* erzählt:

> »Pierr' das Pferdgetrappel nicht beachtet,
> Das hinter ihm erschallt und näher trachtet.
> Da ruft ein Mann ›Toulous‹!' und in die Seite
> Stößt er dem Mönch den Speer und sucht das Weite.«[23]

Eine ungeheuerliche Provokation, unglaublicher noch als die Ermordung des Erzbischofs Thomas Becket auf Veranlassung des Königs Heinrich II. von England.

Obwohl es Raimond VI. nie nachzuweisen war, posaunte die päpstliche Propaganda in alle Welt hinaus, daß der Ketzerfreund aus Toulouse der wahre Mörder des frommen Zisterziensers Pierre de Castelnau sei.

Der Skandal von 1209:
Christliche Kreuzfahrer überfallen ein christliches Land

Schon zwei Monate nach dem Mord ließ Innozenz die große Aktion anlaufen, die er vier Jahre vorher in dem Schreiben an den französischen König angekündigt und durch Kontakte mit kleineren Herren aus dem französischen Norden sorgfältig vorbereitet hatte.

»Erhebt euch, Soldaten Christi! Erhebt euch, christliche Fürsten. Die Tränen der Kirche suchen dringend den Weg zu eurem Herzen . . . Erhebt euch und fällt das Urteil! Gürtet euer Schwert! Wacht über die Einheit des Königtums und der Kirche, bekräftigt von Moses und Petrus, von den Vätern beider Testamente. Verhindert den Ruin der Kirche in diesen Regionen. Kommt ihr zu Hilfe. Vernichtet durch Gewalt und Schwert diese Häretiker, die viel gefährlicher sind als die Sarazenen.«[1]

Mit diesen Worten rief der Papst zum Kreuzzug, zum Kreuzzug aber nicht gegen Ungläubige, sondern gegen Christen und gegen ein unter der Lehnsherrschaft des christlichen Königs von Frankreich stehendes Land. Das war nicht nur ein Bruch mit der seit dem 11. Jahrhundert verbindlichen Lehre, daß Kriegführen eigentlich sündhaft und nur im »Heiligen Krieg« statthaft sei, der sich gegen Feinde der Christenheit richtet.

»Das an jenem Märztag 1208 von Rom über das okzitanische Land verhängte Anathema«, schreibt Zoé Oldenbourg in ihrem klassisch gewordenen Buch *Le Bûcher de Montségur*, »zerreißt die Geschichte der katholischen Christenheit. Die Heiligung eines gegen ein christliches Volk geführten Krieges mußte für immer die moralische Autorität der Kirche zerstören und korrumpieren, bis auf das Prinzip dieser Autorität selbst.«[2]

Um einen radikalen Bruch handelte es sich jedoch nur insoweit, als der päpstliche Appell zum Waffengang gegen Christen mit abweichender Meinung in Form eines Kreuzzugsaufrufs erfolgte. Daß Häretiker mit Feuer und Schwert zu vernichten sind, war im Prinzip herrschende Lehre seit der Zeit, da das Christentum herrschende Lehre im römischen Staat geworden war.

Galten die frühen Christen im vorkonstantinischen Rom als Aufrührer gegen den Staat, die deshalb von Staats wegen strafrechtlich zu verfolgen waren, so kehrte das unter Konstantin gouvernemental gewordene Christentum das Recht sogleich gegen die Nichtchristen. Allerdings konkurrierten im Christentum selbst mehrere Richtungen miteinander, mit der Folge, daß die jeweils von der römischen Macht übernommene Variante sich als Staatsreligion aufspielte und sich ihrer Glaubenskonkurrenz mit staatlichen Zwangsmitteln zu entledigen versuchte. So war es lediglich eine Frage des Zeitpunkts, ob das nach dem Bischof Arius benannte arianische Christentum als staatlich geschützte Orthodoxie oder staatsabträgliche Häresie anzuschauen sei. Die Häretiker wurden sehr schnell genauso behandelt wie die Heiden: Ein halbes Jahrhundert nach der Regentschaft des ersten christlichen Kaisers Konstantin wurde 386 in Trier der häretische Bischof Priscillan zusammen mit sechs seiner Anhänger verbrannt. 392 verbot Kaiser Theodosius alle nichtkatholischen Kulte, Konzilsbeschlüsse wurden Staatsgesetze, und staatliche Gesetze erhielten durch Konzilsbeschlüsse sakrale Weihe.

Die Kirchenväter selbst schwankten zwischen Nachsicht und Härte. Lactantius im 4. Jahrhundert wollte sich von der Vorstellung eines Verfolgung leidenden Christentums nicht trennen und fürchtete, daß eine selbst Gewalt anwendende Religion befleckt und vergewaltigt würde. Augustinus, als ehemaliger Manichäer mit der Häresie bestens vertraut, führte im 5. Jahrhundert die subtile Unterscheidung zwischen gerechter und ungerechter christlicher Verfolgung ein, wie er den von der Orthodoxie bekämpften Donatisten erklärte:

»Diese (Kirche Christi) ist deshalb glückselig, weil sie wegen der Gerechtigkeit Verfolgung leidet, jene (Gottlosen) aber sind elend, weil sie wegen der Ungerechtigkeit Verfolgung leiden. Ferner verfolgt diese mit Liebe, jene aber mit Wut; diese um zu bessern, jene um auszurotten, diese um vom Irrtum wegzurufen, jene um in Irrtum zu stürzen.«[3]

Compelle intrare, zum Eintritt in die Orthodoxie zwingen, hieß die Kurzformel, auf die Augustinus den katholischen Umgang mit Abweichlern brachte. Damit war jede Art von Zwang bis zur Vernichtung der nicht Eintrittswilligen legitimiert. Die orthodox gewordene Lehre war die Wahrheit, die Abweichung davon Irrtum, der Irrtum ein Verbrechen. Jahrhundertelange Übung ließ schon fast selbstverständlich Scheiterhaufen aufschichten, sobald sich irgendwo eine christliche Minderheitsmeinung zu erkennen gab. Die *exterminare* genannte Strafe, das Aus-den-Grenzen-Verbannen der Störer, nahm unter der Hand die Bedeutung von Vernichtung an: Innozenz III. sprach im Zusammenhang mit den katharischen Abweichlern ganz offen von *extirpare*, ausrotten. Fünfzig Jahre früher hatte Bernhard von Clairvaux nach der Kölner Ketzerverbrennung in einem Brief an den Heiligen Stuhl noch Bedenken gegen die frommen Massaker angemeldet:

> »Das Volk von Köln hat das Maß überschritten. Wenn wir auch seinen Eifer billigen, so billigen wir doch nicht, was es getan hat, denn der Glaube ist das Werk der Überzeugung und nicht des Zwangs.«[4]

Bernhard war zwar heiliggesprochen, aber seine Worte gingen im Kreuzzugsfuror seiner zisterziensischen Nachfolger unter.

Mit dem Kreuzzug selbst dauerte es noch im Jahr 1208. Stalins Frage, wieviel Divisionen der Papst denn hätte, ließ sich auch damals nicht positiv beantworten. Aber der Papst besaß allerhand Lock- und Druckmittel, um eine Armee in Marsch zu bringen. Kreuzfahrern wurden die Bußen für ihre Sünden erlassen, und die Schulden von Kreuzfahrern durften während des Kreuzzugs nicht eingetrieben werden. Darüberhinaus hatte Innozenz III. den Rittern aus dem Norden Frankreichs noch vor der Ermordung Castelnaus den Mund wäßrig gemacht mit der Aussicht, nach gelungener Unterwerfung Okzitaniens Herren über südliche Ländereien zu werden. Der Herzog von Burgund, die Grafen von Bar-le-Duc, Blois, Nevers und der Champagne waren mit von der Partie. Der zugkräftigste Name aber fehlte noch: der des Königs von Frankreich, Philipp-August.

Der König hielt den Papst jedoch hin. Weil Innozenz soviel daran lag, daß ein veritabler König den Kreuzzug gegen die Grafschaft Toulouse anführte, stellte Philipp-August Bedingungen. Nur wenn der Papst ihm garantiere, daß England seine Angriffe gegen Frankreich einstelle, könne er Paris verlassen. Dann gab er zu bedenken, daß der Graf von Toulouse, im übrigen der Cousin des Königs, so lange seiner Länder nicht beraubt werden könne, wie ihm selbst keine Häresie nachzuweisen sei. Die geplante Invasion war außerdem eine Verletzung der königlichen Souveränität, da Raimond die Grafschaft als Lehen von Philipp-Augusts Gnaden regierte. Innozenz III. aber ließ nicht locker, schmeichelte dem König und unterbreitete ihm dann einen Kompromißvorschlag:

> »In deine Hände legen wir die Sache der Kirche Gottes. Die Armee der Gläubigen, die sich erheben, um die Häresie zu bekämp-

fen, braucht einen Führer, dem sie ganz und gar gehorcht. Wir flehen Deine Königliche Hoheit an, aus eigener Vollmacht einen tatkräftigen, klugen und loyalen Mann zu benennen, der unter deinem Banner die Verteidiger der heiligen Sache zum guten Kampf führt.«[5]

Philipp-August kam nicht einmal dieser Bitte nach und erlaubte außerdem nur fünfhundert Rittern aus dem Königreich, zum Kreuzzug in den Süden aufzubrechen. Die Ritter wählten einen der ihren, den erfahrenen Haudegen Simon de Montfort, zum militärischen Führer. Die politische Führung übernahm der Vertrauensmann des Papstes, der Abt von Cîteaux Arnaud-Amaury. Das war ganz im Sinne des Königs: die Kirche führte *ihren* Krieg, auf eigene Rechnung, die französische Krone hatte damit nichts zu schaffen.

Andererseits ließ sich Philipp-August auch von seinem Cousin Raimond nicht dazu bewegen, der Grafschaft gegen die Kreuzfahrer zu Hilfe zu eilen. Der Graf von Toulouse verhandelte nach allen Seiten, mit Kaiser Otto IV., dem Souverän seiner provençalischen Besitzungen, mit dem Abt von Cîteaux, vergeblich. Der Kreuzzug war beschlossene Sache, in den nördlichen Provinzen sammelten sich bereits die Ritter und angeworbenen Söldner. Wenn er seine Länder schon nicht retten konnte, so wollte Raimond VI. wenigstens die eigene Haut retten. Statt zusammen mit seinen ihm treu ergebenen Vasallen die Verteidigung der Gafschaft zu organisieren, entschied er sich für die bedingungslose Unterwerfung. Er erklärte sich nicht nur bereit, öffentlich Abbitte zu leisten, sondern auch selbst das Kreuz unter den Streitern für den rechten Glauben zu nehmen.

Die Abbitte war kein diplomatischer Akt, der hinter verschlossenen Türen vollzogen wurde. Die Kirche bot ihren ganzen Pomp auf, um die Demütigung des unbotmäßigen Grafen von Toulouse in eine Demonstration ihrer Macht zu verwandeln. Drei Erzbischöfe und neunzehn Bischöfe reisten im Juni 1209 nach Saint-Gilles, dem Stammsitz der Grafen von Toulouse. Am Eingang der Kirche wurden Reliquien aufgestellt, und in der Krypta stand der Sarkophag des ermordeten Pierre de Castelnau, als Mahnung an Raimonds Schuld. Durch die große Menge von Rittern, Klerikern und sonstigen Schaulustigen wurde der Graf geführt, im Büßergewand, mit nacktem Oberkörper, einen Strick um den Hals, in der Hand die Büßerkerze. Die andere Hand auf den Reliquienschrein gelegt, schwor Raimond VI. dem Papst und seinen Legaten unbedingten Gehorsam. Milon, der neue Legat Innozenz' III., nahm Raimonds umfangreiches Schuldbekenntnis ab, erteilte ihm die Absolution, geißelte persönlich den nackten Rücken des Grafen und warf ihm dann einen Umhang um, bevor er ihn zur Messe in die Kirche von Saint-Gilles führte. Die Grafschaft war mit Raimonds Unterwerfung aber noch lange nicht gerettet, obgleich der Graf dem Papst versprochen hatte, freiwillig sieben *castra* herauszugeben, darunter das Häretikernest Fanjeaux.

Unterdessen wälzte sich das Kreuzfahrerheer unaufhaltsam das Rhônetal hinunter. Am 20. Juli 1209 erreichte es Montpellier, die letzte sichere katholische Bastion vor dem Eintritt ins Ketzerland, verstärkt durch einen vom Erzbischof von Bordeaux angeführten Zug aus der Aquitaine. Von seinem mächtigen Bundesgenossen Raimond VI. verlassen - der hatte sich in Valence den Kreuzfahrern angeschlossen -, ritt der junge Herr von Béziers-Carcassonne, Raimond-Roger Trencavel, dem Kreuzheer entgegen, um es in letzter Minute vom Sturm auf Béziers abzuhalten. Sein oberster Chef Arnaud-Amaury aber blieb unerbittlich: Die Ketzergrafschaft mußte bestraft werden. Nachdem Trencavel das Kreuzheer gesehen hatte, die prächtig gerüsteten französischen Ritter mit ihrem Gefolge, die Massen der plünderungssüchtigen Söldner, die aus Spanien, Flandern, Bayern und Sachsen zusammengetrommelt worden waren, die das Heer begleitenden, es gegen die Gottlosen aufpeitschenden Prälaten, mußte er, als Ketzerfreund verschrieen, das schlimmste befürchten. Er zog sich in das besser befestigte Carcassonne zurück, von einigen Katharern und den Juden der Stadt begleitet, denn die Juden wußten aus Erfahrung, daß ihnen ihre Rechtsstellung nichts half, wenn im Zeichen des Kreuzes fanatisierte Krieger anrückten, denen Straf- und Sündenfreiheit zugesichert war.

Als das Kreuzheer zwei Tage später vor den Mauern von Béziers stand, boten seine Anführer den Ratsherren der Stadt, den Konsuln, an, Béziers zu verschonen, wenn alle Häretiker ausgeliefert würden. Der Rat lehnte ab, im Vertrauen auf die solide Befestigung der Stadt am Ufer des Orb. Eine Belagerung schienen die Bürger von Béziers leichter durchhalten zu können als die Belagerer selbst, denen viele der Kreuzfahrer ohnehin davonlaufen würden, wenn die zum Sündenablaß erforderlichen vierzig Kreuzzugstage verstrichen waren.

Zu einer regelrechten Belagerung kam es erst gar nicht. Aus lauter Übermut machte die Garnison von Béziers am hellichten Tag einen Ausfall, provozierte die Kreuzfahrer mit Geschrei und Fahnenschwenken, konnte sich aber nicht schnell genug hinter die Mauern zurückziehen, als die Kreuzfahrer ihnen nachsetzten. Gleichzeitig mit den letzten Milizen von Béziers drangen Söldner in die Stadt,

RAIMOND VI. ERHÄLT IN
SAINT-GILLES DIE ABSOLUTION

während andere die schlecht bewachten Mauern überstiegen. Von
den Kreuzfahrern durch die Gassen gejagt, flüchteten sich die Bewohner in die Kirchen; siebentausend sollen sich nach dem zisterzi-
enischen Chronisten Pierre des Vaux-de-Cernay allein in der Kirche
Sainte-Madeleine zusammengedrängt haben. In Kreuzzugszeiten
waren aber auch Kirchen kein Asyl mehr. Sämtliche Bewohner von
Béziers, Katholiken wie Katharer, Männer, Frauen und Kinder

wurden dort von den Kreuzfahrern abgeschlachtet. Ihr geistlicher Führer, der Abt Arnaud-Amaury, soll das Massaker nach dem Bericht des Kölner Zisterziensers Cäsarius von Heisterbach höchstpersönlich mit diesen Worten angeordnet haben: »Tötet sie, denn der Herr kennt die Seinen« (*Caedite eos, novit enim Dominus qui sunt eius*)[6].

Seit Béziers wußte jeder im Languedoc, was die Stunde geschlagen hatte. Das war nicht mehr, wie Duvernoy[7] bemerkt, die *guerra*, der

ANSICHT VON BÉZIERS

begrenzte Feudalkrieg, an den man sich längst gewöhnt hatte, weil er immer irgendwo im Gange war. Es war das *bellum*, der allgemeine Eroberungskrieg, den die Kriegsherren mit einem exemplarischen Massaker zu eröffnen pflegten: Barbarossa ließ zu Beginn eines lombardischen Feldzugs sämtliche Bewohner von Vicenza abschlachten und Mailand dem Erdboden gleichmachen, und Ludwig VII. von Frankreich richtete erst einmal in der Kirche von Vitry-le-François ein Blutbad an, bevor er eine eingeschüchterte Champagne eroberte. Und es war ein Kreuzzug: Unter dem Kreuz war alles erlaubt, kein Versprechen mußte gehalten werden, das Minimum an mittelalterlicher Kriegsordnung war außer Kraft gesetzt.

In Narbonne, der nächsten Station, hatte man die Lektion von Béziers verstanden. Häretiker gab es kaum in der Stadt, dafür reiche Juden, und gegen die Herausgabe des jüdischen Besitzes an den kreuzfahrenden Herzog von Burgund blieb Narbonne unbehelligt. Es war auch keine Zeit zu verlieren, denn das nächste strategische Ziel des Kreuzzugs, Carcassonne, mußte erreicht werden, solange das Kreuzheer noch vollzählig und angriffslustig war.

Anfang August 1209 rannte das Heer gegen die Stadt an der Aude an, eroberte auch zwei Vorwerke, scheiterte aber an der gut organisierten Verteidigung von Carcassonne, dessen Befestigungen als un-

einnehmbar galten. Raimond-Roger Trencavel hatte seine besten Kämpfer um sich versammelt, die Stadt war mit Vorräten reich versorgt. Aus diesem Grund drängten sich neben den Stadtbewohnern innerhalb der Mauern viele Landleute zusammen, die mit Kind und Vieh vor dem Kreuzheer geflohen waren. Für eine Bevölkerung von mehreren zehntausend Menschen reichten die Brunnen aber nicht aus. Das Vieh ging ein, und in der Hochsommerhitze begannen Seuchen zu wüten. Nach vierzehn Tagen militärisch erfolgloser Belagerung kapitulierte der Vizegraf vor Typhus und Durst.

Im Lager der Kreuzfahrer handelte Raimond-Roger Trencavel die Bedingungen der Übergabe von Carcassonne aus. Er stellte sich selbst als Geisel zur Verfügung, wenn nur die Bevölkerung von Carcassonne freien Abzug erhielt. Diese Zusage wurde sogar eingehalten, aber der Vierundzwanzigjährige wurde ins Verließ von Carcassonne gesteckt, wo er ein paar Monate später starb, eines nicht ganz natürlichen Todes, wie selbst Innozenz III. zugab.[8]

In Carcassonne stellte sich heraus, daß der Kreuzzug noch andere Ziele verfolgte als die Vernichtung der Häresie. Als die Führer der Kreuzfahrer die Bewohner von Carcassonne abziehen ließen - mit nichts auf dem Leib als dem Hemd, es sollte ja auch etwas zum Plündern in den Häusern bleiben - ließen sie auch die Katharer von Car-

cassonne davonziehen. Der antihäretische Furor konnte, je nach Bedarf, angeheizt oder zurückgehalten werden. Simon de Montfort, der
militärische Chef der Expedition, konnte im August 1209 kein großes
Interesse haben, die Okzitanier durch ein weiteres Massaker gegen
sich aufzubringen. Die vierzig ablaßwirksamen Kreuzzugstage waren vorüber, das ganze furchterregende Kreuzfahrerheer löste sich
auf. Im September hatte Simon de Montfort keine dreißig Ritter
mehr zu seiner Verfügung, mit dem entsprechenden Gefolge, versteht sich. Aber der kleine Baron aus der Ile de France hieß jetzt Vizegraf von Béziers und Carcassonne, mit allerhöchster Billigung des
päpstlichen Legaten.

Aus dem päpstlichen Kreuzzug wird
ein französischer Kolonialkrieg

Im Sommer 1209 wurde in Anwesenheit Simon de Montforts in Castres ein *parfait* verbrannt: der erste katharische Märtyrer seit Beginn des Kreuzzugs. Beim ersten Ansturm der Kreuzfahrer kamen die Katharer jedoch viel glimpflicher davon als die kleinen Ritter, die, zu Recht oder zu Unrecht als Ketzersympathisanten verdächtigt, von ihren Gütern verjagt und enteignet wurden. Die flüchtenden Katharer dagegen hatten nichts zu verlieren. Ihre Kirche besaß keine Immobilien. Der Besitz, den die *parfaits* bei ihrer Initiation mitbrachten, wurde in aller Regel zu Geld gemacht. Da die Katharer keine Einwände gegen den Geldverleih hatten, ließen sie ihr Kapital von geschäftstüchtigen Gläubigen verwalten oder deponierten es bei vertrauenswürdigen Bankiers; oder die gesammelten Münzen wurden an einem sicheren Versteck vergraben.

Das frühchristliche Erbe der verfolgten Untergrundkirche wirkte bei den Katharern nach: ihre Kirche war an ihrem Besitz nicht zu treffen. Die kleinen Feudalherren der Vizegrafschaft Béziers-Carcassonne, deren Grundherrlichkeit von den Kreuzfahrern annulliert wurde, waren dagegen nicht besser dran als die gemeinen Landstreicher, die raubend und bettelnd durch die Gegend zogen und sich dem erstbesten zahlenden Kriegsherrn verdingten. Als *faidits* (Geächtete) besaßen sie nichts mehr außer dem Schwert. Ein lebender Vizegraf Trencavel hätte aus ihnen eine Streitmacht gegen den geschrumpften Kreuzzug zusammenstellen können; aber der ebenso skrupellose wie weitsichtige Simon de Montfort hatte die Ritter ihres Oberhaupts beraubt. Manche der mittellosen *faidits* liefen schließlich zu den Invasoren über; andere nahmen im Angesicht des geschwächten Kreuzheers ihre Burgen wieder in Besitz.

Anfang 1210 erhielt Simon de Montfort die lange erwartete Verstärkung aus dem Norden und zeigte den Bewohnern der Trencavel'schen *castra*, wer jetzt der Herr im Lande war. Die Besatzung von Bram bei Carcassonne wurde nach dreitägiger Belagerung nicht einfach wie üblich abgeschlachtet: Montfort ließ den Gefangenen die Nasen abhacken und die Augen ausstechen und befahl einem, dem man ein Auge gelassen hatte, die Verstümmelten zur Festung Cabaret zu führen, damit deren widerspenstige Verteidiger sähen, was ihnen blühte. Im Juni 1210 stand das Kreuzheer vor Minerve, dem befestigten Hauptort des Minervois. Nach einem Monat Belagerung gingen die Lebensmittel aus, und der Herr der Stadt, Guillaume de Minerve, verhandelte über die Übergabe. Der Legat Arnaud-Amaury versprach freien Abzug, auch für die in der Stadt verbliebenen Katharer, *croyants* und *parfaits*, vorausgesetzt, sie kehrten zur katholischen Kirche zurück. Einer der französischen Kreuzfahrer gab zu bedenken, daß die Katharer ja nur zum Schein abschwören könnten und damit ihrem verdienten Schicksal entgingen. Der zisterziensische Chronist Pierre des Vaux-de-Cernay, dessen Bruder in seiner Eigenschaft als Abt an der Eroberung von Minerve teilnahm, hat die Antwort des päpstlichen Legaten überliefert, der seine Ketzer kannte: »Habt keine Angst, ich glaube, es werden nur wenige konvertieren.«[1] Und er behielt recht. Hundertvierzig Katharer wurden aus der Stadt geführt und auf dem Scheiterhaufen verbrannt, wobei der okzitanische Kreuzzugsbericht, die »Cansos de la Crusada«, anmerkt, man habe einen Teil der Ketzer im Sumpf ertränkt, um die an den strengen Geruch des Scheiterhaufens nicht gewöhnten Nasen der »Leute aus dem Ausland« zu schonen.[2]

Die Invasoren aus dem Norden fühlten sich nicht nur als Exekutoren des göttlichen Willens, sondern auch als Träger einer zivilisatorischen Mission in einem halbbarbarischen Land: nach einer Reise durch den Süden zeigte sich der Abt von Sainte-Geneviève bestürzt über die »Rohheit der Menschen Septimaniens«[3]. Mit Hilfe der deutschen, sächsischen, bayerischen, friesischen, bretonischen, normannischen, lombardischen und sonstigen Söldner, die die Reihen der frommen Kreuzfahrer auffüllten, brachte Simon de Montfort den Leuten Septimaniens auf seine Art Manieren bei. Das Rezept von Minerve schien sich zu bewähren: die Herren der *castra* waren zwar bereit, die Katharer zu beschützen, aber vor dem Scheiterhaufen schraken sie zurück, so daß der Kreuzfahrer Simon seine toten Ketzer und der Vizegraf Simon ein unzerstörtes *castrum* bekam.

An der Festung von Termes allerdings bissen sich die Kreuzfahrer die Zähne aus. Drei Monate lang, den ganzen Herbst des Jahres 1210 über, dauerte die Belagerung; die Lebensmittel der Belagerer wurden knapp, und die Hälfte der Mannschaften lief ihnen nach den vierzig obligatorischen Kreuzzugstagen davon. Als sie schließlich in Termes eindrangen, waren ihnen viele der Belagerten durch einen Hinterausgang entwischt, darunter die Mutter des Katharerbischofs von Carcassonne.

En l'an 1211 la ville de Lavaur ayant été assiégée par Simon de Monfort et ses croisés, très haute Dame Geralde pour récompense de sa belle résistance fut jetée vivante en un puits très profond fut ensuite recouverte de lourdes pierres tout ceci fut fait sur l'ordre du cruel baron

LAVAUR
Guiraude de Laurac wird in
den Brunnen geworfen und gesteinigt

Im Frühjahr 1211 setzte Simon de Montfort, unterstützt von kriegserfahrenen Bischöfen wie Philippe de Dreux, Bischof von Beauvais,
den Eroberungsfeldzug fort. Cabaret fiel ihm nach kurzer Belagerung in die Hände. Dann war Lavaur an der Reihe, gegen das Simon
de Montfort besonders erbittert anrannte, weil es von Aimery de

Montréal verteidigt wurde, einem der Ritter, die dem neuen Machthaber Treue geschworen hatten, und weil es ein Ketzernest war. Die
Stadt ergab sich nicht, erst nach zwei Monaten hatten die Kriegsma-
schinen der Kreuzfahrer eine Bresche in die Mauern geschlagen. Simon nahm furchtbare Rache an den Verteidigern: Aimery de Montréal und achtzig seiner Ritter wurden als Verräter gehenkt und, als
der Galgen zusammenbrach, hingeschlachtet. Die Kastellanin von
Lavaur, Guiraude de Laurac, Schwester Aimerys und Tochter der
parfaite Blanche de Laurac, selbst katharische *croyante*, wurde von den
Kreuzfahrern in einen Brunnen geworfen und darin zu Tode gesteinigt.

Auf dem Feld vor der Stadt rauchte am 3. Mai 1211 der größte
Scheiterhaufen des ganzen Kreuzzugs: vierhundert Katharer laut
den »Liedern vom Kreuzzug«, *parfaits* und *parfaites*, verbrannten bei
lebendigem Leib, unter dem »ungeheuren Jubel« der Kreuzfahrer,
wie die zisterziensische Chronik vermerkt; die feinen Nasen der Bischöfe, Mönche und Ritter aus dem Norden hatten sich offenbar an
den Gestank von verbranntem Fleisch gewöhnt.

Nach Lavaur kam der Triumphzug der Kreuzfahrer ins Stocken.
Zwar eroberten sie noch Cassès und erwischten dort einige Ketzer,
aber Simon de Montfort operierte dort nicht mehr in seiner Vizegrafschaft, sondern bereits auf dem Gebiet der Grafschaft von Toulouse,
und diese Intervention warf verwickelte Rechtsprobleme auf.

Raimond VI. war seit seiner Abbitte von Saint-Gilles und seinen
vierzig Kreuzzugstagen nicht mehr der gefährlichste Feind der katholischen Christenheit. Innozenz III. hatte dem Grafen schriftlich
versichert, daß aus ihm jetzt ein Beispiel für viele geworden sei, und
»daß wir nicht dulden werden, daß man euch Unrecht tut, wenn ihr
es nicht verdient.«[4] Raimond hatte in der Zwischenzeit mit dem
Papst selbst, mit dem König von Frankreich, dem deutschen Kaiser
und Peter von Aragon konferiert. Er war also keine Unperson mehr,
und auch ein Kreuzzug konnte nicht ohne weiteres über seine Länder herfallen. Simon de Montfort und die päpstlichen Legaten wußten allerdings ganz genau, daß sich das Gros der Katharer in die
Grafschaft Toulouse und in die in sie infeodierte Grafschaft von Foix
geflüchtet hatte. Um an sie heranzukommen, mußten sie nur ein
Mittel finden, um Raimond VI. kirchenrechtlich von neuem zu desa-
vouieren.

Kein Problem für die päpstlichen Juristen. Auf einem Konzil in
Arles präsentierten die Legaten Raimond einen Katalog von Forde-
rungen, die teils lächerlich, teils unerfüllbar waren:

»Auf seinem ganzen Gebiet werden nur zwei Arten Fleisch gegessen. Der Graf wird alle Burgen und befestigten Plätze abreißen
und dem Erdboden gleichmachen, ohne etwas stehenzulassen.
Keiner seiner ›Edelleute‹ und Adligen wird in einer Stadt oder einem Marktflecken wohnen: sondern auf dem Land, wie wenn sie
gemeine Leute oder Bauern wären.
Auf seinem gesamten Gebiet wird keinerlei Steuer erhoben . . .«[5]
Eine Aufforderung zum politischen Selbstmord: Die eigenen Vasallen aufs flache Land schicken und ihre Burgen demolieren. Am
Schluß wurde von Raimond verlangt, aus seiner Grafschaft zu verschwinden und übers Meer zu fahren, »per far la guerro contre les
Turcs infidels« - um Krieg gegen die ungläubigen Türken zu führen
- und so lange im Morgenland zu bleiben, bis der Legat ihm die
Rückkehr nach Toulouse gestattete. Von der Häresie war nur ganz
am Rande die Rede; es ging darum, den für den Kreuzzug hinderli-
chen Territorialherrn in die Knie zu zwingen. Der Graf konnte nur
ablehnen. Dafür traf ihn nicht nur die Exkommunikation; über Toulouse wurde außerdem das Interdikt verhängt.
Was das hieß, konnten die Toulousaner danach mit eigenen Augen sehen. Alle Kleriker der Stadt versammelten sich zu einem letzten Gottesdienst, verschlossen dann alle Kirchentüren, da unter dem
Interdikt keine Messen mehr gelesen und keine Sakramente erteilt
wurden, und zogen in einer Prozession, barfuß und mit umgedrehten
Kerzen in der Hand, aus der Stadt hinaus, angeführt von Bischof
Fulko, einem Erzfeind des - trotz allem gut katholischen - Raimond
und fanatischen Katharerverfolger.
»Wie kam es, daß der frohe Troubadour
Fulco sich hat gesellt dem Priesterorden,
Der Kirche Spür- und Hetzhund ist geworden,
Nachwitternd ohne Rast der Ketzerspur?«[6]
Der frühere Dichter hatte in Toulouse die »Confrèrie Blanche« ge-
gründet, eine fünfhundert Mann starke Todesschwadron, die mor-
dend, plündernd und sengend law and order durchsetzte, vor allem
bei Häretikern und Wucherern, das heißt Juden; gegen die weiße
Bruderschaft des Bischofs wiederum bildete sich in Toulouse unter
dem Namen schwarze Bruderschaft eine Art Bürgerwehr. Mit dem
Auszug Fulkos und seiner Priester verschwand auch die Terror-
truppe aus der Stadt; der Bischof stellte sie mit Sack und Pack dem
Kreuzheer zur Verfügung. Zuerst beteiligten sich die *frères blancs*
auch eifrig an der Vernichtung der Ketzer, doch dann regte sich ihr
patriotischer Geist; als der Kreuzzug auf Toulousaner Gebiet vor-

RAIMOND VI.,
Graf von Toulouse

drang, erinnerten sie sich, daß sie nicht nur katholisch, sondern auch Toulousaner waren, und schwenkten ins Lager des Grafen über.

Nachdem das Konzil von Arles die rechtlichen Hürden beseitigt hatte, führte Simon de Montfort offen gegen Raimond VI. Krieg. Er marschierte gegen die Hauptstadt Toulouse, aber für eine Belagerung der Stadt reichten seine Kräfte nicht aus. Das Kreuzheer zog kreuz und quer durch die Grafschaft, von Cahors im Norden bis vor Foix im Süden, eroberte einige *castra* und vergrößerte die Zahl der *faidits*, die dann zur Streitmacht des Grafen von Toulouse stießen. Der Graf von Foix und der Graf von Comminges im Südwesten von Toulouse eilten dem bedrängten Raimond zu Hilfe, und sogar der englische König sandte ein Kontingent kriegserfahrener Basken. Bei Castelnaudary trafen die feindlichen Armeen aufeinander, aber es gelang dem geschickten Strategen Simon de Montfort, der Umzingelung durch die zahlenmäßig überlegenen okzitanischen Streitkräfte zu entkommen. Bis zur winterlich bedingten Kriegspause kam es zu keiner Entscheidung. Städte und *castra* wurden von beiden Seiten erobert und zurückerobert.

Im Frühjahr 1212 erhielt das Kreuzheer beträchtliche Verstärkung. Angeführt von Bischöfen, Grafen und sogar dem König von Österreich schlossen sich bewaffnete »Pilger« aus Nordfrankreich, dem Rheinland, Westfalen und Friesland der von Simon de Montfort kommandierten und von päpstlichen Legaten wie Politkommissaren betreuten Armee an: Der Weg nach Carcassonne war immerhin nicht so weit wie nach Jerusalem, die Heilswirkung der Kreuzfahrt aber dieselbe. Nur war an diesem Krieg inzwischen nichts mehr heilig außer den Insignien, die ihm vorangetragen wurden: Simon de Montfort hatte ihn in einen Kolonialkrieg zugunsten der französischen Feudalaristokratie verwandelt.

Die Gesetze, die Simon de Montfort Ende 1212 für die von ihm eroberten Territorien verkündete, ließen daran keinen Zweifel. Als wäre er bereits der Herr über das gesamte Gebiet der okzitanischen Grafschaften, rief er die ihm ergebenen Ritter, Ratsherrn und die Bischöfe in seinem Winterlager in Pamiers zusammen und legte ihnen die neuen Statuten vor. Die Kirche war darin großzügig bedacht, ihre Privilegien und ihr Recht auf den Zehnten wurden garantiert. Dem gemeinen Volk wurden Steuererleichterungen versprochen. Die entscheidenden Bestimmungen betrafen die Grundherrlichkeit. Die französischen Barone, unter denen Simon die Ländereien der okzitanischen *faidits* verteilte, mußten sich im Gegenzug verpflichten, an allen vom neuen Grafen geführten Kriegen teilzunehmen und in einer Frist von zwanzig Jahren ausschließlich französische Ritter in den Kampf zu führen. Witwen oder Erbinnen von *castra* mußten die Erlaubnis des Grafen einholen, wenn sie heiraten wollten; es sei denn, der Glückliche war kein Einheimischer, sondern Franzose. Geerbt wurde in Zukunft nur noch nach dem französischen Erbrecht. Der Austausch des autochthonen durch den französischen Adel war nichts anderes als der Auftakt zur französischen Kolonisierung der *terrae linguae occitanae*.

Papst Innozenz III. war nicht entgangen, daß der Kreuzzug gegen die Häresie wenig, die Eroberung reicher Ländereien dafür um so mehr Fortschritte machte. Er schrieb an Arnaud-Amaury, der inzwischen Erzbischof von Narbonne geworden war und sich außerdem den Titel eines Grafen zugelegt hatte:

»Füchse verwüsteten in der Provinz den Weinberg des Herrn.

Man hat sie gefangen. Heute geht es darum, einer bedrohlicheren Gefahr zu begegnen . . .«[7]

Welcher Gefahr? Raimond VI. war außer Landes, er verbrachte den Winter 1212/13 zusammen mit dem Grafen von Foix am Hof des Königs Peter von Aragon. Obgleich Lehnsherr der Vizegrafschaft Béziers-Carcassonne, hatte sich Peter II. bislang geweigert, zugunsten seiner Vasallen im Languedoc gegen Simon de Montfort einzugreifen. Von ihm drohte also keine Gefahr für das Kreuzzugsunternehmen. Seit dem Sommer 1212 war er aber kein kleiner König mehr, sondern der Held des christlichen Abendlands: Am 16. Juli hatte er bei Las Navas de Tolosa die Mauren vernichtend geschlagen und in den Süden der iberischen Halbinsel abgedrängt. Damit war Peter für das 13. Jahrhundert das geworden, was Karl Martell, der Sieger von Poitiers, für das 8. Jahrhundert war. Und mit diesem Retter der Christenheit vor den Ungläubigen saß der als Ketzerfürst verfolgte Graf von Toulouse an einem Tisch, ja er brachte ihn sogar im Januar 1213 nach Toulouse mit, wo der Sieger von Las Navas und Schwager Raimonds VI. begeistert empfangen wurde.

Es entstand ein Briefwechsel mit dem Papst, der es mit dem Christenkrieger Peter von Aragon nicht verderben und zugleich den Kreuzzugsstrategen Simon de Montfort nicht fallenlassen wollte. Im Januar 1213 war er nahe daran, den Kreuzfahrern die Gunst zu entziehen:

»Der illustre König von Aragon hat unsere Aufmerksamkeit darauf gelenkt, daß Du, über Deine Erhebung gegen die Häretiker hinaus, die Waffen der Kreuzfahrer gegen katholische Bevölkerungen gerichtet hast; daß Du das Blut Unschuldiger vergossen und widerrechtlich in die Länder der Grafen von Foix, von Comminges und Gaston de Béarns, seiner Vasallen, einmarschiert bist, obgleich die Völker dieser Länder der Häresie keinesfalls verdächtig waren. Da wir den König weder in seinen Rechten einschränken noch ihn von seinen lobenswerten Absichten abbringen wollen, legen wir Dir auf, ihm und seinen Vasallen alle Güter zurückzugeben, die Du besetzt hast, damit es nicht heißt, daß Du zu deinem eigenen Vorteil gewirkt hast und nicht für die Sache des Glaubens.«[8]

Der Adressat Simon de Montfort ließ sich von Innozenz III. nicht im geringsten beirren. Er versammelte vielmehr die Legaten und Bischöfe zu einem Konzil in Lavaur, dem Ort seines größten Triumphs über die Häresie, und ließ sich von ihnen den Rücken stärken. Der Papst fernab in Rom hatte ja keine Ahnung. Nach ein paar Monaten hatten die Legaten Innozenz tatsächlich soweit, daß er Simons Eroberungspolitik grünes Licht gab. Jetzt war es König Peter II. von Aragon, der vom Heiligen Stuhl verwarnt und im Fall der weiteren Unterstützung des Grafen von Toulouse mit den schwersten Kirchenstrafen bedroht wurde:

»Das sind die Befehle, denen genauestens zu entsprechen Deine Hoheit aufgefordert wird, andernfalls werden wir gezwungen sein, Dich mit dem göttlichen Unwillen zu bedrohen und gegen Dich Maßnahmen zu ergreifen, die Dir einen schweren und nicht wieder gutzumachenden Schaden zufügen würden.«[9]

Peter II. blieb dennoch entschlossen, an der Seite Raimonds VI. in den Kampf gegen Simon de Montfort zu ziehen, vielleicht nicht aus lauter Freundschaft mit dem Grafen von Toulouse, dessen Vorfahren dem Hause Aragon alles andere als Freundschaftsdienste geleistet hatten. Auf dem Spiel stand die *paratge*, jene in den Ländern okzitanischer Zunge (also auch Aragon) besonders hochgehaltene und von den Troubadouren besungene Auffassung von den Adelspflichten, die nicht einfach mit den feudalen Abhängigkeiten zusammenfielen. Hätte der König tatenlos zugesehen, wie der Baron aus de Ile de France mit seinen Kreuzfahrern in den Territorien wütete, deren Herren ihm, dem König von Aragon, gehuldigt hatten, wäre er des Bruchs der Lehnstreue schuldig geworden. Sie stand bei ihm offenbar höher im Kurs als der Gehorsam eines katholischen Fürsten gegen den Papst.

In Aragon und Katalonien rief Peter II. seine Krieger zusammen und führte sie in die Grafschaft Toulouse. Bei Muret an der Garonne oberhalb der Kapitale kam es am 12. September 1213 zur Schlacht mit der zahlenmäßig weit unterlegenen Streitmacht Simon de Montforts. Dafür war das Kreuzheer einheitlich geführt und folgte einer genau durchdachten Taktik, während sich die Anführer der Aragonenser und Toulousaner Truppen über die einzuschlagende Taktik zerstritten. Der ohnehin nicht sehr kriegerisch gesinnte Raimond plädierte dafür, Montfort bis vor das eigene befestigte Lager zu locken, ihn dann auf breiter Front anzugreifen und in die Burg von Muret zu treiben, wo er dann in Ruhe belagert werden könnte. Der kämpferische König von Aragon aber dachte nur an die glanzvolle Offensive. Mit seiner katalonischen Reiterei löste er sich aus dem Gros der Koalitionsarmee und stürmte den Reitern Simon de Montforts entgegen, er selbst an vorderer Front. Darauf hatten die französischen Ritter gerade gewartet: Auf die Person des Königs konzentrierten sie die Gegenattacke. Der Kampfgeist wurde Peter II. zum

Verhängnis; von seinen Begleitern abgedrängt, wurde er bald vom Pferd gestoßen und getötet.

Die bunt zusammengewürfelte okzitanische Streitmacht hatte keinen Anführer mehr, und die Söldner Simon de Montforts richteten unter den kopflos fliehenden Toulousaner Milizen ein Blutbad an. Nach dem Sieg von Muret hatte das Kreuzheer freie Hand in den okzitanischen Grafschaften. Simon de Montfort ließ das Heer wie früher umherziehen, ein *castrum* nach dem anderen erobern und fette Beute machen, während gleichzeitig die Zahl der ihm huldigenden Herren zunahm. Nur in den provençalischen Besitzungen des Grafen von Toulouse stieß er auf Widerstand. Auf der anderen Seite der Rhône kam der landhungrige Baron immerhin heiratspolitisch voran: Durch die Eheschließung eines seiner Söhne mit der einzigen Erbin des Dauphiné fiel der Familie Montfort ein weiterer hübscher Brocken zu.

Der militärisch geschlagene Raimond antichambrierte unterdessen bei seinem Schwager Johann Ohneland und bei Philipp-August, aber beide waren zu sehr mit ihrem eigenen Streit beschäftigt - den der französische König durch den Sieg bei Bouvines im Juli 1214 militärisch für sich entschied - um gegen die Verletzung ihrer Lehnsrechte dort unten im Süden einzuschreiten. Dann griff Raimond zu dem letzten Mittel, das ihm noch blieb, um die Herrschaft über die Grafschaft zu behalten: Er unterwarf sich dem neuen päpstlichen Legaten Peter von Benevent, versprach, die Häresie in seinem Gebiet energisch zu bekämpfen und Buße für seine vergangenen Verfehlungen zu leisten, und bot zu guter Letzt seine Abdankung zugunsten seines siebzehnjährigen Sohnes an.

Der Legat nahm Raimonds Unterwerfung an; vielleicht sah sich Simon de Montfort deshalb gezwungen, bei seinen Raubzügen, die er im Zeichen des Kreuzes das Jahr 1214 über ungehindert unternahm, um Toulouse selbst einen Bogen zu machen: Denn mit dem Einmarsch in die Hauptstadt hätte er in das Hoheitsrecht des Papstes eingegriffen, der Raimond VI., zumindest dem Wortlaut nach, in seinen Rechten bestätigte. Seinem Ziel, Herr über alle okzitanischen Territorien zu werden, kam Simon de Montfort sehr bald entscheidend näher, und zwar mit allerhöchstem Segen.

Bevor 1215 das lange erwartete ökumenische IV. Laterankonzil einberufen wurde, fand in Montpellier ein kleineres Vorkonzil statt. Unter dem Vorsitz des Legaten Peter von Benevent erklärten die anwesenden Bischöfe und Erzbischöfe der okzitanischen Diözesen einstimmig Raimond VI. für abgesetzt. An seiner Stelle wurde ebenso einstimmig Simon de Montfort als Herr über die vakante Grafschaft eingesetzt, aber nicht als Graf von Toulouse, sondern, mit dem Phantasietitel *dominus et monarcha*, als eine Art weltlicher Statthalter des Papstes. Mehr versprach sich der Sieger von Muret vom großen Konzil im November des gleichen Jahres.

Die beiden Patriarchen von Jerusalem und Konstantinopel, die einundsiebzig Erzbischöfe, vierhundertzehn Bischöfe, achthundert Äbte und zahllosen Gesandten der christlichen Fürsten, die Innozenz III. im römischen Lateran zu dieser internationalen Mammutkonferenz zusammenrief, beschäftigten sich nicht gleich mit dem Tagesordnungspunkt Toulouse. Das Thema Häresie aber stand im Mittelpunkt zahlreicher Beschlüsse. Mit Exkommunikation und Interdikt wurde bedroht, wer die Ketzerei nicht mit größtem Nachdruck verfolge. Das Konzil zog aus dem bisherigen Verlauf des Ketzerkreuzzugs die Lehre, daß die blutige Repression allein nicht genügte, daß präventive Maßnahmen ergriffen werden mußten. So wurde jeder Katholik verpflichtet, mindestens einmal im Jahr zur Beichte zu gehen, was der Kirche, Beichtgeheimnis hin und her, die Möglichkeit gab, eine sich anbahnende Häresie frühzeitig zu erkennen. Und da die Gipfelkonferenz schon einmal dabei war, die Verfolgung abweichender Minderheiten zu behandeln, verschärfte sie die Bestimmungen gegen die Juden: damit sie nicht mit den Christen verwechselt werden könnten, womöglich bis hin zur schändlichen fleischlichen Vereinigung, mußten die Juden fortan eine besondere Kleidung tragen[10].

Dann kamen die Toulousaner Angelegenheiten zur Sprache. Raimond VI. und seine Vasallen wehrten sich mit Händen und Füßen gegen die von Bischof Fulko erhobene Anschuldigung, etwas mit der Häresie zu schaffen zu haben und sie in ihren Gebieten zu dulden. Da nun alle Welt wußte, daß gut die Hälfte der Familie des Grafen von Foix katharisch war, nützte es dem Grafen Raimond-Roger nicht viel, daß er seine *parfaite* gewordene Schwester Esclarmonde als »schlechte Frau und große Sünderin« verurteilte. Alle Interventionen der Grafen bei ihren Lehnsherren halfen nicht; am 14. Dezember 1215 faßte das IV. Laterankonzil diesen Beschluß:

»Raimond, Graf von Toulouse, der in diesen Artikeln (häretische Umtriebe betreffend) schuldig befunden worden ist und der, wie sichere Anzeichen beweisen, seit langem nicht mehr imstande ist, das Land im Glauben zu regieren, sei dort auf immer und ewig von seiner Herrschaft ausgeschlossen, deren Last er nur allzusehr hat spüren lassen; er soll an einem angemessenen Ort außerhalb des

Landes bleiben, um dort eine seinen Sünden entsprechende Buße zu leisten; dennoch soll er pro Jahr 400 Silbermark für seinen Unterhalt bekommen, solange er demütig gehorcht. Alle Gebiete, die die Kreuzfahrer den Häretikern, ihren Gläubigen, Agenten und Hehlern abgenommen haben, werden, zusammen mit der Stadt Montauban und der Stadt Toulouse, der von der Häresie am schlimmsten heimgesuchten, dem Grafen von Montfort, dem tapferen und katholischen Mann, gegeben, der in dieser Sache mehr als jeder andere geleistet hat, um sie für die zu halten, für die er sie rechtmäßig halten soll. Der Rest des Landes, der von den Kreuzfahrern nicht erobert worden ist, wird gemäß der Verordnung der Kirche der Aufsicht von Leuten anvertraut, die imstande sind, die Interessen des Friedens und des Glaubens zu vertreten und zu verteidigen . . .«[11]

Damit hatten die Konzilsteilnehmer den Eroberungsfeldzug eines kriegerischen französischen Barons nicht nur abgesegnet, sondern auch einem rein militärischen Sieg die Weihe eines spirituellen Triumphs verliehen. Die Herren und Untertanen der okzitanischen Länder wurden nicht anders behandelt als die Opfer der Kreuzzüge ins Heilige Land: als rechtlose Nichtmenschen. Könige, Ritter und Ratsherren beugten sich dem Machtspruch des Konzils, das sich souverän über alle Rechtsgrundlagen der Feudalbeziehungen hinwegsetzte. Im Januar 1216 huldigten die *capitouls* von Toulouse dem neuen Grafen von Toulouse und Montfort. Kurz darauf bestätigte der französische König, de jure immer noch Lehnsherr der Grafschaft, Montfort in seiner von der Kirche verliehenen Würde.

»Roma tan es grans	Rom, so groß ist
la vostra forfaitura	euer Rechtsbruch,
Que Dieu e sos sans	daß ihr Gott und die
en gitatz o non cura.	Heiligen mißachtet.
Tan etz mal renhans	Ihr seid so verworfen,
Roma falsa e tafura	falsches und verbrecherisches Rom,
Per qu' en vos s'escon	deshalb versteckt sich bei euch,
Es magr'e's cofon	schrumpft und verschwindet
lo jois d'aquest mons	die Freude dieser Welt,
e faitz gran desmezura	und ihr treibt es zu weit
del comte Raimon.«	mit dem Grafen Raimond[12]

Die Katharer geben nicht auf, aber Toulouse gibt klein bei

Ein kleines Trostpflaster hatte das Laterankonzil den Toulousaner Grafen mitgegeben: In den provençalischen Besitzungen von Toulouse, die nicht von den Kreuzfahrern besetzt worden waren, sollte der Sohn Raimonds regieren dürfen, falls er diese Großzügigkeit verdiente.

Der »junge Graf«, Raimonds einziger Sohn, kam gewissermaßen nach Hause, als er im April 1216, aus Rom kommend, in Marseille landete. Daß er seinen Vater mitbrachte, den das Konzil gerade in die Verbannung geschickt hatte, störte dort offenbar niemanden. Im Gegenteil, Raimond wurde nach wie vor als Graf behandelt, eine Delegation aus Avignon hieß ihn als »Graf von Saint-Gilles«, wie sein offizieller Titel lautete, in ihrer Stadt willkommen. »Christus, ruhmreicher Herr, gebt uns die Macht und die Kraft, beiden ihr Erbe zurückzugewinnen«, sollen die Bürger von Avignon laut den »Cansos de la crusada« beim Einzug Raimonds VI. gebetet haben. Als er die Stadt verließ, begleitete ihn eine bewaffnete Eskorte. Andere Städte der Provence schickten ebenso Kontingente zu seiner Unterstützung. Die Nachricht von Raimonds Rückkehr lockte die *faidits*, die durch den Kreuzzug landlos gewordenen Ritter, aus ihren Schlupfwinkeln, und die Aussicht auf Kampf und Beute zog wie üblich die umherziehenden *routiers* an. Im Nu war eine Streitmacht beisammen, und die Idee, die verlorene Grafschaft militärisch zurückzuerobern, erschien auf einmal realisierbar.

Vater und Sohn gingen planvoll zu Werk. Während Raimond VI. nach Aragon davonzog, um Verstärkung zu erbitten, führte der »Comte jeune« die provençalischen Truppen über die Rhône und überrannte mit ihnen den ersten Stützpunkt Montforts, die Stadt Beaucaire. Die französische Besatzung wurde in der Burg eingeschlossen und solange belagert, bis Simon de Montfort vor der Stadt erschien. Die Belagerer waren nun ihrerseits belagert, ohne daß es dem alten Haudegen aber gelang, den jungen Raimond zum Aufgeben zu zwingen. Am Schluß mußte er seinem neunzehnjährigen Herausforderer sogar freien Abzug gewähren, da er die Nachricht erhalten hatte, daß der alte Raimond im Begriff sei, die Pyrenäen in Rich-

Religio Christi tanto se vindice iactat
Armis quo major nec pietate fuit.

SIMON DE MONTFORT
Nach einem Kupferstich des 17. Jahrhunderts

tung Toulouse zu überqueren. Das Manöver der Toulousaner hatte Erfolg.

Raimond VI. hütete sich jedoch, nach den Erfahrungen von Muret, Montfort in offener Feldschlacht zu begegnen; er blieb hinter den Bergen. Montfort seinerseits rächte sich für seine Niederlage an seiner eigenen Hauptstadt, ließ ihre Befestigungen niederreißen, in ihren reichsten Vierteln Feuer legen und drohte den aufmüpfigen Toulousanern, den Rest der Stadt zu zerstören, wenn sie ihm nicht dreißigtausend Silbermark zahlten. Im Sommer 1216 geriet Monfort in die Klemme, denn Innozenz III. war gestorben, und der Nachschub für den Kreuzzug blieb aus. Erst 1217, nach der Einarbeitung des neuen Papstes Honorius III. in das Amt, brachten französische Bischöfe frische christliche Milizen in den Süden. Montfort ließ sie keineswegs gegen die Ketzer antreten, sondern stieß mit ihnen in Territorien jenseits der Rhône vor, die nie der Häresie verdächtig gewesen waren. Die Kirche hatte inzwischen Übung darin, die Raubzüge des »mutigen und katholischen Mannes« mit dem Kreuzeszeichen zu heiligen. Sie machte auch keine Umstände, eine heilige Ehe zu annullieren, wenn diese den Territorialplänen Montforts im Weg stand, wie im Fall der verheirateten Erbin von Bigorre, die einer der Montfort-Söhne bekommen sollte.

Im September 1217 erreichte die Kreuzfahrer die unglaubliche Nachricht, daß Raimond VI. sich unbemerkt an Toulouse herangeschlichen habe und in seiner alten Hauptstadt unter dem Jubel der Bevölkerung eingezogen sei.Montfort rannte vergeblich gegen die von Raimond und seinen Vasallen verteidigte Stadt an und mußte tatenlos zusehen, wie die Toulousaner die von ihm abgerissenen Befestigungen wieder aufbauten.

»Nie sah man in einer Stadt reichere Arbeiter, denn dort arbeiteten Grafen und alle Ritter, Bürger und Bürgerinnen, Händler, Männer und Frauen, die Hofmünzer, die Jungen und die Mädchen, die Sergeanten und die Fußsoldaten, jeder trägt Hacke oder Schaufel . . In der Nacht sind alle auf Wache; die Lichter und Fackeln beleuchten die Straßen, Trommeln, Glocken und Hörner machen Lärm. Die Mädchen und die Frauen zeugen mit Liedern und Tänzen, gesungen nach einer fröhlichen Melodie, von der allgemeinen Freude«, berichten die »Lieder vom Kreuzzug«[1].
Freudenschreie brachen aber auch aus, wenn gefangene Franzosen mit ausgestochenen Augen und abgeschnittenen Zungen durch die Gassen geführt oder hinter Pferden hergeschleift wurden. Montforts Streitmacht war zu klein, um einen lückenlosen Belagerungsring um

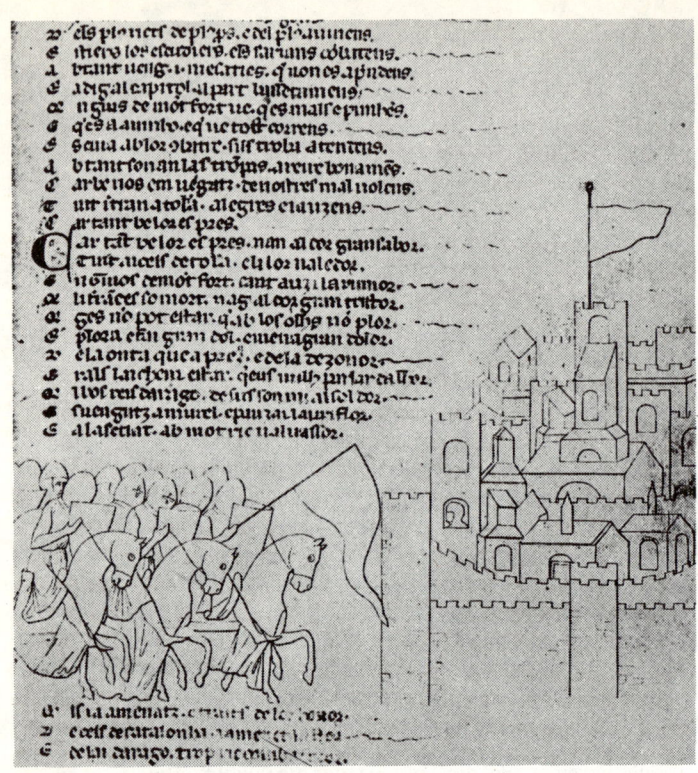

DIE BELAGERUNG VON TOULOUSE
Miniatur aus dem Guilhem de Tudela,
Chanson de la Croisade

die Stadt zu ziehen. Über die Garonne regelmäßig versorgt, trotzte
Toulouse Monat für Monat der Belagerung. Als im Frühjahr 1218
neue Kreuzfahrer zu den Belagerern stießen, bereitete Montfort den
Sturm auf die Stadt vor. Er ließ eine »Katze« bauen, einen fahrba-
ren, fünf Etagen hohen hölzernen Turm, von dessen oberster Platt-
form Bogenschützen hinter die Stadtmauern schießen konnten. Die
Toulousaner aber hatten inzwischen wirkungsvolle Schleuderma-
schinen entwickelt und beschädigten die Katze schwer, bevor sie
richtig zum Einsatz kam. Bei einem erneuten Angriff auf die Stadt
wurde Simon de Montfort am 24. Juni 1218 von einem gewaltigen

Steinbrocken getroffen, der, wie die »Cansos« behaupten, von einer durch »Fräulein und Damen« bedienten Maschine abgeschossen worden war. Er starb auf dem Schlachtfeld.

> »Montfort
> Es mort
> Es mort
> Es mort!
> Viva Tolosa
> Ciotat gloriosa . . .«

sangen die Toulousaner. Sie konnten noch nicht sehen, daß hinter dem toten Montfort ein Schatten heraufzog, der das ruhmreiche Toulouse für immer verdunkeln würde: die Konturen des französischen Königreichs. Philipp-August schien zunächst nicht viel Aufhebens um das Schicksal zu machen, das die Toulousaner seinem Vasallen Simon de Montfort bereitet hatten. Auf dem Kreuzzug, der sich bald darauf nach Süden in Marsch setzte, ließ er sich von seinem Sohn Ludwig, dem designierten Thronfolger, vertreten, der seinerseits keine größeren Ambitionen entwickelte, als seine vierzig Pflichttage kreuzzufahren.

Es war einer der bestausgerüsteten Kreuzzüge, die sich je auf den Weg in den Süden begeben hatten. Zwanzig Bischöfe und dreißig Grafen führten ihn an. Den Eintritt in die Grafschaft Toulouse feierten die Kreuzfahrer mit dem bewährten Einschüchterungsmassaker, dem die Stadt Marmande mitsamt ihren Bewohnern zum Opfer fiel. Doch nach zehn Jahren Krieg funktionierte die Einschüchterung nicht mehr richtig. Toulouse war alles andere als kapitulationsbereit, als das Kreuzheer Mitte Juni 1219 vor den Mauern erschien; der »junge Graf« Raimond ließ die Stadt so erbittert verteidigen, daß das Kreuzheer nach sechs Wochen wieder abzog. Die Verteidigung der Montfort'schen Interessen war jetzt Simons Sohn Amaury überlassen, der es nicht verhindern konnte, daß die okzitanischen Herren nach und nach die Länder wieder in Besitz nahmen, die der alte Montfort ihnen abgejagt hatte.

Und Raimond und seine Vasallen nahmen Rache für die früheren Massaker. Lavaur eroberten sie zurück und metzelten die französische Garnison nieder. Mit Castelnaudary wurde das Tor zum Carcassès zurückgewonnen, bald darauf fiel Montréal, die alte Katharerhochburg, an ihre früheren Herren zurück. Nach dem Tod Raimonds VI. im Jahr 1222 trieb der neue Graf von Toulouse, Raimond VII., die französischen Besatzer in der Grafschaft so sehr in die Enge, daß Amaury de Montfort sich gezwungen sah, um einen Waffenstillstand zu bitten. Die Gegner kamen überein, die Regelung ihrer Streitigkeiten einem Konzil anzuvertrauen, an dem der französische König teilnehmen sollte. Philipp-August aber lag im Sterben, und die Entscheidung wurde vertagt. Der von Geldnot geplagte Montfort versprach Raimond, sich aus der Grafschaft zurückzuziehen, wenn ihm nur einige wenige Plätze gelassen würden, und verpfändete seine eigene Verwandtschaft. Der inzwischen erwachsene Sohn des ermordeten Raimond-Roger Trencavel zog wieder in Carcassonne ein; in Okzitanien schien die gute alte Zeit vor dem Kreuzzug wiederzukehren.

In Wahrheit hatte Amaury de Montfort die okzitanischen Länder an jemanden verkauft, der das Werk seines Vaters zu vollenden versprach: an Ludwig VIII. von Frankreich. Während sich die okzitanischen Herrn im Rausch ihrer wiedergewonnenen Unabhängigkeit bewegten, dienten sie insgeheim schon einem anderen Herrn. Raimond VII., der populäre Sieger von Beaucaire und Toulouse und gut katholische Herrscher spürte bald, daß der Wind umgeschlagen war: Auf einem Konzil in Bourges 1226 wurde er, unter der gewöhnlichen Beschuldigung, die Häresie zu favorisieren, exkommuniziert. Das war nur der Auftakt zu der nächsten kirchlich-weltlichen Parallelaktion: Papst Honorius III. drängte den französischen König, gegen den Exkommunizierten das Kreuz zu nehmen, und Ludwig VIII. kam es gelegen, die militärische Eroberung der okzitanischen Territorien von der Kirche mitfinanziert und geheiligt zu sehen.

Der Kreuzzug von 1226 wälzte sich, wie der Kreuzzug von 1209, durchs Rhônetal nach Süden, und weil man sich dort noch gut an die Schlächterei von Béziers erinnerte, beeilten sich die am Weg liegenden Städte, Orange, Nimes, Arles, Tarascon, Marseille einschließlich Béziers, dem französischen König zu huldigen. Nur Avignon machte vor dem Kreuzheer die Tore dicht und ließ sich drei Monate lang belagern, bevor sich die Stadt unterwarf. Carcassonne warf Raimonds treueste Vasallen, den Grafen von Foix und den Vizegrafen Trencavel, aus der Stadt, als sich das Kreuzheer näherte. Reihenweise schworen die Herren der okzitanischen *castra* dem französischen König Treue. Ohne größeres Blutvergießen fiel ihm ein erheblicher Teil der Besitzungen in die Hände, auf die er rechtlichen Anspruch erhob. Allerdings hatte Ludwig VIII. keine Gelegenheit mehr, die Aufrichtigkeit all dieser überraschenden Huldigungen auf die Probe zu stellen: Während des Rückmarschs der Kreuzfahrer durch die Auvergne erlag er im November 1226 einer tödlichen Krankheit. Toulouse und die südlichen Landesteile waren bei der Eroberungstour ausgespart worden, vorerst.

TOD SIMON DE MONTFORTS
am 24. Juni 1218
Aus einem heutigen französischen Comic-strip

Gerade dort und im Kreuzzugsjahr 1226 rührte sich sichtbar die Häresie, die den Vorwand für Kreuzzüge, Eroberungskriege und Konzilsbeschlüsse geliefert hatte. Sie war nicht zum bloßen Phantom geworden, das sich nach Belieben hervorzaubern und wieder vergessen ließ. In Pieusse zwischen Carcassonne und Limoux fand ein großes Katharerkonzil statt, wie einer seiner Teilnehmer später vor der Inquisition berichtete:

>»Wir betraten das Haus der *parfaits* und fanden dort viele, an die hundert *parfaits* versammelt, unter ihnen Guilhabert de Castres, Pons Bernard, Benoît de Termes, Bertrand Marty de Cailhavel, Raimond Agulher und Bouffil des Cassès und andere mir unbekannte. Sie veranstalteten dann ein allgemeines Konzil, auf dem die *parfaits* des Razès darum baten und nachsuchten, daß ihnen ein Bischof gegeben würde, denn sie sagten, es sei unbequem für sie, in dringenden Fällen *parfaits* aus dem Toulousain oder dem Carcassès zu holen oder sich an sie zu wenden, denn sie wüßten nicht, ob sie den einen oder den anderen Gehorsam und Ergebenheit schuldeten. Manche von ihnen gingen zu den *parfaits* des Toulousain, andere wieder zu denen des Carcassès.
>
> Es wurde beschlossen, daß den *parfaits* des Razès ein Bischof gegeben würde, und daß man jemanden unter den *parfaits* des Carcassès auswähle und ihm das *consolamentum* und die Handauflegung gemäß der Ordinierung des Bischofs der Toulousaner erteile.
>
> Dies getan, gab man den Leuten des Razès Benoît de Termes als Bischof, dem Guilhabert de Castres, der Bishof der Toulousaner *parfaits*, das *consolamentum* und die Handauflegung oder Ordinierung erteilte.«[2]

Der Katharismus erlebte offenbar eine vollkommen antizyklische Entwicklung: Während die okzitanischen Territorien schrumpften oder verstümmelt wurden, entstand im Süden von Carcassonne, im Razès, eine weitere katharische Diözese. Das muß nicht gerade heißen, daß die Verfolgung die Zahl der Katharer anschwellen ließ. Das Konzil von Pieusse machte aber deutlich, daß die Scheiterhaufen von Minerve und Lavaur ihre abschreckende Wirkung auf die Ketzer verfehlten, und daß die Infrastruktur der katharischen Kirchen trotz des Aderlasses unter den *parfaits* - denn es handelte sich immer um *parfaits*, wenn die Kreuzzugschronisten von verbrannten Häretikern sprechen - erhalten geblieben war. Eine aus der Tradition der Christenverfolgung gebildete, dezentral arbeitende Kirche, der jede Bauernküche als Gottesdienstraum dienen konnte, ließ sich durch einfache, wenn auch blutige Repression in ihrer Substanz nicht treffen. Die Massenverbrennungen vom Beginn der Kreuzzüge hatten den Katharern beigebracht, daß ketzerfreundliche Herren von Städten und *castra* sie im Ernstfall nicht schützen konnten; so folgten sie dem Beispiel der *faidits* und gingen in den Maquis, versteckten oder tarnten sich, soweit die Tarnung mit ihrem katharischen Reglement vereinbar war, oder wählten das lombardische und katalonische Exil.

Wie sich die Masse der *croyants* und der zahllosen Sympathisanten der Katharer während der Kreuzzüge aus der Affäre zog, geht aus den Chroniken und späteren Aussagen vor der Inquisition nicht hervor. Wenn es sich nicht um notorische adlige Ketzerfreunde handelte, waren die einfachen Gläubigen im allgemeinen nicht mehr gefährdet als ihre katholischen Landsleute, deren Alltagsleben sie teilten. Manche *croyants* verhalfen verfolgten *parfaits* zur Flucht oder versteckten sie bei sich, wie eine Frau aus Francarville bei Toulouse vor der Inquisition erzählte:

»Diese *parfaits* bauten dort einen *clusel* (unterirdische Behausung), und ich besuchte sie dort oft mit meiner Amme Guillemette de Valberaut. Als Francarville von den Franzosen erobert und zerstört wurde, ging ich mit meinem Mann Arnaud Guillaume d'Albiac und meiner Amme Guillemette aus Angst vor den Franzosen in diesen *clusel*, wo sich die *parfaits* Pierre Gaubert und sein Begleiter Pierre Rousaud befanden, und wir blieben drei Wochen bei den *parfaits*.«[3]

Während sich viele *parfaits* vorübergehend in Höhlen der Pyrenäen verkrochen, fanden andere in der Höhle des Löwen, bei Mönchen oder Nonnen sicheren Unterschlupf. Ein Prior von Saint-Paulet (Aude) nahm 1215 einen katharischen Diakon und seinen Begleiter bei sich auf. Die *parfaite* Arnaude de Lamothe, die mit knapper Not dem Scheiterhaufen von Lavaur entkommen war, überstand die kritische Zeit der Besetzung durch die Kreuzfahrer im Nonnengewand:

»Meine Schwester Peironne, meine kranke Mutter und ich kamen eines Tages mit dem *parfait* Bernard de Lamothe und seinem Begleiter überein, Montauban zu verlassen. Wir schlugen den Weg nach Linas ein, wo *parfaites* im Gewand von Klosterfrauen lebten. Peironne, meine Mutter Austorgue und ich taten so, als wollten wir das Ordenskleid nehmen, ließen die Priorin von Linas und ihre Begleiterin kommen (die *parfaites* waren), und mit ihnen verließen wir Montauban und kamen nach Linas. Während wir dort lebten, kam eines Tages der *parfait* Guiraud Abit mit seinen Begleitern und ›appareillierte‹ alle diese *parfaites*, die in dem Haus in Linas waren, und das waren an die sechzehn.«[4]

Falsche Nonnen wurden auf diese Weise in echte *parfaites* zurückverwandelt; die Katharer drehten niemandem einen Strick daraus, der sich zur Tarnung in ein Kloster begab, so wenig sie den *croyants* verboten, in die katholische Messe zu gehen und ihre Kinder taufen zu lassen. In den Jahren der Befreiungskämpfe nach dem Tod Simon de Montforts kamen die Katharer nach und nach aus ihren Schlupfwinkeln hervor; die Vorsitzenden der katharischen Kirchen, die sich in die sichere Burg Montségur zurückgezogen hatten, gingen wieder offen ihren Amtsgeschäften nach; Guilhabert de Castres, der Nachfolger Gaucelms als Bischof der Kirche von Toulouse, zog in das befreite Ketzernest Fanjeaux und ließ sich vom ketzerfreundlichen Adel ein Haus bauen. Die *parfaits*, denen während der Verfolgung ausnahmsweise erlaubt worden war, sich von Almosen zu ernähren, betrieben wieder ihre Werkstätten und Webereien. Sogar die alte Gewohnheit der öffentlichen Streitgespräche mit katholischen Klerikern wurde da und dort wieder aufgenommen.

Die Idylle der Toleranz war von kurzer Dauer. Während die Katharer in den noch von Raimond VII. und seinen Vasallen gehaltenen Gebieten ihre Kirchenorganisation reformierten, brannten in den von den Kreuzfahrern 1226 heimgesuchten Gegenden vereinzelt wieder Scheiterhaufen. Pierre Isarn, der Katharerbischof von Carcassonne, wurde in Anwesenheit und zu Ehren Ludwigs VIII. öffentlich verbrannt. Nach dem Tod des Königs, dessen Thronfolger elf Jahre alt war und in den Regierungsgeschäften von der Witwe Blanche von Kastilien vertreten wurde, führte der königliche Statthalter Imbert de Beaujeu im Languedoc ein genauso grausames Regiment wie seinerzeit Simon de Montfort. Statt sich militärisch mit den okzitanischen Rittern zu messen oder gegen das heftig verteidigte Toulouse anzustürmen, gingen die Franzosen dazu über, das offene Land um Toulouse unbewohnbar zu machen, angefeuert von Bischof Fulko, dem die Toulousaner, Häretiker und Katholiken, den Zutritt zur Stadt verwehrten.

»Im Morgengrauen hörten die Kreuzfahrer die Messe, nahmen eine karge Mahlzeit und machten sich auf den Weg, hinter einer Vorhut von Bogenschützen. Sie begannen das Zerstörungswerk mit den stadtnahen Weinbergen, zu einer Stunde, in der die Bewohner gerade aufwachten; sie zogen sich dann in Richtung ihres Lagers zurück, gefolgt von den Kampftruppen, und setzten dabei das Zerstörungswerk fort. Tag für Tag verfuhren sie so, ungefähr drei Monate lang, bis die Verwüstung vollkommen war«, berichtete der katholische Chronist Guillaume de Puylaurens.[5]

Den Grafen von Toulouse und von Foix gelang es zwar, dem Kreuz-heer die eine oder andere Stadt wieder abzujagen, aber Raimond VII. begriff allmählich, daß seine juristisch schon verlorene Grafschaft gegen die immer wieder aufgefrischte Übermacht der Kreuzfahrer militärisch nicht zu halten war. Ende 1228 trat der Graf durch Ver-mittlung des Abts von Grandselves in Verhandlungen mit der Re-gentin Blanche von Kastilien ein. Die Bedingungen, die ihm gestellt wurden, klangen in Anbetracht des Kräfteverhältnisses nicht einmal übertrieben hart. Raimond mußte die Provence aufgeben, mit deren Lehnsherrn, dem deutschen Kaiser, das französische Königreich nicht viel Freude haben würde. Carcassès, Albigeois und Razès fie-len an den König. Eine Reihe von Festungen und die Mauern von Toulouse waren zu schleifen, Kirche und Klöster waren großzügig zu entschädigen, und in Toulouse hatte der Graf für die Kosten einer neuen theologischen Schule aufzukommen. Zudem mußte er sich verpflichten, die Häretiker ein für allemal aus seinem Gebiet zu ver-jagen, *ex-terminare*. Dafür durfte Raimond VII. den Grafentitel behal-ten und über eine, wenn auch allseits beschnittene, Rumpfgrafschaft Toulouse herrschen.

Eine letzte Klausel besiegelte das definitive Ende der okzitani-schen Selbständigkeit: Seine Erbin und einzige Tochter hatte Rai-mond mit einem Bruder des französischen Königs zu verheiraten, wodurch der Rest von Toulouse über kurz oder lang an die Kapetin-ger fallen würde. Und wie so oft, ordnete die Kirche ihre heiligen Prinzipien der Staatsräson unter. Sie gab dieser nach ihren Heirats-vorschriften unzulässigen Ehe zwischen Verwandten - denn Rai-mond selbst war über seine Großmutter Aliénor von Aquitaine so-wohl mit dem König als auch mit Blanche von Kastilien verwandt - den päpstlichen Segen. Um zu verhindern, daß Raimond mit einer anderen legitimen Frau als seiner unfruchtbar gewordenen Gattin Sancie einen männlichen Erben zeugte, wurde seine Ehe für absolut unauflöslich erklärt.

Begleitet von Rittern und Toulousaner *capitouls*, trat Raimond VII. im Januar 1229 den schweren Gang nach Frankreich an. Verhandelt wurde in Meaux, wo es für den Grafen nicht viel zu verhandeln gab: Er hatte die Bedingungen der Regentin im Prinzip akzeptiert.

Der Akt der Kapitulation selbst sollte in der Hauptstadt vollzogen werden. Eine doppelte Kapitulation: vor dem Königshaus und vor der Kirche. Um überhaupt pakt- und schwurfähig zu werden, mußte der exkommunizierte Raimond VII., wie sein Vater in Saint-Gilles, feierlich Abbitte leisten. Am Gründonnerstag des Jahres 1229 wurde der Graf barfuß und im Hemd vor die brandneue, an Farbenpracht alles überstrahlende Kirche Notre-Dame geführt, kniend bekannte er vor der königlichen Tribüne seine Verfehlungen und erhielt vom päpstlichen Legaten die fällige Rutenprügel, unter dem Jubel der Pariser Zuschauer. Dann schwor er auf das Evangelium, die Bestimmungen des Abkommens einzuhalten.

Damit war er aber noch nicht entlassen. Um zu verhindern, daß Raimond es sich zu Hause in Toulouse noch einmal anders überlegte und seine Grafschaft gegen die Franzosen aufrüstete, wurde er einige Monate als Geisel im Louvre gefangengehalten, bis die Mauern von Toulouse vertragsgemäß geschleift und Raimonds Residenz, das Château Narbonnais, von den königlichen und päpstlichen Kommissaren in Besitz genommen war.

Die ersten Opfer des Friedensschlusses, die Katharer, bekamen als gleich Wind von den Pariser Klauseln. Bereits am Ostersonntag, drei Tage nach Raimonds Schwur, die Häretiker zu vertreiben, »begleiteten die *croyants* von Gourdon, manche weinend, die *parfaits*, die die Stadt verließen.«[6] Allerorten wurden die Katharer von sympathisierenden Bürgern und Adligen vor der sie erwartenden Gefahr gewarnt und oft in Sicherheit gebracht. Der Katharerbischof von Toulouse gewann auf diese Weise den Maquis:

»Zu der Zeit, als der Graf von Toulouse den Frieden mit der Kirche und dem König schloß, waren Guilhabert de Castres, Bischof der Häretiker, und Bernard Bonnefous, Diakon des Lantarès, in Saint-Paul im Haus von Pons Pelier. Guilhabert ließ mir ausrichten, daß ich ihn mit seinen Begleitern aus der Burg holen solle und daß er mich gut bezahle, wenn ich einwillige. Als ich das hörte, nahm ich zusammen mit Pierre de Vilotte und Arnaud de Saint-Martin die Schlüssel der Burg, und wir ließen sie heraus. Wir begleiteten sie und brachten sie zu Jourdain de Lanta und Raimond Unaud dem Alten, die sie bei sich aufnahmen. Bernard Engilbert gab mir fünfzig Sous Toulzas für das Geleit.«[7]

Exodus der Katharer, Einzug der Franzosen. Der Troubadour Sicart de Marvejols hielt die Stimmung in einem Klagelied fest:

»Aî Toloza et proenza	Ach Toulouse und Provence
e la terra d'Argensa	und das Land von Argence
Bezers y Carcassey	Béziers und Carcassonne
quo vos vi e quo 'us vey!«[8]	wer euch sah und wer euch jetzt sieht!

Aus Bettelmönchen werden Inquisitoren, aus Theologie wird Polizeiwissenschaft

Der heilige Dominikus war 1221 gestorben, aber sein Geist erwachte erst Jahre nach seinem Tod zu richtigem Leben. Was hatte er, der Verfechter der gewaltlosen Ketzerbekehrung, zu den Bekehrungen durch Feuer und Schwert gesagt, zu der seine kreuzfahrenden Glaubensbrüder übergingen? »Was er während der blutigen Wirren des Kreuzzuges alles getan haben mag, weiß man am besten nicht«, sagt Georges Duby nachsichtig.[1] In dem von Bischof Fulko geistlich tyrannisierten Toulouse sah man Dominikus jedenfalls eifernd predigen. Ein reicher Toulousaner war von seiner Wortgewalt so beeindruckt, daß er ihm und seiner wachsenden Schar von Predigerbrüdern mehrere Häuser schenkte. Dem Papst und der Kirchenhierarchie waren die Umtriebe dieser Bettelbrüder keineswegs geheuer: Ähnelten sie mit ihren härenen Gewändern, ihrer Askese und ihren Donnerworten gegen prassende Priester nicht verdächtig den Ketzern, die sie zu bekämpfen behaupteten? Und war ihre Regel der *combinatio*, des paarweisen Auftretens, nicht der Vorschrift der katharischen *parfaits* nachgebildet, immer nur zu zweit unterwegs zu sein? Doch anders als die »Armen von Lyon«, die Anhänger des ausgestiegenen Lyoner Geschäftsmanns Petrus Valdus, auch Waldenser genannt, kamen die Bettelbrüder des Dominikus um die Anklage der Ketzerei herum.

Auf dem IV. Laterankonzil hatte sich Dominikus unermüdlich zwischen den Großen der Welt sehen lassen und von sich reden gemacht; bald darauf kam die Belohnung, die päpstliche Zulassung der Bettelbrüder als Orden der »Predigerbrüder«, später Dominikaner genannt, unter der Voraussetzung allerdings, daß der neue Orden die Regel eines bestehenden Ordens übernähme; Dominikus entschied sich für die Armutsregel der Augustiner. Innozenz III. blieb kaum eine andere Wahl als die Anerkennung, denn die von Dominikus ausgelöste Bewegung war schon soweit angewachsen, daß sie einer Naturgewalt glich; bei seinem Tod hatte sie bereits einige Dutzend neuer Klöster gefüllt.

Für das Papsttum wurden die Dominikaner sehr schnell zur unentbehrlichen Hilfstruppe, die den neuen Aufgaben besser gewachsen schien als die älteren Orden. Einmal verkörperten sie glaubwürdiger als alle anderen das christliche Armutsideal und nahmen dadurch ketzerischer Kirchenkritik den Wind aus den Segeln: Das einstmals so strenge Cîteaux erstickte mittlerweile in Grundbesitz und Reichtum, denn es entging nicht der kapitalistischen Regel, daß Bedürfnislosigkeit und Fleiß auf die Dauer ihre Grundlagen zerstören, weil sie unweigerlich wachsenden Reichtum produzieren. Die Dominikaner dagegen, die nicht von produktiver Arbeit lebten, sondern von Bettelei und Almosen, akkumulierten statt Reichtümern Wissen. Durch ihre Begegnungen mit den Ketzern und dem Laienvolk lernten sie, ihre Argumentation zu verfeinern. In ihren Konventen begnügten sie sich nicht damit, zu beten und zu psalmodieren, sie schulten sich gegenseitig bei der Exegese der Bibel und im wohldosierten Umgang mit philosophischen Texten wie den Büchern des Aristoteles. Ihre Ordensregel gestattete ihnen, sich in den weltlichen Künsten auszubilden und darüber sogar Betstunden und Gottesdienstpflichten zu vernachlässigen, aber allein zum Zweck der wirkungsvolleren Propagierung der orthodoxen Lehre. Noch zu seinen Lebzeiten forderte Dominikus die Universität Paris auf, ein paar tüchtige Theologen nach Toulouse zu schicken, damit die Kleriker und Predigerbrüder, die mit der Ketzerbekämpfung befaßt waren, vom neuesten Stand der Wissenschaft her argumentieren könnten.

Die Überwindung der Häresie war für Dominikus in erster Linie eine Frage von Didaktik und Doktrin. Die Pariser Professoren kamen dann nicht, stattdessen sorgte der Papst dafür, daß zuverlässige Dominikaner theologische Lehrstühle in als zu liberal geltenden Universitäten besetzten. Die bettelnden Predigerbrüder des heiligen Dominikus waren schnell zum intellektuellen Stoßtrupp des römischen Papsttums geworden.

Die Dominikaner waren mit von der Partie, als der Vertrag von Meaux den Toulousanern eine theologische Universität, ein *studium,* verordnete. Roland von Cremona, aus Paris nach Toulouse versetzter Theologieprofessor, war Dominikaner. Dominikaner war auch der Nachfolger des Ex-Troubadours Fulko auf dem Bischofssitz, Raimond du Fauga. Raimond VII. und die Ratsherrn von Toulouse versuchten immer wieder, die Arbeit der ihnen lästigen Aufpasser zu sabotieren, indem sie ihnen den Geldhahn zudrehten, bis sie von König und Papst zur Ordnung gerufen wurden. Sie wagten aber nicht mehr, den Dominikanern ins Handwerk zu pfuschen, als ihrem Orden exklusiv die schärfste Waffe im Kampf gegen die Ketzer in die Hand gegeben wurde: die Inquisition.

Inquirierend, das heißt gewissenserforschend gegen Häretiker vorzugehen, war den Bischöfen bereits 1215 auf dem Laterankonzil aufgetragen worden. In Okzitanien beließ man es vorerst bei Feuer und Schwert. Mit dem Friedensschluß von 1229 kam die Inquisition wieder auf die Tagesordnung; auf einem im Sommer des gleichen Jahres einberufenen Konzils in Toulouse erließ der Kardinal und päpstliche Legat Romain de Saint-Ange diesbezügliche Ausführungsbestimmungen, deren Detailgenauigkeit auf das Vorhandensein einer ausgearbeiteten Polizeiwissenschaft hindeutet:

»1. In jedem Kirchenbezirk in der Stadt und außerhalb der Stadt werden die Bischöfe einen Priester und zwei oder drei oder, je nach Bedarf, noch mehr Laien von einwandfreiem Ruf benennen, die sich durch Schwur verpflichten, emsig und genau die Häretiker in ihrem Kirchenbezirk aufzuspüren. Sie werden minutiös die verdächtigen Häuser durchsuchen, Kammern und Keller und die verborgensten Winkel, die dabei zerstört werden dürfen. Wenn sie Häretiker entdecken oder Personen, die den Häretikern Vertrauen oder Begünstigungen, Asyl oder Schutz gewähren, werden sie Maßnahmen ergreifen, um sie an der Flucht zu hindern, und sie so schnell wie möglich beim Bischof und beim Herrn des Platzes oder seinem Amtmann (bayle) anzeigen . . .

5. Bestraft wird ebenfalls derjenige, auf dessen Land, wenn auch aus Nachlässigkeit und nicht gewollt, Häretiker anzutreffen sind.

6. Das Haus, in dem ein Häretiker entdeckt wird, wird abgerissen, der Grund wird konfisziert . . .

18. Als Häretiker gelten diejenigen, die von der Stimme des Volkes als Häretiker bezeichnet werden oder deren schlechter Ruf durch ehrenwerte Personen vor dem Bischof nach dem Gesetz bezeugt würde . . .«[2]

In diesem letzten Punkt gehen die Toulousaner Ketzerbestimmungen weit über das hinaus, was das IV. Laterankonzil als Kriterium für Häresie definiert hatte. Erstaunlicherweise hatte sich diese Gipfelkonferenz nicht vom Kreuzzugsfuror soweit mitreißen lassen, daß sie jedwede Form von Ketzerverfolgung guthieß. Innozenz III. verbot ausdrücklich allen Klerikern, die später bei den Hexenverfolgungen so beliebte Wasser- oder Feuerprobe zur Identifizierung von Häretikern anzuwenden. Paragraph 3 der Konzilstatuten bestimmte als Häresie jede Lehre, die nicht mit dem in den Statuten knapp zusammengefaßten katholischen Dogma übereinstimmte.[3] Es war also Sache des gelehrten Geistlichen, herauszufinden, ob jemand Häretiker war, nicht der dogmatisch wenig sattelfesten Laien; zu einem Zeitpunkt, an dem die Predigerbrüder des Dominikus und die Minderbrüder des Franz von Assisi als Orden noch nicht anerkannt waren und von vielen Klerikern mißtrauisch beobachtet wurden, kam es Innozenz III. darauf an, Häresie so eng zu fassen, daß die unorthodox auftretenden Bettelmönche, mit denen sich das Konzil ohnehin schwertat, nicht von eifrigen Bischöfen als Häretiker verfolgt werden konnten. 1229 aber hieß der Papst nicht mehr Innozenz, sondern Gregor IX., und die Bettelmönche saßen fest im Sattel: Im Kampf gegen die Ketzer war jetzt jedes Mittel recht, auch die willkürliche Denunziation.

Das Konzil von Toulouse verschärfte alle Verbote, Vorschriften und Strafbestimmungen, die schon früher im Zusammenhang mit Ketzerverfolgung und Inquisition erlassen worden waren. Laien war strikt verboten, die Bibel zu lesen, und wer gar mit einer Übersetzung in die Volkssprache erwischt wurde, galt als Häretiker. Wer sich mit einem als Ketzer Verdächtigen in der Kneipe sehen ließ, machte sich selbst verdächtig. Als schuldig bekannte sich, wer der Vorladung vor das Inquisitionstribunal nicht folgte; er wurde ohne weiteres Verfahren mit Einkerkerung bestraft.

Die Inquisition, *Inquisitio haereticae pravitatis,* Untersuchung des Ketzerübels, beraubte den von ihr Angeklagten der wenigen Rechte, die der Beschuldigte in der weltlichen Rechtsprechung des Mittelalters besaß. Der Inquisitor war Kläger und Richter in einer Person. Der Angeklagte wurde nicht mit den Zeugen konfrontiert, die der Inquisitor nach Belieben benennen konnte; selbst Meineidige und Verbrecher durften als Zeugen berufen werden. Einspruch gegen das Urteil war nicht möglich. Am glimpflichsten kam noch davon, wer sofort und freiwillig der Häresie abschwor; er mußte sein Haus verlassen und an einen gut katholischen Ort umziehen, mußte zwei Ketzerkreuze auf der Brust tragen und durfte keine öffentlichen Ämter bekleiden; nach einer Kirchenbuße konnte der Konvertierte vom Papst oder seinem Legaten rehabilitiert werden.

Wer aber, wie Kapitel 11 der Toulousaner Bestimmungen ausführt,

> »nicht spontan, sondern aus Furcht vor dem Tod oder einem anderen Beweggrund zur katholischen Einheit zurückkehrt, wird vom Bischof ins Gefängnis geworfen, um dort Buße zu tun, wobei Vorkehrungen zu treffen sind, daß er die anderen nicht beeinflussen kann . . .«[4]

INQUISITIONSTRIBUNAL
Auf der Empore tagt das Gericht,
unten stehen die Ketzer mit der Ketzermütze
und zwei bereits Verurteilte auf
dem Scheiterhaufen
Tafel von Alonso Berruguete (16. Jhr.)

Hartnäckige Ketzer erwarteten demütigende Kirchenstrafen, Pranger an der Kirchentür und Geißelung durch den Priester, bevor sie dem »weltlichen Arm« zur Bestrafung übergeben wurden: Das hieß in aller Regel Scheiterhaufen, in minder schweren Fällen Haft in der »Mauer«, einem lichtlosen Kerker, und in jedem Fall Güterkonfiskation.

Das ingeniös ausgetüftelte System der Überwachung, Bespitzelung und Einschüchterung hatte nur einen Haken: Es brauchte einen personalintensiven Apparat, um zu funktionieren. Zwar gelang dem päpstlichen Legaten noch während des Konzils das Meisterstück, den *parfait* Guillaume auf den Scheiterhaufen und einen anderen *parfait*, Guillaume de Soler, zum Abschwören zu bringen, wobei der Renegat der Inquisition eine lange Liste von Häretikern lieferte; aber einmal von den päpstlichen Autoritäten im Stich gelassen, hatten die Bischöfe der Grafschaft Schwierigkeiten, ihre neue Polizeigewalt auch auszuüben. Der alte Bischof Fulko, der 1231 starb, war

> »so unpopulär, daß er sich nicht getraute, ohne bewaffnete Eskorte aufzutreten, und Mühe hatte, den Zehnten einzutreiben, den man ihm schuldete«.[5]

Die Katharer und ihre Sympathisanten lernten schnell, durch die weiten Maschen der bischöflichen Inquisition zu schlüpfen. Im Jahr 1229 hatte eine der Herrinnen von Fanjeaux, die Dame Cavaers, keine Scheu, ihre ketzerfreundlichen Standesgenossen zum *consolamentum* ihres Neffen Arnaud de Chateâuverdun als *parfait* einzuladen.

> »Die Häretiker und ihre Gläubigen«, schrieb der Dominikaner Guillaume Pelhisson[6], »wappneten sich mehr und mehr und vervielfachten ihre Umtriebe und Ränke gegen die Kirche und die Katholiken. In Toulouse und Umgebung richteten sie mehr Schaden an als während des Krieges.«

Gregor IX. blieb nicht verborgen, daß es mit der abschreckenden Wirkung der Toulousaner Inquisition nicht weit her war. In Deutschland hatte er ausgezeichnete Erfahrungen mit dem Predigerbruder Konrad von Marburg gemacht, der seit 1227 den päpstlichen Auftrag hatte, die Ketzer zu verfolgen. Dieser ehemalige Beichtvater der Landgräfin von Thüringen brachte nicht nur eine Reihe von Ketzern auf den Scheiterhaufen, sondern verstand es auch, das Volk durch seine Höllenpredigten so aufzuputschen, daß er bald eine Schar wilder Kreuzfahrer hinter sich herziehen und gegen einige von ihm als Ketzer gebrandmarkte Herren aufhetzen konnte. Die Herren allerdings, darunter die Grafen von Sayn und Solms, setzten sich zur Wehr und schlugen den Mordhetzer Konrad tot.

Das Rezept des Predigerbruders jedoch machte Schule. Der Erz-bischof Gerhard von Bremen, der es auf das Land zwischen Bremen und der Küste abgesehen hatte, erklärte seine Bewohner, die Stedin-ger, zu gefährlichen Ketzern, ließ sich von Gregor IX. die Kreuzzugs-erlaubnis geben und einen von Bischöfen angeführten Haufen über das Land herfallen, bis die Stedinger verschwunden waren - ver-brannt oder zu den friesischen Nachbarn geflohen.

In Frankreich hatte der Dominikaner Robert le Bougre als Ketzer-jäger großen Erfolg, da er, selbst zwanzig Jahre lang praktizierender Katharer, besser als jeder andere Häretiker an ihrem Verhalten er-kennen konnte: Als getarnter *parfait* verriet sich ihm, wer vorwiegend im Konjunktiv sprach, um keine Lüge zu riskieren, oder wer plötz-lich aufstand, wenn sich eine Frau zu ihm auf die Bank setzte.

Solche Männer brauchte der Papst in der Grafschaft Toulouse. Kein Zufall, daß sie unter den Dominikanern zu finden waren: Von ihren asketischen Ursprüngen her standen die Predigerbrüder den Katharern näher als alle anderen Ordensleute und Kleriker und ka-men ihnen daher auch besser auf die Schliche; durch Predigertouren und Streitgespräche hatten sie die meisten Erfahrungen mit kathari-scher Argumentation; ihr sendungsbewußter Puritanismus, später sprichwörtlich verkörpert in dem Dominikaner Savonarola, ließ sich, mit Machtmitteln ausgestattet, leicht in einen alles niederwal-zenden Fanatismus verwandeln; schließlich konnte sich die Kirche nicht besser vor der dominikanischen Kritik an ihrer Verweltlichung schützen als dadurch, daß sie die Dominikaner zu ihren Komplizen machte bei einem Unternehmen, das, unter dem Deckmantel der Ketzerbekämpfung, nichts anderes als die Ausweitung ihrer weltli-chen Macht und Geldquellen zum Ziel hatte.

Im April 1233 entzog Gregor IX. den Bischöfen des Languedoc die Inquisition und übertrug sie den Dominikanern, versehen mit weite-ren Verschärfungen. Der Kampf gegen die Häresie machte jetzt auch vor den Gräbern nicht mehr halt: Die Leichen von »getröste-ten« Katharern mußten ausgegraben und auf dem Scheiterhaufen verbrannt werden. Die Dominikaner von Toulouse warteten nicht einmal auf die offizielle Ernennung von Inquisitoren und begaben sich gleich an die Arbeit. Zwei Handwerker fielen ihnen in die Hände, beides Katholiken; der eine ließ sich von den *parfaits,* mit de-nen er im Gefängnis saß, zum Katharismus bekehren und stieg mit ihnen auf den Scheiterhaufen; der andere wurde trotz seines katholi-schen Glaubensbekenntnisses ebenfalls verbrannt. Raimond VII., be-müht, seinen guten Willen gegenüber der allmächtigen Kirche zu zeigen, beteiligte sich selbst an einer Anti-Ketzerexpedition im Wald von Castelnaudary, in deren Verlauf neunzehn *parfaits* aus ihren Schlupfwinkeln gezerrt wurden.

Einer der beiden Inquisitoren, die für Toulouse eingesetzt wurden, Pierre Sellan, war von Dominikus persönlich in den Bettelorden aufgenommen und geschult worden; unter dem Einfluß der dominikanischen Bußpredigt hatte dieser wohlhabende Toulousaner Bürger seinen Besitz aufgegeben; in dem Haus, das er den armen Bettelbrüdern als Obdach vermacht hatte, residierte der ausgestiegene Bürger Pierre Sellan jetzt als Inquisitor mit unumschränkter Vollmacht. Zusammen mit seinem Dominikanerbruder Guillaume Arnaud, einem gelernten Juristen, versetzte er die Stadt bald in Angst und Schrecken, sekundiert von den Dominikanern der neuen Universität, über deren Eingang geschrieben stand: *Pravos extirpat et ensis et ignis et doctor*. »Das Schwert und das Feuer und der Gelehrte rotten die Schlechten aus.«

Feuer und Schwert, das kannten die Toulousaner. Aber gegen das Klima des Mißtrauens und der Unsicherheit, das die Inquisitoren durch die methodische Ausforschung und Bespitzelung der Gläubigen erzeugten, waren sie machtlos. Je mehr Verdächtige vor die Inquisition zitiert wurden, desto mehr Denunziationen kamen in Umlauf, da sich ein als Ketzer Verdächtigter zumindest von den weltlichen Strafen freikaufen konnte, wenn er die Namen von Häretikern preisgab. Ein Toulousaner Bürger, der die Vorladung des Inquisitors mißachtet hatte, rettete sich nur dadurch vor der Hinrichtung, daß er das Versteck von zehn *parfaits* verriet. In der Hoffnung, mit einer milden Strafe davonzukommen, zeigten sich viele auch selber an und beteuerten dann vor dem Inquisitor ihre Rückkehr zum wahren Glauben. Andere denunzierten sich in aller Unschuld selbst bei der Beichte: Sie hatten noch nicht realisiert, daß in dem Priester neben dem Beichtvater seit neuestem auch der Zuträger der Inquisition steckte. Die auf dem IV. Laterankonzil beschlossene Straffung der Kirchenorganisation trug jetzt ihre Früchte: Die Verpflichtung der Gläubigen, sich regelmäßig zur Beichte und zum Abendmahl in der Kirche zu zeigen, erlaubte es dem Priester, die Säumigen zu erkennen und als mögliche Ketzer zu identifizieren. Aus dem Kirchspiel wurde ein Kontrollbezirk, den die Gläubigen nicht nach Belieben verlassen durften, um anderswo die Sakramente zu empfangen; auf diese Weise gewannen die Gemeindepfarrer einen einzigartigen Überblick über ihren Bezirk, so daß die Inquisitoren nicht durch umfangreiche Vorermittlungen aufgehalten wurden, wenn sie mit Pauken und Trompeten in einem Kirchspiel Einzug hielten.

Ihre neugewonnene Allmacht stieg den Predigerbrüdern offensichtlich zu Kopf. In Toulouse leisteten sie sich, berauscht von ihren inquisitorischen Erfolgen, einen grausamen Scherz, der sie selbst bei guten Katholiken den Kredit kostete. Am 4. August 1234 hatten sie als Ordensbrüder ihren ganz großen Tag: Ihr verstorbener Patron Dominikus wurde heiliggesprochen. Als sie die Messe für den neuen Heiligen gefeiert hatten und sich zum Festmahl ins Refektorium begeben wollten, wurde dem Bischof Raimond de Fauga durch einen Spitzel hinterbracht, daß die Katharer gerade eine todkranke Greisin »getröstet« hätten. Begleitet vom gesamten Dominikanerkonvent ging der Bischof persönlich in das angegebene Haus. Da die Sterbende ihre Besucher nicht mehr klar erkennen konnte, fiel es dem Dominikanerbischof leicht, sich als *parfait* auszugeben und der alten Frau ein katharisches Glaubensbekenntnis zu entlocken. Im Schnellverfahren wegen schwerster Häresie zum Tod verurteilt, wurde die Greisin in ihrem Sterbebett aus dem Haus getragen und auf den Scheiterhaufen geworfen. Danach wuschen sich die Ordensbrüder gründlich die Hände und »gingen ins Refektorium zurück und verspeisten freudig, was man für sie zubereitet hatte, wobei sie Gott und dem heiligen Dominikus dankten«. Kein antiklerikaler Tendenzbericht, sondern Aufzeichnung eines begeisterten Teilnehmers, des Dominikaners Guillaume Pelhisson.[7] Nachdem sich die Nachricht von der Exekution einer Sterbenden in der Stadt verbreitet hatte, war der Bischof schlau genug, auf seine angekündigte öffentliche Predigt zu Ehren des sanften Dominikus zu verzichten[8].

Andere okzitanische Städte ließen sich die Schreckensherrschaft der Inquisitoren nicht stumm gefallen. Pelhisson berichtet voll Empörung, daß seine Ordensbrüder um ein Haar im Fluß Tarn ertränkt worden wären, als sie damit anfingen, die Überreste verstorbener Katharer in Albi auszugraben. In der häretisch ganz unverdächtigen Stadt Narbonne stürmten die Bürger zweimal den Konvent der Dominikaner und machten höchstwahrscheinlich reiche Beute, da die Inquisition mit ihren konfiskatorischen Urteilen eine unerschöpfliche Geldquelle war. Nach zwei Jahren dominikanischer Inquisition erwachten auch die Toulousaner aus ihrer Lähmung. Im Oktober 1235 zogen sie, angeführt von zwölf *capitouls,* vor das Haus der Inquisition und warfen die Inquisitoren aus der Stadt. Ein paar Wochen später verjagten sie sämtliche Dominikaner einschließlich des Bischofs, wofür Raimond VII. dann büßen mußte: Er wurde exkommuniziert, und die Exkommunikation wurde erst im Jahr darauf aufgehoben, als die Dominikaner nach Toulouse zurückkehren durften.

Die Proteste erreichten immerhin, daß der wildeste Inquisitor, Guillaume Arnaud, nach Carcassonne versetzt und das Inquisitionsverfahren ein wenig entschärft wurde: Wer sofort aussagte, behielt während einer Gnadenfrist seine Freiheit und seinen Besitz. Den Dominikanern gab der Papst als Aufpasser Mönche des anderen Bettelordens, der Franziskaner, mit, weil die Schüler des Franz von Assisi in dem Ruf standen, etwas freundlicher vorzugehen als die fanatischen Predigerbrüder. Ob die Opfer der inquisitorischen Verfolgung die Nuance verspürten, ist nicht überliefert worden.

Wenn auch hin und wieder innerhalb der Kirche selbst angefeindet, machten sich die Dominikaner als Praktiker und Theoretiker der Inquisition unentbehrlich. Der Dominikaner Bernard Gui, Anfang des 14. Jahrhunderts Inquisitor in Toulouse, hat viele Jahrzehnte dominikanischer Inquisitionserfahrung zu einem polizeiwissenschaftlichen System verarbeitet, das sich auf alle Arten von Ketzerei und Ketzerverhalten anwenden und in der Zeit der kirchlichen Judenverfolgungen auch auf die Behandlung zwangskonvertierter Juden ausweiten ließ. In Bernard Guis »Handbuch des Inquisitors« findet sich ein Plädoyer für die Isolationshaft, wie es ein Polizeiwissenschaftler des 20. Jahrhunderts nicht einleuchtender hätte formulieren können:

»Wenn sich diese Individuen zu mehreren befanden, informierten sie sich gegenseitig und, das ist festgestellt und bewiesen worden, bestärkten sich in ihren Irrlehren.«[9]

1252 erlaubte der Papst den Inquisitoren offiziell die Anwendung der Folter, um verstockte Verdächtige zum Reden oder überführte Häretiker zum Abschwören zu bringen. Der Dominikaner Gui empfahl daneben die bis heute gebräuchliche Methode der unbegrenzten Untersuchungshaft:

»Steht ein Beschuldigter unter erheblichem Verdacht, kann man, nach aller Wahrscheinlichkeit und Voraussicht, seine Schuld annehmen, und ist der Inquisitor im übrigen gründlich über die Verhältnisse informiert; in diesem Fall, wenn sich das Individuum im Verlauf seiner Aussage versteift und in seinem Leugnen verharrt, - wie ich es Male um Male erlebt habe -, darf man es unter gar keinen Umständen freilassen, sondern muß es ein paar Jahre lang einsperren, damit die Prüfung ihm den Geist öffnet. Ich habe häufig erlebt, wie solche Individuen, unter dem Eindruck jahrelanger Haft und Pein, schließlich gestanden haben, und zwar nicht nur Vergehen jüngeren Datums, sondern auch ältere, manchmal dreißig, vierzig oder mehr Jahre zurückliegende Verfehlungen.«[10]

FOLTER
Historisierende Darstellung des 20. Jahrhunderts

DER KETZER WIRD DEM WELTLICHEN GERICHT ÜBERGEBEN . . .
Holzschnitte aus dem 14. Jahrhundert

Erst mit Bernard Gui und seinem Kollegen in Pamiers, Jacques Fournier, hat sich die Inquisition zu dem entwickelt, was ihr Name besagt, zur Ausforschung. Ihre repressive Funktion hat sie selbstverständlich beibehalten, ihre Strafen blieben so drakonisch wie eh und je; es kam sogar noch die Neuerung hinzu, daß Geständnisse, die erst unter der Folter gemacht wurden, eine Verschärfung der Strafe zur Folge hatten. Bernard Gui wandte sich jedoch gegen die schnellen und summarischen Verfahren der ersten Inquisitionsjahre; nicht aus humanitären Skrupeln, sondern aus wissenschaftlicher Leidenschaft: Ein allzu schnell Verbrannter gab keine Auskunft mehr, weder über die Häresie und ihr Personal noch über die Wirkung der inquisitorischen Methoden auf den angeklagten Ketzer. Brachten sie ihn dazu, die ganze Wahrheit zu sagen, oder ließen sie ihm ein Schlupfloch, durch das er zwar nicht Buße und Strafe, aber dem Wahrheitsanspruch der Inquisition entkommen konnte? Für den Inquisitor Gui fiel die Jagd nach den Ketzern mit der Jagd nach der Wahrheit zusammen, Polizeiwissenschaft wurde Wahrheitswissenschaft. Ein großer Teil der Artikel seines Inquisitionshandbuchs kreist um das Problem: Wie kriegt der Inquisitor heraus, daß der Ketzer, der abschwört, nicht einfach lügt, um seine Haut zu retten? Es war zwar gut, wenn die Kirche ihre verlorenen Schafe zurückgewann, aber die Inquisition durfte ihr unter gar keinen Umständen

158

. . . UND IN ANWESENHEIT DES BISCHOFS VERBRANNT

Wölfe im Schafspelz andrehen. Im Zweifel also ins Feuer - nur gab
Bernard Gui zu bedenken, daß das Image der gnadenvergebenden
Kirche durch allzu spektakuläre Gnadenlosigkeit Schaden nehmen
könnte, und er riet seinen Kollegen, auf die schwachen Nerven mancher Gläubiger Rücksicht zu nehmen:

> »Es kann vorkommen - und hat sich schon mehrfach ereignet - daß
> ein Verurteilter, der dem weltlichen Arm bereits übergeben, von
> diesem übernommen und an den Richtplatz geführt worden ist,
> Reue zeigt und den Irrlehren abschwören will. In diesem Fall läßt
> man ihm das Leben und gibt ihn den Inquisitoren zurück. Diese
> übernehmen ihn, vorausgesetzt, es handelt sich nicht um einen
> Rückfalltäter: Billigkeit ist vor der Strenge den Vorzug zu geben;
> außerdem würden sich die Schwachen aufregen, wenn die Kirche
> denen, die danach verlangen, das Sakrament der Buße erweigert.
> Früher hat es die Inquisition ein paarmal so gehalten.
>
> In einem solchen Fall müssen die Inquisitoren alle notwendigen
> Vorsichtsmaßnahmen treffen, denn jene, die in dieser Lage kon-
> vertieren, stehen zu Recht unter dem Verdacht, aus Angst vor der
> Strafe zu handeln; die Inquisitoren müssen sorgfältig untersu-
> chen, ob die Konversion echt ist oder simuliert. Sie sind zu prüfen,
> ob sie im Licht wandeln oder in der Finsternis, ob sich unter einem
> Schafspelz nicht ein Wolf verbirgt.

Mehrere Indizien erlauben es, mit einiger Wahrscheinlichkeit die Glaubwürdigkeit der Konversion zu erkennen: Wenn der Konvertierte zum Beispiel sofort und spontan alle seine Komplizen den Inquisitoren anzeigt; item, wenn er seine Sekte in Wort und Tat verfolgt; wenn er demütig und Stück für Stück seine früheren Irrtümer bekennt; wenn er sie verabscheut und ihnen abschwört. Durch das Verhör, dem man ihn unterwirft, und die Konfession, die man ihn unterschreiben läßt, wird man das alles herausbekommen.

Wenn er somit von neuem dem Gericht überantwortet ist und sein Geständnis abgelegt hat, muß er anschließend alle seine früheren Irrtümer mit eigenen Worten aufzählen und verurteilen, er muß öffentlich und vor Gericht diesen Irrtümern im besonderen und der Häresie im allgemeinen abschwören, sich zum katholischen Glauben bekennen und alles andere versprechen und beschwören, was man gewöhnlich von einem Abschwörenden verlangt. Nur dann wird ihm, als Buße, die lebenslange Mauerhaft gewährt, wobei ein Strafnachlaß wie üblich vorbehalten bleibt.

Diese Gnade und Gewährung der Buße nach Verkündung des Urteils ist, wie schon gesagt, zwar eine Abweichung vom gewöhnlichen Recht; aber das Amt der Inquisition, das große Privilegien genießt, ist in mehreren Fällen so verfahren. Es hat in erster Linie das Seelenheil und die Reinheit des Glaubens im Auge, und es läßt die Häretiker, die konvertieren und zur Einheit der Kirche zurückkehren wollen, beim ersten Mal zur Buße zu. Die Geständnisse dieser Konvertiten führen im übrigen häufig zur Entdeckung von Komplizen und Irrlehren; so kommt die Wahrheit ans Licht, die Falschheit wird aufgedeckt, und das Amt gedeiht dabei (et ex hoc invenitur veritas et falsitas detegitur et officium prosperatur).«[11]

Der Dominikaner Pelhisson spricht gern vom »Eingriff Gottes«, wenn er in seiner Chronik verschweigen will, durch welche Methoden die Inquisitoren angeklagte Katharer zum Reden brachten. Allzu häufig gelang es offenbar nicht: Denn Pelhisson bricht in ein verdächtig lautes Triumphgeheul aus, wenn er von Geständnissen und Konversionen berichtet. Zum Beispiel der Bekehrung des *parfait* Raimond Gros im Jahr 1237, mit dem der Toulousaner Inquisition ein großer Fisch ins Netz ging. Obgleich kein Amtsträger in der katharischen Hierarchie, hatte der *parfait* Gros Umgang mit den Großen der katharischen Kirche und ihren adligen Unterstützern und konnte der Inquisition eine umfangreiche Ketzerliste übergeben.

Duvernoy hält es jedoch nicht für ausgeschlossen, daß er von der katharischen Kirche selbst zur Inquisition geschickt worden war, um ein Ablenkungsmanöver zu veranstalten: Indem den Inquisitoren solche Katharer zum Fraß hingeworfen wurden, deren Stellung ohnehin nicht mehr zu halten war, wurde ihre Aufmerksamkeit von den strategischen Zentren der Katharerkirche weggelenkt.[12] An die Spitzen der Kirche, an den Bischof Guilhabert de Castres, seine Vertreter und Beschützer, kam die Inquisition nicht heran. Die verschärfte Ketzerverfolgung dezimierte zwar die Reihen der Katharer und trieb sie in den Untergrund, führte ihnen aber auch neue Sympathisanten und *parfaits* zu. Eine ganze Anzahl von kleinen Grundherren, die unter der französischen Oberherrschaft das Vertrauen in ihre Zukunft verloren, ließ sich durch das *consolamentum* initiieren:

»Im Angesicht einer zusammenbrechenden Gesellschaft flüchtete sich der okzitanische Adel ins Jenseits.«[13]

Andere Ritter, als *faidits* zu Desperados geworden, wälzten irdischere Gedanken. Im Mai 1242 versammelte sich ein Dutzend von ihnen unter Führung von Pierre-Roger de Mirepoix in der Burg Montségur und machte sich marschfertig. Begleitet von ihren Soldaten, stiegen sie aus den schützenden Vorbergen der Pyrenäen ins Flachland hinunter, wo sie in einem Wald mit weiteren bewaffneten Adligen zusammentrafen. Fünfzig mit Äxten ausgerüstete Dorfbewohner schlossen sich der Abteilung an. In der Nacht vom 28. auf den 29. Mai schlichen sie sich an die Mauern von Avignonet zwischen Castelnaudary und Toulouse heran, wurden von dem gräflichen Verwalter Raimond d'Alfaro in die Burg eingelassen und vom lokalen Adel freundlich in Empfang genommen. Die Einheimischen zeigten den Weg zu dem Ort, den die *faidits* suchten: das Quartier der sich gerade in Avignonet aufhaltenden Inquisition. An die hundert Mann stürmten dann das Lokal, richteten unter seinen aus dem Schlaf gerissenen Insassen ein Blutbad an und rafften die Inquisitionsakten zusammen, die sie finden konnten. Der Dominikaner Guillaume Arnaud, der Franziskaner Etienne de Saint-Thibéry, acht weitere Mönche, Juristen und Schreiber blieben zerstückelt zurück. Der Anführer der Verschwörer, Pierre-Roger de Mirepoix, vergaß in der Eile des Rückzugs, den Schädel des erschlagenen Inquisitors Arnaud mitzunehmen, aus dem er ein Trinkgefäß hatte machen wollen.[14]

Die Ermordung der Inquisitoren war dennoch kein eigenmächtiger Racheakt ketzerfreundlicher Raubritter. Die katharische Kirche, deren Anführer sich seit Jahren auf dem Montségur eingeigelt hat-

RAIMOND VII.,
Graf von Toulouse

ten, hatte die Expedition gebilligt und möglicherweise auch finan-
ziert. Anstifter der ganzen Aktion aber war Graf Raimond VII., wie
die Frau eines der Verschwörer, Fays de Plaigne, später vor der In-
quisiton zu Protokoll gab; danach war es der Statthalter von Avignonet, im übrigen ein unehelicher Verwandter des Grafen, der den Auftrag im Namen Raimonds an den katharerfreundlichen Guillaume
de Plaigne mit diesen Worten erteilte:

»Mein Herr, der Graf von Toulouse, kann sich nicht von der Stelle
rühren, so wenig wie Pierre de Mazerolles und die anderen verfüg-
baren Ritter. Nun müssen Frater Guillaume Arnaud und seine
Begleiter getötet werden. Ich fordere P.-R. de Mirepoix und alle
anderen Streiter von Montségur auf, nach Avignonet zu kommen,
wo sich die Inquisitoren zur Zeit aufhalten. Ich werde außerdem
Briefe für Pierre-Roger mitgeben. Beeile dich. Als Belohnung er-
hältst du das beste Pferd, das in Avignonet zu finden ist, nach dem
Tod der Inquisitoren.«[15]

Als Fays de Plaigne ihre Aussage zu Protokoll gab, am 18. März
1244, hatte Montségur gerade für den Mord an den heiligen Bütteln
des Papstes gebüßt.

Nach der letzten okzitanischen Erhebung
fällt der Montségur

Zehn Jahre lang hatten die okzitanischen Herren nach dem Frieden von Meaux dem Treiben der Inquisitoren tatenlos zugesehen und waren dem Beispiel Raimonds VII. gefolgt, der sich Mühe gab, Papst und König nicht zu reizen und gleichzeitig der Grafschaft das Schlimmste zu ersparen; den Hinauswurf der Dominikaner aus Toulouse hatte der Graf mit der Exkommunikation bezahlt, ein Jahr später aber wurde er, als Lohn für seine Unterstützung päpstlicher Aktionen, wieder in die katholische Kirche aufgenommen. Um diese Zeit hatten einige der entrechteten und vertriebenen Herren genug vom ewigen Stillhalten. 1240 verließ der inzwischen herangewachsene junge Trencavel seine spanischen Besitzungen und überschritt mit seiner Streitmacht die Pyrenäen, um den Franzosen die alte Vizegrafschaft Béziers-Carcassonne mit Gewalt wieder abzujagen. Es gelang ihm zwar nicht, das von einer starken französischen Garnison verteidigte Carcassonne einzunehmen, aber sein Feldzug ermutigte *faidits* und Katharer, aus dem Maquis herauszukommen und sich in der Öffentlichkeit zu zeigen. In den alten Ketzergegenden um Fanjeaux, Montréal und Laurac gingen die Diakone der katharischen Kirche wieder offen ihren Amtsgeschäften nach. Bertrand Marty, der Nachfolger des um 1240 verstorbenen Guilhabert de Castres auf dem Bischofssitz von Toulouse, predigte mehrfach vor versammelten Gläubigen in der Umgebung von Lavaur und hielt mit dem Adel eine Ratssitzung ab.

Raimond VII. kam Trencavel jedoch nicht zu Hilfe und rührte auch keinen Finger, als die Franzosen diesen von Carcassonne vertrieben und das Tal der Aude hinaufjagten, bis er sich freiwillig hinter die Pyrenäen zurückzog. Trencavel hatte seine eigenen Pläne und wartete auf eine Änderung der politischen Großwetterlage. Erste Anzeichen waren schon sichtbar: Papst Gregor IX. hinterließ nach seinem Tod ein Vakuum, das den Stauferkaiser Friedrich II. ermutigte, dem Papsttum in Italien die Stirn zu bieten. Der neue König von Aragon, Jakob I., erklärte sich bereit, dem Grafen von Toulouse im Konfliktfall gegen den französischen König Unterstützung zu schicken. Im Poitou bereitete der Graf der Marche einen Aufstand gegen die Pariser Oberherrschaft vor, und der König von England, der Herzog der Bretagne und andere stellten Hilfe in Aussicht. 1241 hatte Raimond VII. zwar den Lehnschwur gegenüber Ludwig IX. von Frankreich erneuert und ihm das Versprechen gegeben, das Ketzernest Montségur auszuheben, aber das war, wie so oft bei den Grafen von Toulouse, nicht ganz wörtlich zu nehmen.

Anfang 1242 schlug Hughes de Lusignan, Graf der Marche, gegen Ludwig IX. los. Im Mai gab Raimond VII. das Signal mit der Ermordung der Inquisitoren in Avignonet. Mit seiner Armee von Vasallen und *faidits* eroberte er anschließend das Razès, das Minervois und marschierte in Narbonne ein, wo er sich im August feierlich den durch den Frieden von Meaux entzogenen Grafentitel wieder zulegte. Die Kampagne der großen Koalition gegen den Pariser König war allerdings schlecht koordiniert. Als der Graf der Marche in den Krieg zog, war keiner seiner Verbündeten angriffsbereit. Mit seiner kleinen Streitmacht wurden die kriegserfahrenen Armeen Ludwigs IX. mühelos fertig. Dann kam Heinrich III. von England an die Reihe, der im Juni in Royan gelandet war: Am 21. Juli erlebten die Engländer bei Taillebourg eine vernichtende Niederlage, die zweite nach dem katastrophalen »Sonntag von Bouvines« 1214.[1] Raimond stellte sich gar nicht erst der französischen Kriegsmaschine entgegen. Nachdem sich weder Friedrich II. noch die spanischen Könige zu seiner Verteidigung gerührt hatten, und dazu der älteste Verbündete der Toulousaner, der Graf von Foix, zum französischen König übergelaufen war, sah Raimond VII. keine Chance mehr. Nach wenigen Monaten einer prekären Befreiung von königlicher und päpstlicher Kuratel war der Traum wiedergewonnener Selbständigkeit ausgeträumt. Der Graf bat die Königinmutter Blanche von Kastilien unterwürfig um Gnade und nahm die Bedingungen an, die ihm der Friedensschluß von Lorris bei Montargis vom 30. Oktober 1242 auferlegte. Der Graf mußte nicht nur eine weitere Beschneidung seines Territoriums hinnehmen, sondern sich auch feierlich verpflichten, die Häresie ein für allemal auszurotten und ihre Zuflucht Montségur zu zerstören.

Anfang 1243 sagte der Graf den auf einem regionalen Konzil versammelten Bischöfen und Äbten zu, die Katharer mit seinen eigenen Mitteln zu verfolgen, mit dem Hintergedanken, auf kaltem Weg die lästigen Inquisitoren loszuwerden. Die Dominikaner selbst gaben dem neuen Papst Innozenz IV. zu verstehen, daß sie das für sie gefährlich gewordene Amt gern losgeworden wären. Der Papst erneuerte aber nur ihre Verpflichtung. Parallel zur päpstlichen Inquisition

DIE RUINE VON MONTSÉGUR

begann danach die gräfliche Ketzerverfolgung zu arbeiten, gemächlicher und nachsichtiger als die professionelle. Der Kommandant von Fanjeaux zum Beispiel erwischte keinen geringeren als Bertrand Marty, ließ den Katharerbischof aber wieder laufen, nachdem die Bürger von Fanjeaux ein Lösegeld von dreihundert Sous Toulzas gesammelt hatten. Marty konnte unbehelligt auf den Montségur zurückkehren. Zwei Schwestern Guilhabert de Castres' wurden bei Carcassonne geschnappt und gegen ein Lösegeld von neuntausend

Sous freigelassen.[2] Den Bischöfen und königlich-französischen Statthaltern war solche autochthone Ketzerjagd zu lasch. Im Frühjahr 1243 entschlossen sie sich zur militärischen Lösung: der Belagerung von Montségur.

Der französische Seneschall Hugues des Arcis führte reguläre königliche Truppen heran, verstärkt durch Zwangsverpflichtete aus der Grafschaft. Der Erzbischof von Narbonne und der Bischof von Albi brachten ihre eigenen heiligen Milizen mit, Söldner und Freiwillige, denen man die üblichen irdischen und spirituellen Kreuzzugsvergünstigungen versprach. Mit den üblichen vierzig Tagen war es diesmal aber nicht getan. Denn es handelte sich darum, statt eines von allen Seiten zugänglichen *castrum* eine von dem 1200 Meter hohen Bergkegel natürlich geschützte Burg zu belagern, deren Insassen zudem seit langer Zeit auf den Angriff vorbereitet waren. Bereits vierzig Jahre früher, vor Beginn des ersten Kreuzzugs, hatte die Katharerhierarchie den Montségur als Zufluchtsort ins Auge gefaßt und seinen Herrn, Raimond de Péreille, mit dem Wiederaufbau der verfallenen Burg auf dem Gipfel beauftragt.

Die heute sichtbare Ruine mit ihrem eigenartigen fünfeckigen Grundriß läßt nur schwer Rückschlüsse auf den Charakter und das Ausmaß der Anlage zu, so wie sie sich den Belagerern von 1243 dargeboten haben muß; auf ihre Zerstörung folgte ein Neuaufbau, der nach einem Dokument von 1531 mit dem beträchtlichen Wert von 30 000 Livres beziffert worden ist.[3] Aus den Aussagen der Überlebenden von Montségur vor der Inquisition geht jedenfalls hervor, daß die Burg nur den Mittelpunkt einer ganzen befestigten Siedlung bildete, die den gesamten Gipfel des Kegels bedeckte. Eine Art Wehrdorf: Es ist von Straßen, getrennten Unterkünften für *parfaits* und *parfaites,* von einem Haus des Bischofs, von einer Schule, einem Hospiz und so weiter die Rede. Zur Zeit der Belagerung beherbergte Montségur einige hundert Menschen, einen Teil der Katharerhierarchie, etwa hundertfünfzig *parfaits,* den Burgherrn und Dutzende von *faidits* mit ihren Familien oder Konkubinen, Bogenschützen, Pferdeknechte und sonstiges Personal. Katharer und mittellose *faidits* hatten einen Pakt auf Gegenseitigkeit geschlossen: Die Ritter stellten die bewaffnete Schutztruppe der Bischöfe, Diakone und *parfaits,* denen jede Gewaltanwendung verboten war, und die *faidits* wurden aus der Kirchenkasse bezahlt und ernährt.

»Die Promiskuität mußte ziemlich heftig gewesen sein«, versuchte René Nelli sich das Alltagsleben auf dem Montségur auszumalen. »Wenn man sich vorstellt, daß man, um Wasser aus der Zisterne zu schöpfen, den Wohnraum im Turm durchqueren mußte, und daß der Turm, die militärische Kommandozentrale, zu manchen Stunden von Kundschaftern und Bewaffneten überquoll, kann man sich ein Bild von dem Gedränge machen, das dort von Morgen bis Abend herrschte . . . Der Burghof muß einen belebten und pittoresken Anblick geboten haben. Die Frauen kochten dort unter freiem Himmel, neben dem Lebensmittelmagazin, das man noch an der Innenseite der Ostmauer sehen kann. Der Duft von gebratenem Fleisch, den der Wind hinübertrieb, kann den *parfaits* und *parfaites* nicht gefallen haben, ebensowenig wie die Nachbarschaft der großmäuligen und sinnenfreudigen Ritter, deren Frauen oder Mätressen nicht auf die Liebe verzichteten. Zweifellos deshalb zogen sie ihre steinernen, in dem friedlichen Grün versteckten Zellen jener Kurzfassung der satanischen Welt vor, die die Burg mit ihrem Geschrei, ihren Ausbrüchen und Leidenschaften darstellte.«[4]

Ummauert war allem Anschein nach nur ein Teil der Anlage; die Siedlung der *parfaits* wurde durch Palisaden geschützt. Nach Westen, Norden und Osten verhinderten die schroffen, kahlen Hänge jeden Überraschungsangriff, nur von Süden war die Burg auf einem gewundenen, leicht überschaubaren Maultierpfad zugänglich. Die weltlichen und geistlichen Belagerer, die im Mai 1243 am Fuß des Bergkegels ihr Lager aufschlugen, mußten bald eingesehen haben, daß ein Sturmangriff auf die hoch über ihnen aufragende, von Bogenschützen bewachte Burg aussichtslos war. So zählten sie auf die Verbündeten Hunger und Durst, denn es war Mai, und ein regenloser Sommer hatte schon viele Belagerte zum Aufgeben gezwungen. Aber die Insassen von Montségur hatten innerhalb der Burg eine riesige Zisterne angelegt, und mit Lebensmitteln waren sie offenbar reichlich eingedeckt. Außerdem reichte die Zahl der Belagerer bei weitem nicht aus, um einen lückenlosen Ring um den Berg zu ziehen; immer wieder gelang es ortskundigen Freunden der Belagerten, unbemerkt durch die feindlichen Linien zu kommen und auf Schleichwegen die Burg zu erreichen. Sogar Waffen gelangten auf diese Weise zu den Verteidigern.

Nach Monaten des Abwartens waren die Belagerer mit dem Gelände soweit vertraut, daß sie es wagten, die Burg zu attackieren. Sie wurden zurückgeschlagen, verwundeten aber den Torhüter der Burg tödlich. Ende September gelang ihnen ein überraschender und folgenreicher Coup: Söldner aus der Gascogne kletterten nachts den Hang hinauf und verschanzten sich am Ende des Gipfelgrates. Tausende von Armbrustgeschossen, die bei Ausgrabungen gefunden wurden, lassen auf erbitterte Schützenduelle schließen. Unter den Insassen von Montségur waren aber zu wenig kampferfahrene Verteidiger, um mit den angreifenden Berufssoldaten fertigzuwerden. Die *faidits* mußten gelegentlich sogar *parfaits* zu militärischen Hilfsarbeiten heranziehen. Im Lauf der Belagerung erhielten sie zwar von einzelnen Leuten Verstärkung, aber ihr Versuch, gegen gutes Geld katalonische Söldner anzuwerben, schlug fehl. Unter den Augen der Katharer und ihrer Beschützer bauten die Soldaten des französischen Königs ihren Brückenkopf aus, in Schußweite der Burgmauer; im Winter schafften sie sogar Balken und Gerät auf den Berg und fingen an, nach der Anweisung des militärisch wie handwerklich begabten Bischofs von Albi eine Schleudermaschine zu bauen.

Die Kommunikation der Verteidiger mit der Außenwelt ging auch unter der direkten Bedrohung weiter. Zweimal übermittelten Katharer von außerhalb Botschaften des Katharerbischofs von Cremona an Bertrand Marty, in denen um einen Lagebericht gebeten wurde. In einer Januarnacht 1244 tauchte der Ingenieur Bertrand de la Baccalarie in der Burg auf, reparierte defekte Armbrüste und konstruierte seinerseits eine Schleudermaschine. Vor allem stärkte der Ingenieur den Belagerten moralisch den Rücken, wie aus der späteren Aussage eines Überlebenden, des Sergeanten Imbert de Salles, hervorgeht:

> »Bertrand de la Baccalerie, der Ingenier, kam nachts in die Burg von Montségur und baute dort Maschinen gegen die Maschinen des Königs. Eines Tages sagte dieser Bertrand auf dem Platz vor aller Ohren: ›Jetzt kann ich es nicht länger verschweigen! Wißt, daß Sicard Alaman und Bertrand Roque, die Vögte des Grafen von Toulouse, von diesem in Briefen dazu aufgefordert, mich zu eurer Unterstützung auf die Burg von Montségur gesandt haben. Wenn wir der Armee widerstehen und sieben Tage noch durchhalten, werden wir befreit werden.‹ «[5]

Belagert von einer erdrückenden, immer wieder aufgefrischten Übermacht, vom Widerstand ermüdet, das Urteil der dominikanischen Inquisition vor Augen, hofften die Katharer von Montségur und ihre Beschützer auf den mythischen Retter. Laut Imbert de Salles sollen die Verteidiger von Montségur mehrfach ermutigende Nachrichten von Raimond VII. erhalten haben. Zu Beginn der Fastenzeit 1244 hieß es auf dem Montségur, man müsse nur noch bis Ostern die Stellung halten, dann käme der Graf von Toulouse mit einer großen Streitmacht des Kaisers. Raimond VII. dachte aber gar nicht daran, sowenig wie Friedrich II., den Belagerten zu Hilfe zu kommen: Er hielt sich zu der Zeit in Rom auf, beschwor vor Innozenz IV. seine Kirchentreue und versprach alles mögliche, um die Annullierung seiner Ehe mit der unfruchtbaren Sancie zu erreichen, damit ihm doch noch ein legitimer männlicher Erbe nachwüchse. Außerdem lag der Montségur nicht in seinem Gebiet, sondern in der Grafschaft Foix.

Der *faidit* Pierre-Roger de Mirepois, militärischer Kommandant der Burg, glaubte an keine Rettung aus heiterem Himmel. Die Belagerer rückten bis an die Mauern der Burg heran. Er signalisierte den Wunsch, mit dem königlichen Seneschall die Übergabe von Montségur auszuhandeln. Abschwören oder Scheiterhaufen, hieß die von den Belagerern angebotene Alternative.

Montségur erreichte einen makabren, wenn auch unter den gegebenen Umständen unvermeidlichen Kompromiß. Die *parfaits* und *parfaites* wurden geopfert. Dafür erhielten die Laien freien Abzug, mit der Auflage allerdings, sich freiwillig der Inquisition zu stellen. Bis zur endgültigen Kapitulation wurde den Belagerten noch eine Frist von vierzehn Tagen, bis Mitte März 1244, eingeräumt. Als Garantie mußten sie dem Seneschall jedoch sechs Geiseln aus der Familie des Burgherrn Péreille und des Kommandanten Mirepoix überstellen.

Was sich in den vierzehn Tagen Galgenfrist zwischen den Belagerten selbst abspielte, ist in den nüchternen Aussagen der Überlebenden nicht festgehalten worden. Die Katharer und ihre Sympathisanten, die zehn Monate lang zusammengelebt und die Belagerung ausgehalten hatten, nahmen für immer voneinander Abschied. Die Grenze zwischen Scheiterhaufen und Freiheit ging mitten durch die Familien:

»Abgesehen von den Söldnern, hatte jeder Verteidiger eine Mutter, eine Verwandte oder einen Verwandten unter denen, die dem Feuertod entgegengingen. Die Belagerer schickten Geiseln (und vielleicht sogar Prediger) zurück, um bestimmte *parfaites* zum Einlenken zu bringen. Alpaïs de Rabat (Tochter des Burgherrn Raimond de Péreille) und Philippa (Frau von Pierre-Roger de Mirepoix) suchten so ihre Mutter Corba auf. Die aber war jetzt *parfaite*, zusammen mit ihrer Mutter Marquèse.«[6]

Im Angesicht der Todesgefahr hatten viele der *faidits* und Soldaten mit der katharischen Kirche die *convenenza* abgeschlossen; alle bei den Kämpfen während der Belagerung tödlich verwundeten Verteidiger waren auf dem Sterbelager »getröstet« worden. Nach der Kapitulation von Montségur, als die Zugehörigkeit zu den Eingeweihten definitiv über Leben und Tod entschied, drängten sich nicht nur Familienmitglieder von *parfaits*, sondern auch hartgesottene Berufssoldaten zum *consolamentum*. Als wollten sie ihre Leidensgenossen nicht allein ihrem Schicksal überlassen, verwandelten sich mehr als ein Dutzend Ritter und Sergeanten in *parfaits*. Sie unterschrieben damit ihr Todesurteil.

Die eingeschlossenen Katharer trafen aber nicht nur Vorkehrungen für ihre Seelen. Schon Monate vor der Kapitulation hatte der Bischof Bertrand Marty zwei *parfaits* beauftragt, einen Teil der Kirchenkasse in Sicherheit zu bringen; mit Gold und Silber und großen Geldsummen beladen, schlugen sie sich zu dem Ritter Pons Arnaud de Châteauverdun durch, der ein Höhlenversteck der Katharer verwaltete. Unmittelbar vor der Übergabe der Burg vertraute Bischof Marty dem Sergeanten Imbert de Salles Auskünfte über weitere Geldverstecke an. Größere Summen wurden an die *faidits* verteilt, als Bezahlung für ihre Dienste oder als Geschenk. Mehrere *parfaits* entgingen dem sie erwartenden Schicksal, weil sie den Auftrag bekommen hatten, sich bei der Auslieferung ihrer Glaubensbrüder verborgen zu halten und sich dann vom Montségur abzuseilen:

»Als die *parfaits*, die der Kirche und dem König übergeben wurden, Montségur verließen, hielt Pierre-Roger de Mirepoix die *parfaits* Amiel Aicart und seinen Begleiter Huc bei sich zurück. Und in der Nacht, nachdem die andern *parfaits* massenweise verbrannt worden waren, versteckte er sie, und sie entkamen. Dies wurde getan, damit der Kirche der Schatz nicht verlorenging, der im Wald vergraben war, und beide kannten den Platz.«[7]

Am 16. März 1244 lief die den Belagerten zugestandene Frist aus. »Die Häretiker wurden mit Gewalt aus der Burg gezerrt und verbrannt«, heißt es in einem Augenzeugenbericht. Um die zweihundert katharische *parfaits* - die Zahlenangaben variieren von Chronik zu Chronik -, Männer und Frauen, Junge und Alte, einschließlich des Bischofs von Toulouse und seiner Diakone, endeten auf dem Scheiterhaufen »am Fuß des Berges«, wie der katholische Chronist Guillaume de Puylaurens angab. Ob die Hinrichtung »zu Ehren der Kirche und des Königs« an der Stelle des Südhangs vom Montségur stattfand, die heute als »Camp des los Cremats«, Feld der Verbrannten, bezeichnet wird, steht nicht zweifelsfrei fest.

Das Autodafé von Montségur war die letzte, aber nicht die größte Massenverbrennung, die Kreuzfahrer und Inquisitoren auf dem Gewissen hatten. In Lavaur hatten sie vierhundert Katharer ins Feuer getrieben. Fünf Jahre vor Montségur, im Mai 1239, wurde am

VERBRENNUNG EINES
KETZERS
Federzeichnung um 1250

171

Mont-Aimé bei Châlons-sur-Marne, der Heimat des Urketzers Leutard, ein großes Feuer angezündet, wie der Mönch Aubry de Trois-Fontaines berichtete:

> »In jenem Jahr wurde am Freitag vor Pfingsten ein dem Herrn willkommenes Opfer dargebracht, indem man Bougres (Ketzer) verbrannte. 183 davon wurden verbrannt in Anwesenheit des Königs von Navarra und der Barone der Champagne . . .«[8]

Der Fall von Montségur war für das politische Schicksal der Grafschaft Toulouse ohne Bedeutung. Sie hatte nicht einmal etwas davon, daß Raimond VII. sich aus allen Ketzeraffären heraushielt und vor dem Papst den Kotau machte: Er starb 1249, ohne männlichen Nachfolger, der die Linie der Raimonds von Toulouse hätte fortsetzen können. Mit dem Tod der Raimond-Tochter Jeanne, die keine Nachkommen hinterließ, wurde die Grafschaft Toulouse, als *terrae linguae occitanae*, 1271 französisches Kronland und der entscheidende Brückenkopf für die Eroberung und Annexion weiterer nichtfranzösischer Territorien. 1539 wurde durch das Edikt von Villers-Cotterêts das letzte Relikt der Eigenständigkeit, die lingua occitana, durch die französische Amtssprache ersetzt.

Merkwürdige Koinzidenz: 1244, als Montségur fiel, ging den Kreuzfahrern Jerusalem verloren. Der Kreuzzugselan hatte sich im Lauf von anderthalb Jahrhunderten ganz den inneren Feinden zugewandt.

Exil, Diaspora, Ende.
Die Vernichtung hat funktioniert

»Der Fall von Montségur war ein Symbol. Wenn er auch das Ende der höchstentwickelten ›klösterlichen‹ Form mit ihrer vollständigen Hierarchie, ihrer ›Oberin‹ der *parfaites,* ihren Häusern und ihren monatlichen ›Beichten‹ bedeutete, beeinträchtigte er nur wenig den aktiven Dienst der immer noch zahlreichen Prediger, die verstreut im Untergrund wirkten«, schreibt Duvernoy.[1] Es war jedenfalls nicht der große Enthauptungsschlag, denn die Katharerkirche wählte sofort einen Nachfolger für den verbrannten Bischof Bertrand Marty und benannte neue Diakone. Mit dem Montségur verloren die Katharer Okzitaniens auch nicht ihren einzigen geschützten Schlupfwinkel: Arnaud Roger, der neue Bischof der Diözese Toulouse, amtierte von der Burg Miramont bei Rabat aus, deren Herren den Katharern weiterhin gewogen blieben. Die adligen Verteidiger von Montségur waren noch einmal mit einem blauen Auge davongekommen, sogar jene, die wie Pierre-Roger de Mirepoix zu den Attentätern von Avignonet gehörten, blieben in Freiheit.

War der katharischen Kirche auch nicht mit einem Schlag das Rückgrat gebrochen worden, so mehrten sich nach Montségur die Anzeichen ihrer inneren Auflösung. Einmal nahm die Ketzerverfolgung flächendeckenden Charakter an: Die immer systematischer arbeitende Inquisition kämmte im Lauragais eine Gemeinde nach der anderen durch und verhörte dort insgesamt 5500 Personen. Sie drang jetzt auch in Regionen vor, wie in die Grafschaft Foix, um die sie vor Montségur immer einen großen Bogen gemacht hatte. Zum anderen aber hielten die Katharer, im Untergrund oder auf der ständigen Flucht des Rückhalts in ihrer Gemeinschaft beraubt, dem Druck der Verfolgung immer weniger stand. Nach den erhalten gebliebenen Inquisitionsregistern der Jahre nach 1244 häuften sich die Fälle von Konversion und Verrat unter den *parfaits;* sogar der stellvertretende Bischof Sicard de Lunel und mehrere Diakone liefen zu den Katholiken über und dienten der Inquisition als Belastungszeugen. Weil einige Denunzianten Racheakten zum Opfer fielen, zogen es solche prominenten Renegaten vor, die schützenden Mauern der Inquisitionsämter gar nicht mehr zu verlassen.

Gleichzeitig griff eine Fluchtbewegung um sich; unter den Katharern hatte sich herumgesprochen, daß man als Häretiker in der Lombardei einigermaßen unbehelligt leben konnte. Ein Kaufmann aus Avignonet hat vor der Inquisition einen umfangreichen Bericht über die katharische Emigration gegeben:

»Die Fratres wurden in Avignonet getötet, weshalb viele Leute aus Avignonet verhaftet wurden. Ich versteckte mich auf Anweisung von Guillaume Huc, damals Vogt von Avignonet. Als ich mich in Clermont oberhalb von Toulouse aufhielt, sagte Raimond d'Alfaro, Sergeant des Herrn Grafen von Toulouse, zu mir, ich solle dort nicht bleiben, sondern weggehen. Ich verließ dann das Toulousaner Land und ging nach Frankreich zu den Märkten von Lagny und danach mit einem Warenvorrat nach Genua. Dann ging ich in die Lombardei, zuerst nach Coni, wo ich länger als sieben Jahre blieb. Ich lebte dort ganz offen und stellte Riemen her in der Werkstatt, die Arnaud Guillaume Périer du Bourguet-Nau aus Toulouse und seiner Frau Béatrice de Montouty gehörte, und dabei sah ich die *parfaits* Raimond du Vaux, der aus Toulouse stammte, und Raimond Imbert, der aus Moissac war . . .

Danach kam ich nach Piacenza, wo ich ungefähr fünf Jahre verbrachte. Dort sah ich keine *parfaits*. Dann kam ich nach Cremona, wo ich zwei Jahre blieb, und dort traf ich in aller Öffentlichkeit Pierre de Sauzet aus Lanta, Pons Brezeit aus Cassès, Bernard Colomb aus Goderville, Bernard Robert aus dem Lantarès, Raimond du Vaux und Raimond Peire de Dreuilhe und viele andere Häretiker . . .

In Cremona habe ich Vivent gesehen, den verstorbenen Bischof der Toulousaner *parfaits,* und viele andere *parfaits,* seine Gefährten, die dort offen lebten . . . Als ich Cremona verließ, zog ich wieder nach Piacenza, wo ich ungefähr zwei Jahre in dem von meinem Cousin Etienne Donat und Jean Lauzeral aus Saint-Rome gemieteten Haus wohnte, beide waren *parfaits* . . . Ich lebte mit ihnen, aß aber für mich zusammen mit meiner Frau Guillelme . . . Bei diesen *parfaits* lebte noch der *parfait* Raymond Boyer aus Andorra. Um diese Zeit war mein Sohn Arnaud aus Mailhorgues etwa ein Jahr lang bei mir. Von dem *parfait* Etienne Donat, meinem Cousin, bekam ich hundert Reichspfund, um damit Handel zu treiben, und ich behielt sie eine Zeitlang und gab ihm die Hälfte des Gewinns. Am Ende übergab ich dieses Geld und noch anderes meinem Sohn Arnaud, insgesamt hundertfünfzig Pfund; er nahm es mit und verschleuderte es . . .

Dann kam ich nach Pavia, wo ich ungefähr vierzehn Jahre lebte. Ich sah dort Bernard Olive und Pierre Bou, *parfaits*, in dem Haus, das Bernards Bruder Pierre Olive gemietet hatte. Bei ihnen war der *parfait* G. Bousquère aus Saint-Paul Cap-de-Joux. Bei ihnen sah ich auch Pierre Olive und seine Frau Raimonde, die aus Fanjeaux war . . .

Als ich mein Haus in Pavia hatte, reiste ich in Geschäften durch die Lombardei. Ich kam nach Alexandria, wo ich die *parfaits* Bernard Olive und Pierre Boué bei Jean de na Arnalda aus Laurac traf«.[2]

Vielleicht gingen die lombardischen Geschäfte schlecht, vielleicht hatte der katharische *croyant* Pierre de Bauville nach Jahrzehnten des Exils Heimweh nach Avignonet; jedenfalls kehrte er auf seine alten Tage ins Languedoc zurück. Einem seiner Söhne, der Mönch geworden war, ließ er ausrichten, daß er ihn sprechen wolle, er habe ihm viel zu sagen. Zu der Aussprache zwischen katharischem Vater und katholischem Sohn kam es aber nicht mehr, weil Pierre de Bauville im Haus seiner Schwester von Agenten der Inquisition verhaftet wurde.

So wie der Kaufmann aus Avignonet emigrierten viele Katharer aus dem von der Inquisition heimgesuchten Languedoc nach Italien und bildeten dort Exilgemeinden. Zeitweise residierte auch die Kirchenhierarchie im lombardischen Exil, unterstützt von ihren *croyants*, die vor der Abreise ihr Hab und Gut verkauften. Wie vierhundert Jahre später die aus Frankreich vertriebenen Hugenotten, entschädigten die Katharer das Gastland durch den Import von Kapital und Fertigkeiten; zumindest die lombardischen Kathararkirchen nahmen die Flüchtlinge aus dem Languedoc mit offenen Armen auf.

Wie kam es dazu, daß Mitte des 13. Jahrhunderts in Italien noch sechs verschiedene Kirchen arbeiten konnten - wie der Ex-Katharer Rainier Sacchoni angab -, während die okzitanischen Kirchen, viel weiter entfernt von der römischen Zentrale des rechten Glaubens, in den Untergrund und ins Exil getrieben wurden? Warum drückte die katholische Kirche hier ein Auge zu, während sie dort erbarmungslos zuschlug? Weil auf dem Heiligen Stuhl in aller Regel keine blindwütigen Fundamentalisten saßen, sondern kühl abwägende Realpolitiker. Der heilige Furor der Ketzerjagd fegte nicht einfach wie ein Unwetter über die christliche Welt hinweg, sondern wurde das eine Mal kräftig angeheizt, das andere Mal kräftig gebremst, je nach Interessen- und Gefahrenlage. In der Lombardei war die Ketzerei weit weniger gefährlich für die weltliche und geistliche Macht als in Okzitanien, weil sie die fürs Herrschen entscheidenden Gruppen, die im Kriegführen geübten Adligen und die im Verwalten geübten Ratsherren der Kommunen, kaum nennenswert befallen hat.

Der lombardische Adel brauchte, wie der Kreuzzugshistoriker Runciman erklärt, die Häresie nicht als Rechtfertigung für seine Expansionsgelüste und die Katharer nicht als Verbündete:

> »Wenn er auf den lokalen Bischof oder Abt eifersüchtig war, gaben ihm die ständigen Kriege des Kaisers gegen den Papst und die Kommunen großzügig Gelegenheit, das Land seines Nachbarn zu annektieren, ohne seine unsterbliche Seele für immer in Gefahr zu bringen.«[3]

Ohne das Aushängeschild mächtiger Feudalherren machten die Katharer der Lombardei nicht so sehr von sich reden und blieben halbwegs ungeschoren, auf der anderen Seite fehlten ihnen dadurch aber auch die materiellen Ressourcen, die den okzitanischen Katharismus zu einem gesellschaftlichen Machtfaktor hatte heranreifen lassen. Außerdem waren die lombardischen Kirchen mit der Auseinandersetzung zwischen der radikal-dualistischen und der gemäßigten Richtung beschäftigt; die okzitanischen Katharer, von der permanenten Verfolgung in Atem gehalten, hatten für dogmatische Streitereien keine Zeit.

Die Lombardei war also, vom Montségur aus gesehen, das gelobte Land der Toleranz. Daß sie dort Asyl fanden, schrieben die okzitanischen Katharer, in grotesker Verkennung der Lage, dem segensreichen Wirken eines guten Herrschers zu, des Kaisers Friedrich II. Die Eingeschlossenen vom Montségur hofften auf sein Eingreifen für die Sache der Ketzer. Das Gerücht von den Staufern als Beschützern der Häretiker hielt sich so hartnäckig, daß noch zu Beginn des 14. Jahrhunderts ein *parfait* prophezeien konnte:

> »Er sagte auch, daß ein dritter Friedrich aufstünde, der ihre Kirche entwickeln und schützen und die Kleriker unterdrücken würde. Dann, sagte er, würden sie predigen und seien angesehen, und die römische Kirche wäre heruntergesetzt.«[4]

Die Staufer als Ketzerfreunde? Den theoretischen Auftakt zur militärischen Vernichtung der Katharer hatte der Konzilsbeschluß von 1184, »Ad abolendam« (Zur Vernichtung), gegeben, an dem Kaiser Barbarossa maßgeblich mitgewirkt hatte. Sein Enkel Friedrich II. zeigte sich gegenüber den Ketzern noch päpstlicher als der Papst, denn er fügte den Kirchengesetzen die *Lex Patarinorum* hinzu, die Häresie auch als weltliches Delikt einstufte und die weltliche Gerichtsbarkeit gegen die Häretiker einschreiten ließ. Papst Gregor IX. war dem Kaiser als Ketzerjäger so wenig geheuer, daß er ihn »Papst der Patarener« nannte; es war in der Tat der römische Papst, der Friedrich II. daran hinderte, mit den Ketzern der Lombardei den kurzen Prozeß zu machen, den er gern gemacht hätte.[5]

Während die Päpste in Okzitanien zum Kreuzzug riefen und die Inquisition anfeuerten, ließen sie in Italien Franziskaner gegen die Ketzer lediglich anpredigen und hielten die Inquisitoren zurück; es sollte vermieden werden, daß die Inquisition, wie in Toulouse oder Narbonne, die großen Städte gegen das Papsttum mobilisierte und womöglich auf die Seite des politischen Feindes, Friedrichs II., überschwenken ließ. Die Päpste hüteten sich ebenso, den Kaiser zum Kreuzzug gegen die Katharer aufzurufen, um seine Autorität nicht unnötig zu stärken; ohne die kirchlichen Mittel, die ein Kreuzzugsaufruf fließen ließ, konnte der Staufer in der aufmüpfigen Lombardei wiederum keinen erfolgversprechenden Ketzerfeldzug beginnen.

Wenn die okzitanischen Katharer trotz allem zu Friedrich II. aufblickten, so allein deshalb, weil er der Feind ihres Feindes, des römischen Papsttums, war; nach derselben Logik verfuhren die Päpste, wenn sie die lombardischen Katharer, als Feinde ihres staufischen Feindes, mit Samthandschuhen anfaßten. Die Katharer Okzitaniens wurden nicht nur, als Ketzer, Opfer der Orthodoxie, sondern auch, als Okzitanier, Opfer der päpstlichen Politik: Im Lauf des 13. Jahrhunderts zerbrach endgültig die prekäre politische Balance zwischen Papsttum und Heiligem Römischen Reich, die Päpste setzten fortan auf das dynamische französische Königshaus; sie finanzierten und segneten die französische Eroberung der *terrae linguae occitanae* als heiligen Krieg gegen die Ketzerei, und das mächtig angeschwollene Frankreich machte sich als »fille aînée de l'Eglise«, älteste Tochter der Kirche, bei den Päpsten lieb Kind; im 14. Jahrhundert übersiedelten die Päpste dann aus dem unsicher gewordenen Rom nach Avignon.

Mit dem Tod Friedrichs II. 1250 erlosch die Stauferlinie, der Kampf gegen die Häresie in Italien unterlag keinen politischen Rücksichten mehr. Dennoch nahm er nie die Ausmaße der okzitanischen Ketzerverfolgung an; einmal galt er neben den Katharern den in Italien stark vertretenen, von der Kirche mit wechselndem Eifer bekämpften Waldensern, und zum anderen entwickelte sich die den Franziskanern anvertraute Inquisition nicht zu dem schlagkräftigen Polizeisystem, das die Dominikaner des Languedoc aus ihr machten. Aus diesem Grund ist auch die Aktenlage schlecht:

»Die Geschichte des Niedergangs und Endes der Katharer in Italien liegt im Dunkel, weil sie langsam und im ganzen unblutig war und aller sensationellen Momente entbehrt«, schreibt Runciman.[6] In Sirmione am Gardasee, wo sich gleich mehrere lombardische und exilierte Katharerbischöfe niedergelassen hatten, fand 1276 allerdings eine gewaltige, vom Bischof von Verona angeführte Razzia statt, der Hunderte von Katharern zum Opfer fielen. Am 13. Februar 1278 durften die Bewohner von Verona dann mit ansehen, wie etwa zweihundert dieser Ketzer in der Arena ihrer Stadt verbrannt wurden. Okzitanische Katharer waren allem Anschein nach nicht dabei, sie hatten sich, als gebrannte Kinder das Feuer witternd, rechtzeitig verzogen. Um diese Zeit hatte ohnehin ein Rückstrom emigrierter Katharer ins Languedoc eingesetzt.

Möglicherweise hofften die Katharer und die *faidits* darauf, nach dem Tod der Raimond-Tochter Jeanne 1271 die endgültig französisch gewordene Grafschaft unter der Führung des Grafen von Foix zurückerobern zu können. Aber der Graf hatte sich längst mit den neuen Realitäten abgefunden. Eine Zeitlang allerdings konnte es in einigen Gegenden Okzitaniens so aussehen, als seien die alten Zeiten vor dem Kreuzzug wiedergekommen. Um Toulouse und Albi predigten *parfaits* vor versammelten Anhängern; der als *parfait* aus der Lombardei zurückgekehrte *faidit* Guillaume Pagès brachte es fertig, wie vor der Inquisition später bekannt wurde, nicht nur zahlreiche Adlige, Notare und königliche Kastellane zur Annahme des *consolamentum* zu überreden, sondern auch verschiedene Priester und sogar einen Abt in der letzten Stunde zu Katharern zu machen. Im letzten Drittel des 13. Jahrhunderts erlebte der okzitanische Katharismus noch eine kurze Blüte vor der Agonie; aber es war nur eine Scheinblüte, die eher durch Ermüdungserscheinungen unter den Verfolgern als durch einen substantiellen Aufschwung der Häresie gekennzeichnet war. Gleichzeitig häuften sich die Fälle von Konversionen und Denunziationen; der stellvertretende Katharerbischof von Albi lief zur Inquisition über: »Die konvertierten *parfaits* haben das Land getötet«, sagte ein Kenner der Lage, Grenzgänger zwischen Okzitanien und der Lombardei, der Katharer hinüber- und herüberschleuste.[7]

Um 1280 kam die Inquisition selbst ins Gerede. Im Register des Inquisitors von Carcassonne häuften sich auf einmal die Namen prominenter und wohlhabender Bürger, vor allem verstorbene Reiche wurden posthum der Häresie beschuldigt. Die Notabeln von Carcassonne äußerten den Verdacht, daß sich der Inquisitor Jean Galand gefälschter Zeugenaussagen bediente, um an das Vermögen posthum Verurteilter heranzukommen. Die Affäre wurde sogar Papst Honorius IV. vorgetragen, der die Akten prüfen ließ; dabei stellte man fest, daß unter manchen Protokollen die erforderlichen Unterschriften fehlten, und daß der zum Inquisitionsgericht zählende Notar immer dann abwesend war, wenn die brisantesten Aussagen gemacht wurden. Die Untersuchungen zogen sich hin und legten die Inquisition in Albi und Carcassonne weitgehend lahm. Bernard Gui, der Dominikanerprior in Albi, Carcassonne und Castres gewesen war, bevor er 1307 zum Inquisitor von Toulouse ernannt wurde, schrieb später über diese Periode der Verfolgung der Verfolger.

»Während dieser Verfolgung der Inquisitoren und der Unruhe im Amt versammelten sich viele *parfaits* und drohten, sich zu vermehren (und die Häresien blühen zu lassen), und steckten viele Personen in den Diözesen von Pamiers, Carcassonne und Toulouse und dem Albigeois an, wie es danach durch die gesetzliche Untersuchung und die Verhaftung dieser *parfaits* und ihrer *croyants* offenkundig wurde: Solche Samen brachten eine solche Frucht hervor. Diese Übel machten sich 1301 öffentlich bemerkbar und verschlimmerten sich in den folgenden sieben oder acht Jahren, solange die Verfolgungen andauerten.«[8]

Mit der Generation von Bernard Gui zog Unbestechlichkeit, Methodik und Effektivität in die inquisitorische Verfolgung ein. Anfang des 14. Jahrhunderts wurde die Kirchenhierarchie vollständig zerschlagen; das Überleben des Katharismus hing nur noch an einzelnen und ihren persönlichen Verbindungen. Wer sich jetzt zum katharischen Glauben bekehrte, mußte in die Lombardei reisen, um durch ein ordentliches *consolamentum* die Initiation zu empfangen. Zwei Spätbekehrte nahmen die Mühe auf sich, die Brüder Pierre und Guillaume Authié; einer illustren Familie aus Ax-les-Thermes im oberen Arièetal entstammend, hatten sie schon das halbe Leben hinter sich, als sie, zu *parfaits* gemacht, die Sisyphusarbeit übernahmen, ein von der Inquisition eingeschüchtertes und kontrolliertes Land von neuem zu missionieren.

Von Versteck zu Versteck flüchtend, von einem Sympathisanten zum anderen weitergereicht, mit einer konspirativen Wohnung in Toulouse versehen, hetzten sie kreuz und quer durch das Languedoc, vom Quercy im Norden bis ins Sabarthès im Süden, gewannen neue *croyants* aus allen Ständen, hielten die Kontakte mit den alten aufrecht und initiierten mehrere Glaubensgenossen als *parfaits*. Wäre die unwahrscheinliche Geschichte der Mission Authié nicht von den Notaren der Inquisition beglaubigt worden[9], könnte man sie für einen mittelalterlichen Räuber-, Agenten- oder Terroristenroman halten: Es wimmelt darin nur so von abenteuerlichen Fluchten, zwielichtigen Doppelagenten, triumphalen Höhepunkten und niederschmetternden Katastrophen. Guillaume Authié entkam mit knapper Not einer Razzia in Montaillou, dem seit langem als häretisch verschrieenen Dorf im Sabarthès; alle Bewohner über vierzehn Jahren wurden dabei verhaftet. Ein Jahr später, 1309, erwischte es auch die unermüdlichen Missionare: Guillaume Authié wurde in Carcassonne verurteilt und verbrannt, Pierre fiel Bernard Gui in die Hände und wurde vier Monate lang verhört, bevor er am 9. April 1310 auf den Scheiterhaufen wanderte. In Montaillou, das von seiner Mission oft besucht worden war, genoß Pierre Authié lange Zeit noch höchste Verehrung. Der von ihm missionierte Schäfer Pierre Maury sagte laut einer Zeugenaussage vor Jacques Fournier:

> »Der Häretiker Pierre Authié, der von diesem Bischof verbrannt worden ist, war viel gescheiter als der Bischof. Er fügte hinzu, daß Pierre Authié auf dem brennenden Scheiterhaufen sagte: Wenn man ihn nur vor dem Volk sprechen und predigen ließe, würde sich das ganze Volk zu seinem Glauben bekehren.«[10]

Der Schäfer Maury hatte in der Zwischenzeit einen anderen *parfait* erlebt, von dem sich Pierre Authié in jeder Beziehung leuchtend abhob. Es war jener Guillaume Bélibaste, der eine junge Frau geschwängert hatte und sie dann dem Schäfer andrehte, damit seine Verfehlung nicht ans Licht kam. Seine Geschichte, die Geschichte des letzten bekannten *parfait* des okzitanischen Katharismus, erzählt zugleich das klägliche Ende der großen mittelalterlichen Ketzerei.[11]

Bélibaste war *parfait* geworden, so wie während der deutschen Okkupation manche Franzosen Maquisards wurden: um der Strafe für ein Verbrechen zu entgehen. Er hatte einen Schäfer erschlagen, und der *parfait* Philippe d'Alayrac aus der Mission Authié versprach ihm, ihn vor der Justiz in Sicherheit zu bringen, wenn er sich von ihm initiieren ließe. So wurde aus dem leseunkundigen Bauernsohn Guillaume Bélibaste aus Cubières ein katharischer Gelehrter, der nach der Verbrennung der Authiés, seines Lehrers d'Alayrac und anderer als einzige religiöse Autorität in der sich auflösenden Diaspora übrigblieb. Nachdem er selbst von der Inquisition verhaftet worden war und durch Bestechung eines Wärters aus der »Mauer« von Carcassonne entkam, floh er über die Pyrenäen in den Süden Kataloniens, wo er bei dem Schäfer Maury und anderen emigrierten *croyants* aus der Gegend von Montaillou Unterschlupf fand.

Dort, in San Mateo und Morella, konnte er unter den exilierten

DIE RUINE DER BURG
VON MORELLA

okzitanischen Schäfern und Handwerkern leicht den katharischen Propheten spielen; nur der Schäfer Maury merkte bald, daß sich die Ansichten Bélibastes nur schwer mit der Ethik eines *parfait* vertrugen. Wie unter allen Verfolgten und Emigrierten ging auch unter den Flüchtlingen aus dem Sabarthès das Mißtrauen um: Hatte sich nicht auch bei ihnen ein Verräter eingeschlichen? Der Verdacht fiel auf eine Frau namens Jeanne, und der *parfait* Bélibaste war dafür, sie zu ermorden. Pierre Maury sagte dazu vor der Inquisition:

»Diesem Beschluß wollte ich nicht zustimmen. Zurück in Morella, sagte ich dann zu dem Häretiker: ›Nach dem, was ich in San Mateo gehört habe, haben Sie mit den Gläubigen von San Mateo beschlossen, Jeanne aus dem Weg zu räumen, das heißt zu ermorden?‹ Er antwortete: ›Man könnte sagen, daß es gut ist, daß die bösen Dornen vor der Tür abgeschnitten und entfernt werden.‹ Als ich ihm antwortete, daß ich den Mord an Jeanne ablehnte, daß ich sie dafür nach Ax mitnehmen würde, entgegnete er mir, daß ich, wenn ich nach Ax ginge, in diesen Tagen verhaftet würde. Ich wußte aber nichts Besseres, wenn er der Ermordung Jeannes zugestimmt hatte. Ich glaubte es schon nach dem Gesagten. Ich wußte nichts Besseres, wenn die Häretiker sagten, daß die Gläubigen dieser Art von anderen Gläubigen sündenlos ermordet werden können, und daß die Häretiker den Segen dazu geben, indem sie in Gleichnissen sprechen. Ich dagegen hätte geglaubt zu sündigen, wenn ich für die Ermordung Jeannes oder eines anderen gewesen wäre.«[12]

Der mißtrauische Bélibaste war dann noch nicht mißtrauisch genug, um der ihm gestellten Falle zu entgehen. Ein Schuster aus Ax-les-Thermes, Arnaud Sicre, Abkömmling einer katharischen Familie, die von der Inquisition enteignet worden war, lockte ihn zurück in den Machtbereich der Inquisition. Man hatte dem glaubensmüden Sicre versprochen, ihn großzügig zu entschädigen, wenn es ihm gelänge, den gesuchten *parfait* Bélibaste den Schergen des Inquisitors zu übergeben. Noch vor den Pyrenäen, bei Castelbón in einem Landzipfel der Grafschaft Foix, wurde Guillaume Bélibaste erwartet und festgenommen. Den Schluß hat Arnaud Sicre selbst vor Jacques Fournier erzählt, dem dieser Spitzel in den Diensten der mit ihm konkurrierenden Inquisition von Carcassonne nicht ganz geheuer war:

»In Tirvia ließ ich ihn verhaften. Da er sich in die *endura* begab, und ich fürchtete, er würde sterben, sagte ich ihm, daß ich bereute, ihn ausgeliefert zu haben, und daß ich ihn aus dem Gefängnis herausholen würde. Er glaubte mir, beendete sein Fasten und wurde dann nach Castelbón zurückgebracht. Seit ich ihn hatte verhaften lassen, schimpfte er mich unablässig Judas und Verräter, weil ich den Sohn Gottes verraten hätte, er nannte sich selbst Sohn Gottes. Er schimpfte mich noch Pharisäer, Sohn des Teufels und der Schlange. Er sagte, ich sei gar nicht der Sohn von Sibille den Balle. Er sagte, es gäbe vier große Teufel in der Welt, die herrschten und die Welt regierten: den Herrn Papst, der der größte Teufel sei, und den er Satan nannte; den Herrn König von Frankreich, den zweitgrößten Teufel; den Bischof von Pamiers, den drittgrößten, und den Herrn Inquisitor von Carcassonne, den vierten.«[13]

Guillaume Bélibaste wurde 1321 in Villerouge-Thermenès auf Befehl eines fünften verbrannt, den er vergessen hatte: des Erzbischofs von Narbonne.

Vom Nachleben der Katharer

Der Katharerfan aus Alfred Anderschs Erzählung *Ein Vormittag am Meer* hatte kein Glück. Die Kultstätten, von denen der Fernsehfilm berichtet hatte, wurden ihm zur Fata Morgana.

»Er hatte das Buch mitgenommen, weil er festgestellt hatte, daß das Seebad, in das sie fuhren, in einem Gebiet lag, in dem der ka-tharische Glaube geherrscht hatte; aber auf seinen Spazierfahrten in das Hinterland hatte er nichts gefunden, was an diese Vergan-genheit erinnerte.«

Er konnte auch nichts finden, es sei denn, er hätte in der Stadtbiblio-thek von Toulouse oder in den Archiven der Départements Haute-Garonne und Aude die Handschriftensammlung abgesucht: Nicht die Katharer selbst haben sich in Pergamentfolianten verewigt, es waren Inquisitionsschreiber und Ketzerpolemiker, die ihr Vorhan-densein bezeugen. Die Katharer sind wirklich spur-los verschwun-den. Sie haben keine Kirchen und Kultstätten hinterlassen, keine Skulptur und kein Altarbild hat ein Symbol ihrer dualistischen Reli-gion überliefert. Und diese Abwesenheit von sichtbaren Zeugnissen spricht noch nicht einmal für sich, indem sie die restlose Vernichtung der katharischen Ketzerei durch Kreuzzug und Inquisition doku-mentiert. Nicht weil die katholischen Verfolger gewissenhaft alles dem Erdboden gleichgemacht hätten, was das Zeichen des Ketzeri-schen trug, gibt es keine katharischen Kultstätten mehr zu sehen, sondern weil es nie katharische Kultstätten gegeben hat. Wie hätte es ihre Religion auch zulassen sollen, daß sich um Gegenstände dieser Welt, der Gegenwelt alles verehrungswürdigen Heiligen, eine beson-dere Verehrung bildet? Der bilderlose Katharismus war auch kein Protestantismus avant la lettre, der die gegen die katholische Sakral-kunst gerichtete Bilderlosigkeit zum neuen Kult entwickelte.

Dieser Bildentzug hat freilich etwas zutiefst Beunruhigendes. Man weiß aus den Aussagen der Katharer, an welchen Orten sie gelebt und gelitten haben, aber die Orte selbst wissen nichts davon. Wer heute Mirepoix besichtigt, sieht dieser ihre Vergangenheit keines-wegs verbergenden Stadt nicht an, daß sie einmal einige Dutzend ka-tharischer Häuser beherbergte: Die gut erhaltenen Gebäude verraten nicht, ob katholisch oder ketzerisch in ihnen gelebt worden ist. Weil etwas an dem irritierenden Kontrast zwischen Wissen und der Abwesenheit materieller Zeichen unerträglich zu sein scheint, sucht sich die unbefriedigte Phantasie einen Ausweg und füllt den bilderlosen Raum mit ihren eigenen Bildern. So wie das Mittelalter nicht akzeptieren wollte, daß der letzte Staufer wirklich der letzte war und ihn dann wahlweise als Friedrich III. oder Barbarossa weiterleben ließ, so wie zahllose Räuber- und Banditenlegenden um den undenkbaren Tod ihrer Helden kreisen, hat eine späte Nachwelt den Katharern einen Bildraum eingerichtet, in dem sie, mit Symbolen, Kultgegenständen und einer mythologischen Identität ausgestattet, in vertrauter Aufmachung überleben konnten.

Da ihr ruhmloses Verschwinden aus der Geschichte trotz allem nicht rückgängig zu machen war, hat ihnen die Epoche des Historismus rückwirkend wenigstens eine würdigere Vergangenheit mitgeben wollen. Der aus dem Département Ariège stammende protestantische Pfarrer Napoléon Peyrat eröffnete 1870 den Reigen mit seiner These, in den Katharern seien die in dem okzitanischen Völkergemisch untergegangenen Westgoten in einem letzten heroischen Aufbäumen wieder zum Vorschein gekommen. Auf die Westgoten folgten dann die Phönizier, Perser, Iberer und keltischen Druiden als Ahnen der okzitanischen Ketzer; solche erlauchte Abstammung ersparte immerhin umständliche historische Erklärungen, warum gerade der okzitanische Katharismus so machtvoll aufgebrochen war, und erlaubte es außerdem, den Kampf gegen die Katharer als eine mythologische Schlacht zu begreifen: In ihnen vernichtete die römische Kirche die letzten Zeugen der heidnischen Epoche. Den ganz großen Wurf brachten französische Wagnerverehrer zustande: Sie erkannten im *Parsifal* die Geschichte der Belagerung des Montségur wieder und identifizierten die dort gehütete Katharerkasse als den lange gesuchten Gral, den die Päpste endlich heimholen wollten nach Rom.[1]

Von Wagnerschen Fanfarenstößen begleitet, kannten die mythologischen Katharerdeuter kein Halten mehr. Der pensionierte Richter und Dorfbürgermeister Déodat Roché brachte dann noch den Katharismus mit der Lehre Rudolf Steiners in Verbindung, was Anthroposophen, Okkultisten und Astrologen auf den Plan rief; die Katharer wurden wieder zu dem, was sie in den Augen der katholischen Ketzerverfolger gewesen waren, zur okkulten Sekte, die sich in entlegenen Grotten versammelte und mit uralten Menschheitsgeheimnissen und Kultgegenständen hantierte, und in dieser Katharersekte finden Sektierer aller Art nach wie vor ihr Ebenbild.[2] Aus der Flut solchen »Schrifttums« ragt ein Buch hervor, das den vorausgegangenen mythologischen und okkultistischen Katharerdeutungen nichts bahnbrechend Neues hinzufügt, durch seine Wirkungsgeschichte und die Person seines Verfassers aber fünfzig Jahre nach seinem Erscheinen immer noch Interesse verdient: Otto Rahns *Kreuzzug gegen den Gral*.[3]

1933 erschienen, ist dieses Buch mit seiner kuriosen Mischung aus humanistischer Gelehrsamkeit und einem synthetischen Furor, der alles mit allem geheime Verbindungen unterhalten läßt, ein typisches Produkt der deutschen zwanziger Jahre, die den mit Prophetengestus auftretenden dilettantischen Großsynthetisierern - Prototyp: Graf Keyserling - einen Massenzulauf bescherten.

»Montségur war in uralten Zeiten ein Heiligtum der Göttin Belissena, der keltiberischen Astarte-Artemis-Diana, gewesen. Astarte war die Paredra Baals in der phönizischen Götterlehre und war als Artemis die Schwester Apollos in der hellenischen, als Belissena die Gattin Abellios in der keltiberischen Theogonie.«[4]

Die Herren der Katharerstadt Mirepoix sind selbstverständlich keine gewöhnlichen Menschen, sondern »Belissenasöhne«. Rahn verlängerte die Linie Montségur—Wagners Gralsburg Montsalvat zurück zu Wolfram von Eschenbachs Munsalvaesche und fand in freier philologischer Assoziation heraus, daß »Munsalvaesche« nicht einfach Wolframs eigentümliche küchenfranzösische Adaption des Namens Wildenburg (bei Amorbach), sondern das semantische Äquivalent von Montségur gewesen sei: Denn ein wilder Berg - mont sauvage - ist auch ein sicherer Berg - mons securus. Rahns Identifizierung der mythologischen Gralsburg mit der Burg des Raimond de Péreille und seine Auskunft, Trevrizent sei als Parzivals katharischer Lehrer zu verstehen, haben natürlich den naheliegenden Einwand herausgefordert, daß der im ersten Jahrzehnt des 13. Jahrhunderts geschriebene *Parzival* sich schlecht auf die Ereignisse von 1243/44 beziehen könne; worauf Rahns Kommentator Karl Rittersbacher weise erwidert:

»Der Streit um den geographischen Ort ist dazu angetan, die inneren Ereignisse zu verdecken. Rahns Formulierungen suchen das innere Ereignis.«[5]

Zwischen Wolfram von Eschenbach und Otto Rahn besteht in der Tat eine merkwürdige Wahlverwandtschaft, wenn man sich die herbe Kritik anschaut, die der Zeitgenosse Gottfrid von Straßburg an Wolframs Verfahren übte:

»Die aber in Mären wildern
Und wilde Mären bildern,
Mit Riegeln und Ketten klirren,
Kurze Sinne verwirren,
Und Gold von schlechten Sachen
Den Kindern können machen,
Die Büchsen schwingen und rütteln,
Statt Perlen Staub draus schütteln,
Die sind's!«[6]

Es wimmelt in *Kreuzzug gegen den Gral* nicht nur von katharischen Parzivals, da wird der Katharismus zur »Minnekirche«, zwischen dem Ariègetal und dem Montségur zieht sich eine »Straße der cathari« oder auch »Straße der Reinen« hin, in einer Höhle bei Lombrive wird die große »Katharerkathedrale« aufgebaut, und der südlich des Montségur aufragende Pic St. Barthélémy ist natürlich in Wahrheit der Berg Tabor. Die Mären, in denen Rahn wilderte, waren zum größten Teil schon von Napoléon Peyrat und Déodat Roché aufgebracht worden; manche von ihnen, zum Beispiel die Geschichte der fünfhundert in einer Höhle lebendig eingemauerten Katharer, werden bis heute noch vom *Guide Bleu* nacherzählt, und die regionalen Führer durch »le pays des cathares« sind wahre Fundgruben für den Mythographen des Katharismus. Aus *Kreuzzug gegen den Gral* klingt aber ein Ton heraus, der nicht einfach der Werbetrommel für den Montségur-Tourismus entstammt, der auch nicht im theosophischen Sphärenklang aufgeht. Hier hat sich einer soweit mit den Katharern identifiziert, daß er offenbar nicht mehr imstande war, zwischen der historischen Überlieferung und seinen eigenen Wunschbildern zu unterscheiden.

Otto Rahn hatte sich seine Katharerlegenden nicht am heimischen Schreibtisch zusammengeschrieben; er gehörte zu den Freaks seiner Zeit. Der 1904 in Michelstadt geborene Beamtensohn hatte als Fünfundzwanzigjähriger das ungeliebte Jurastudium aufgegeben und Deutschland den Rücken gekehrt, um in den Pyrenäen den Schatten der von ihm bewunderten Katharer nachzujagen. In dem Heimatforscher und Fremdenverkehrsvereinsvorsitzenden von Ussat-les-Bains, Antonin Gadal, fand der deutsche Aussteiger, wohl keine Selbstverständlichkeit im Frankreich von 1929, einen väterlichen Freund und Mentor. Drei Jahre lang durchstreiften die beiden Katharerfans zusammen die Höhlen des Ariègetals und kehrten mit allerlei Funden zurück, von Gralssymbolen bis zu einer mysteriösen

Inschrift Heinrichs IV., zum größten Teil verfertigt, wie die katholische Kirche ihre Reliquien verfertigt hat, im Do-it-yourself-Verfahren. Gleichzeitig aber arbeitete Rahn Berge historischer Literatur zu den Ketzerverfolgungen durch, was sich in seinem Buch als irritierendes Nebeneinander von aufwendigem Anmerkungsapparat und freier poetischer Spekulation niederschlug.

Die Katharer halfen Rahn dann aber doch nicht, sich ganz als literarischer Deuter zu etablieren. 1932 scheiterte sein Versuch, sich dauerhaft in der Ariège niederzulassen, wo der Ausländer Rahn einmal als deutscher Spion, zum anderen als Führer einer internationalen Geheimsekte verdächtigt wurde. Das 1933 veröffentlichte Buch brachte nicht den erhofften Durchbruch, obgleich es schon ein Jahr später in französischer Übersetzung erschien. Mangels verläßlicher biographischer Informationen bleibt Rahns weiterer Lebensweg im Halbdunkel: Sein Kommentator Rittersbacher spricht von gescheiterten Buchprojekten, deutet zunehmende persönliche Schwierigkeiten an, verschweigt aber geflissentlich, wodurch der erfolglose Schriftsteller sich allem Anschein nach aus dem Sumpf zu ziehen versuchte: durch seinen Beitritt zur SS im Jahr 1936, die ihn in einer Forschungsabteilung von Himmlers Zentrale beschäftigte.[7] Wurde Rahn dort als Kenner der Ketzerverfolgung gebraucht, da man vorhatte, die katholische Kirche durch die propagandistische Ausschlachtung all ihrer Missetaten mit Ausnahme der Judenpolitik zu bekämpfen? Wieder nur Nebel über der Biographie. Rittersbacher zitiert aus unidentifizierten Briefen Rahns, die von »Kummer in meinem Land« und dem »Heimweh nach dem Sabarthès« sprechen. Kurz nach seinem 35. Geburtstag wurde Otto Rahn im März 1939 erfroren im Wilden Kaiser aufgefunden und später in Darmstadt begraben; in der Friedhofskartei ist als letzter Dienstgrad SS-Sturmführer vermerkt.

> »Wie die katharische endura sieht sich dieses Sterben an. Als ob der Todesengel gütig von drüben das Consolamentum herübergereicht hätte, läßt sich der Hinübergang dieser suchenden Seele erleben, die auf der Erde die gesuchte neue Christusgeistigkeit nicht hatte finden können«, formuliert der hingerissene Biograph.[8]

Rahns mysteriöser Tod hat den Autor von *Kreuzzug gegen den Gral* endgültig zur Kultfigur der ihn schon zu Lebzeiten verehrenden okkultistischen und theosophischen selbsternannten Neo-Katharer in Frankreich werden lassen. Und da auch ein toter Held, ganz wie die Katharer, nicht wie ein gewöhnlich Sterblicher gestorben sein kann, wird heute noch von Rahns geheimnisvollem und katharerwürdigem

Wiederauftauchen erzählt: Zur Feier des siebenhundertsten Jahrestages des Scheiterhaufens von Montségur hat am 16. März 1944 ein deutsches Jagdgeschwader, zum Keltenkreuz formiert, den Berg überflogen, und im Cockpit der Führermaschine saß kein anderer als Otto Rahn.[9]

Da den Legenden gewöhnlich nicht die Wahrheit, sondern eine Gegenlegende auf dem Fuß folgt, hat der Wiedergänger Rahn inzwischen einen Interpreten ganz anderer Art gefunden. In seinem reißerisch aufgemachten und geschriebenen Buch *Le mystère Otto Rahn*, Untertitel: *du catharisme au nazisme*[10] macht der französische Fernsehjournalist Christian Bernadac aus Otto Rahn einen dämonischen Nazi, der bereits vor 1933 als SS-Agent in die Ariège geschickt worden sei, um Spionage zu treiben und Unruhe zu stiften. Gipfel der Dämonie: Otto Rahn ist im März 1939 gar nicht gestorben, sondern hat nur die Hülle des literarisch ambitionierten SS-Manns verlassen, um in der Gestalt des AA-Diplomaten und letzten Botschafters des Dritten Reichs in Rom Rudolf Rahn wieder aufzutauchen.[11] Für einen ehemaligen Katharerfreund hat dieser angeblich falsche Rahn ein in der Tat enttäuschend banales Ende gefunden: als Generalvertreter von Coca-Cola für die Bundesrepublik.

Es gibt in dieser windigen Kolportage allerdings eine Botschaft, die durch sämtliche Absurditäten und den Beleg durch die Wortmagie ersetzenden Scheinbegründungen hindurchschlägt und selbst keines Beweises bedarf, weil das *juste milieu* schon immer darauf vorbereitet war: Es ist verdächtig und gefährlich, sich auf die Ketzer einzulassen, lassen wir besser die Finger davon, »Vom Katharismus zum Nazismus«, kehren wir lieber in den Schoß der vernünftigen Orthodoxie zurück. Was Wunder, daß die Katharerfans dann noch enger die Reihen schließen und sich in ihren Sektenfestungen einigeln.

Was aber fängt das *juste milieu* mit der Gestalt einer Okzitanien- und Katharerverehrerin an, die aus einer ganz anderen Richtung als Rahn zu den Katharern stieß, der jüdischen Schriftstellerin, Spanienkämpferin und Weggenossin der Arbeiterbewegung Simone Weil? De Gaulle erklärte sie kurzerhand für verrückt, als sie sich in seinem Londoner Hauptquartier um eine Aufgabe für die Résistance bewarb. 1940 kam Simone Weil mit Déodat Roché, Rahns Inspirator, in Verbindung, und in den folgenden Jahren schrieb sie nach langen Aufenthalten im Languedoc hymnische Artikel über das Genie Okzitaniens und der Katharer: »Wenn sie gesiegt hätten, wer weiß, ob nicht das Schicksal Europas ein ganz anderes gewesen wäre?«[12] Mit einer immer asketischeren Lebensführung und ihrem

188

Auftreten im groben Büßergewand, das ihre alten Freunde entsetzte, und mit ihrem eigensinnigen Beharren, sich ihren Lebensunterhalt inkognito als Landarbeiterin zu verdienen, muß Simone Weil auch äußerlich einer katharischen *parfaite* geglichen haben. 1943 starb sie, siebenunddreißigjährig, an Tuberkulose und - Hunger.

»Im Katharismus hatte es etwas gegeben, das mit den Scheiterhaufen nicht erloschen ist«, heißt es bei Duvernoy, und es muß etwas von gewaltiger Anziehungskraft sein, was solche Identifikation, Produktion von Legenden, Kulten und Mystiken heraufruft. Oder läßt sich der Katharismus gerade deshalb so leicht mythologisch und mystisch besetzen, weil etwas Entscheidendes an ihm leergeblieben ist? Duvernoy wehrt sich völlig zu Recht gegen das verbreitete Amalgam von katharischer Religiosität und Mystik:

> »Was bei der Begegnung mit der (katharischen) Literatur wie angesichts der Gerichtsdokumente am stärksten ins Auge fällt, ist der rein logische, ja, vernünftelnde Charakter der Theologie, die weit mehr einer Beweisführung als einem Glauben gleicht.«[13]

Wie haben es die Katharer, die *croyants* zumal, auf die Dauer mit einer Lehre ausgehalten, die ihnen nichts zum Anschauen und Anfassen gab? Ganz einfach, indem sie sich bei den Katholiken holten, was ihnen fehlte, zur Messe gingen, falls nicht gerade das Interdikt verhängt war, ihre Sinne durch Heiligenbilder und Devotionalien reizten und im Zeichen des von den Katharern verachteten Kreuzes Hochzeiten, Taufen und Begräbnisse feierten. Und die katharischen Theologen erkannten die Koexistenz mit den katholischen Inszenierungen ausdrücklich an, da es im »rituel cathare« heißt:

> »Niemand soll glauben, daß ihr durch diese Taufe (das *consolamentum*) jene andere Taufe verachten müßt oder alles andere, was ihr bisher an Christlichem oder sonstwie Gutem getan oder gesagt haben mögt.«[14]

Als reine Negativität behielt der Katharismus etwas Parasitäres: Er verdankte ja nicht nur sein Entstehen dem Widerspruch zu den katholischen Zuständen, sondern auch sein Fortbestehen, indem er die Erfüllung der von ihm unerfüllbaren Glaubensaufgaben an den Katholizismus delegierte. In Abwandlung eines berühmten Satzes von Bloch könnte man auch sagen: Die Katholiken haben betrügend gesprochen, aber zu Menschen, die Katharer völlig wahr, aber von Sachen.[15]

Was den Katharismus in einer bestimmten Situation stark machte, seine radikale Negativität, hat ihn auf Dauer auch geschwächt, allerdings nur schwer erkennbar, da sein Schicksal nicht zu trennen ist von den Bedingungen der Verfolgung. Ob und wie er den Übergang von der Untergrundkirche zur herrschenden Institution verkraftet hätte, darüber läßt sich nur spekulieren. Die Vernichtung der katharischen Ketzerei war gewissermaßen überdeterminiert: Politisch sind die Katharer vom römischen Papsttum besiegt worden, militärisch von den französischen Königen und Baronen, polizeiwissenschaftlich von den Dominikanern. Aber Dubys Vermutung ist nicht von der Hand zu weisen, daß im Schatten der Vernichtungsfeldzüge von den Katharern auch eine spirituelle Schlacht verloren worden ist:

>Durch die Rehabilitation der Materie zerstörte die katholische Theologie die eigentliche Grundlage des Katharertums; vielleicht war es sogar der franziskanische Lobgesang auf die Kreaturen, der die entscheidenden Siege über die Häresie ermöglichte.«[16]

An anderer Stelle führt Duby den Gedanken zu einer Konsequenz fort, die für den Freund aller Ketzer schwer zu akzeptieren, aber auch schwer zu widerlegen ist:

>Die katharische Herausforderung hat den Christen Gelegenheit geboten, an ihrem Dogma und den Armaturen ihrer Religion zu arbeiten, sobald aber die Reflexion angestellt war, war es vorbei mit dem Katharismus.«[17]

Die Ambivalenz dieser, auf zahllose andere minoritäre und damit unterlegene Bewegungen übertragbaren Einsicht liegt darin, daß sie sich sowohl als Instrument zur retrospektiven Erkenntnis des Geschichtsverlaufs als auch zur Legitimation aller gegenwärtigen Orthodoxien und *justes milieus* benutzen läßt: Wenn die Abweichler, Neinsager, Aufrührer und Ketzer nur dazu dienen, das Große Ganze voranzubringen, ist es doch klüger, gleich auf der richtigen Seite zu bleiben. Da die zweite Anwendung ungleich populärer ist als die erste, gewinnt eine um Distanz bemühte, von Duby wie Duvernoy, Grundmann wie Borst praktizierte Ketzergeschichtsschreibung leicht den affirmativen und besserwisserischen Zug, der dann wieder die Ketzermythologen aus der Reserve lockt. Und sie haben recht mit ihrem Aufschrei, wenn die Geschichtsschreibung in ihrer objektivistischen Überheblichkeit dazu übergeht, die besiegten und benutzten Ketzer ein weiteres Mal totzuschlagen.

Alfred Andersch, der ein hervorragender Kenner der mittelalterlichen Geschichte war, hat diese Tendenz unter der Überschrift *Ein neuer Scheiterhaufen für alte Ketzer*[18] in einem Artikel über Norman Cohns *Das Ringen um das tausendjährige Reich* angeprangert, ein Buch, dessen Nachwirkung wahrscheinlich viel weiter gegangen ist als

seine unmittelbare Rezeption. In seinem 1957 im Original erschienenen Werk *The pursuit of the millenium* hat der englische Historiker Cohn
jene Bresche geschlagen, die zwanzig Jahre danach von den französischen »Neuen Philosophen« zu einer Prachtstraße ausgebaut
wurde: Kommunismus und Nationalsozialismus sind nicht bloß als
zweierlei Ausprägungen eines einzigen Totalitarismus zu begreifen,
sondern auch aus einer gemeinsamen historischen Wurzel zu erklären. Diese Wurzel ist für Cohn in der Ketzerei des Mittelalters zu
suchen:

> »Das war die Tradition des apokalyptischen Fanatismus, der sich
> - säkularisiert und relativiert - an Lenin und Hitler vererbte.«[19]

Die Erklärung dieses Vererbungszusammenhangs bleibt Norman
Cohn schuldig, und den Band, für den er den ausgebliebenen Nachweis versprach, hat er nie nachgeliefert:

> »Es würde freilich einen weiteren Band erfordern, wenn man be-
> weisen wollte - was durchaus möglich ist -, daß die in mancher
> Hinsicht so verschiedenen Ideologien des Kommunismus wie des
> Nationalsozialismus auf jenen uralten Glaubensvorstellungen fu-
> ßen, die die volkstümliche apokalyptische Ideenwelt Europas aus-
> machen.«[20]

Der Autor bietet aber einen Ersatz für die Beweisführung, der als Ersatz nicht weiter auffällt, weil seine Logik allen Anti-Ismen, vom An-
tikommunismus bis zum Antifaschismus, als Labsal dient. Weil ei-
nerseits Rosenberg in seinem *Mythus des 20. Jahrhunderts* das Loblied
auf Katharer, Beginen, Begharden und andere Ketzer anstimmte,
und andererseits die Kommunisten nicht aufhören, »den von Engels
begründeten Thomas-Müntzer-Kult um immer neue Bücher zu be-
reichern«, verraten beide ihre geheime und damit höchst verdächtige
Abstammung. Also Finger weg von der Ketzerei. Bleibe lieber orthodox und lehre das Redliche.

Kommunismus und Nationalsozialismus dienen Norman Cohn
letzten Endes als Knüppel, um seine Leser dorthin zu prügeln, wo er
sie haben will, in der vernünftigen Mitte, was noch nicht weiter
schlimm wäre, wenn der Drang zum *juste milieu* nicht auch noch rückwirkend gelten sollte. So aber wird, antitotalitär, noch einmal Siegergeschichte geschrieben. Gegenüber dem Fanatismus der Ketzer muß
man, wie Cohn es tut, dann einen Herrscher wie Ludwig IX. hervor-
heben, den Heiligen, der »einen für die Christenheit neuen Königsty-
pus« schuf und »mit seinem ehrlichen Mitgefühl für die bescheiden-
sten seiner Untertanen« angeblich außergewöhnliche Verehrung gewann. Nun war es derselbe heilige Ludwig, unter dessen Regent-

JUDENVERFOLGUNG
Mittelalterlicher Holzstich

schaft sich die Inquisition im französischen Königreich prächtig ent-
wickelte, und der, wie eine Polizeigeschichte des 18. Jahrhunderts
(»Traité général de Police«) vermerkt, dafür sorgte, »daß die Juden
auf ihr Obergewand, vorne und hinten, ein Stück gelben Filz (oder
Stoff) nähen lassen, eine Handbreit im Durchmesser und sechs
Handbreit im Umfang«. Nun wird König Ludwig dadurch, daß er

die Vorform des Judensterns einführte, noch nicht zum Vorläufer von Hitler, und die Inquisition macht ihn nicht zum Proto-Stalin. Aber es ist eine skandalöse Geschichtsfälschung, den Ketzern des Mittelalters die Verantwortung für die totalitären Herrschaftsformen des 20. Jahrhunderts in die Schuhe zu schieben.

Schön wäre es ja, wenn sich nicht nur ein paar Sektierer und Einzelgänger an den Katharern ein Beispiel genommen hätten, denen außer dem Mordanschlag auf die Inquisitoren in Avignonet keine dokumentarisch verbürgten Schandtaten nachzuweisen sind. Das Vorgehen ihrer Verfolger dagegen hat dauerhaft Schule gemacht. Wenn man nur energisch genug alle militärischen, polizeilichen, juristischen und psychologischen Mittel einsetzt, lautete die Lehre aus dem Kreuzzug gegen die Katharer, kann man die Störenfriede effektiv ausrotten. *Pravos extirpat et ensis et ignis et doctor.* Das Resultat der Operation hat nicht dem predigenden Dominikus, sondern seinen dreinschlagenden Schülern rechtgegeben. Und weil sich die Vernichtungsmaschine beim Kampf gegen die Häretiker so glänzend bewährt hatte, wurde sie auch gegen andere Querköpfe in Stellung gebracht: Im Jahr 1275 fand in Toulouse, dem Experimentierfeld der dominikanischen Repression, die erste beglaubigte Hexenverbrennung statt.

Dreißig Jahre später wurden die Juden aus dem französischen Königreich hinausgeworfen. Die Inquisition sollte ihre großen Tage erst noch erleben, im Spanien des 15. und 16. Jahrhunderts. Die katholische Kirche hat bis heute keinen Grund gesehen, sich von dieser Institution loszusagen, die in Form des »Heiligen Offizium« weiterbesteht. Der Kreuzzug ist ebensowenig verschwunden - aus der vatikanischen Rhetorik.

Sind also die Katholiken an allem schuld? Das würde den Protestanten so passen: Schwamm über der Ketzerverbrennung, die Calvin auf dem Gewissen hat, vergessen die Hexenjagden, zu denen Luther und seine Jünger bliesen. Statt Schuldzuweisungen auszusprechen, wäre es besser, sich zu fragen, weshalb alle diese Repressionstechniken das Absterben der Kirchenmacht so grandios überlebten. Im Rückblick erscheint das Jahrhundert der Katharerausrottung wie ein Laboratorium, in dem die auch heute noch gebräuchlichen Verfolgungs- und Vernichtungsverfahren entwickelt worden sind.

Deshalb wirkt der Katharerfeldzug in vieler Hinsicht so modern, und umgekehrt die moderne Repression so archaisch. Ließ die Inquisition die Häuser überführter Ketzer abreißen, so sprengen heute die Israelis auf der Westbank die Häuser als PLO-Mitglieder verdächtigter Palästinenser in die Luft; ließ die Inquisition die Gebeine posthum als Ketzer Verurteilter ausgraben und auf den Scheiterhaufen werfen, so ließ die tschechoslowakische Justiz die Leichen der in den Slánskyprozessen Verurteilten verbrennen und ihre Asche über böhmischen Feldern verstreuen, damit nichts mehr an ihre Existenz erinnerte. Kann man da aus dem mittelalterlichen Dämonenglauben geborene Magie und aufgeklärte Vernichtungswissenschaft klar unterscheiden? Die wohl beliebteste Hinterlassenschaft der Ketzerverfolgung ist das Prinzip der *Verketzerung* selbst, das von jeglicher sich ein Definitionsmonopol anmaßenden Macht oder Gruppe mit Erfolg verwendet werden kann. Entspricht nicht die Funktion, die der »Trotzkist« bei der Konsolidierung der Stalinschen Diktatur erfüllte, exakt der des Häretikers bei der Neuordnung der mittelalterlichen Welt?

In einem Kapitel seines Romans *Die Kommunisten* von 1949, das er nach der Entstalinisierung dann nicht mehr geschrieben haben wollte, hat Louis Aragon sehr anschaulich dargelegt, wie man als Orthodoxer mit Zweiflern in den eigenen Reihen umzuspringen hat:

»Zerrissen? Ach ja, Liebhaber von Gewissenskonflikten . . . Das ist ein Gebiet, weißt du, auf dem ich nicht sehr bewandert bin. - Ich weiß, ich weiß. Aber . . . Stell dir zum Beispiel vor, daß die Mehrheit des französischen Volkes etwas Bestimmtes denkt und du etwas anderes . . . Das ist doch eine Tragödie! Es sei denn, man würde Trotzkist! - Was phantasierst du denn da? Laß doch die Trotzkisten. Trotzkist wird man nicht. Die Trotzkisten sind gekaufte Spitzel, weiter nichts. Sie bilden doch kein philosophisches Problem!«[21]

Im 19. Jahrhundert war es der fromme Pater Ignaz v. Döllinger, der die Katharer die »Socialisten und Communisten« des Mittelalters nannte und seinen erschauernden Lesern vorrechnete,

»daß durch die Endura weit mehr Menschen, theils freiwillig, theils gezwungen, ihr Leben verloren haben, als durch die Verurtheilungen der Inquisition.«[22]

Sage mir, wie du dich zu den Verketzerten, Abweichlern, Dissidenten verhältst, und ich sage dir . . . nein, man hält besser den Mund. Denn wollte man die Geschichte nach denen absuchen, die es gut mit den Abweichlern meinten, sähe man sich zu allerlei kompromittierenden Sympathien gezwungen. Man müßte zum Beispiel die russische Zarin Katharina loben, weil sie die Polen mit Waffengewalt gezwungen hat, die unter dem Namen »Dissidenten« von allen Ämtern ausgeschlossenen Nichtkatholiken nicht mehr zu diskriminieren.

Oder Napoleon würde zum Helden der Häresie, weil seinem spanischen Feldzug die Abschaffung der spanischen Inquisition auf dem Fuß folgte. Haben nicht zahllose Minoritäten ihre Befreiung aus dem Griff einer religiösen oder nationalen Rechtgläubigkeit der Invasion einer anderen Macht zu verdanken, die *divide et impera* meint, wenn sie die Abweichler ihrer Feinde schützt, aber nicht im Traum daran denkt, mit ihren eigenen Abweichlern ebenso nachsichtig zu verfahren? Es sind ja immer die Ketzer *der anderen,* für die wir uns am schnellsten erwärmen; deshalb behält auch die *deutsche* Sympathie mit den Katharern und Okzitaniern etwas Zweifelhaftes, da sie den Opfern der *französischen* Rechtgläubigkeit gilt.

Woran liegt es, daß aus Dissidenten, Leuten also, die sich nur absetzen, *dis-sidere* wollen, allzuoft Überläufer werden, die im anderen Lager landen und dadurch der um sich schlagenden Rechtgläubigkeit zu einem ruhigen Gewissen verhelfen? Weil es ihnen ganz selten gelingt, aus der Logik des *tertium non datur* auszubrechen, in der zusammen mit ihren Verfolgern auch ihre selbsternannten Freunde gefangenbleiben. Wenn die als Manichäer bezeichneten Katharer uns etwas anderes hinterlassen haben als Anlässe zu romantischen Gefühlsausbrüchen, dann die Aufgabe, den Manichäismus der Freund-Feind-Logik aufzusprengen, der sie selbst unterlagen, das heißt die Dissidenten nicht nur dann zu akzeptieren, wenn sie aus dem anderen Lager kommen. Sondern auch aus dem eigenen.

Es ketzere jeder vor seiner eigenen Tür.

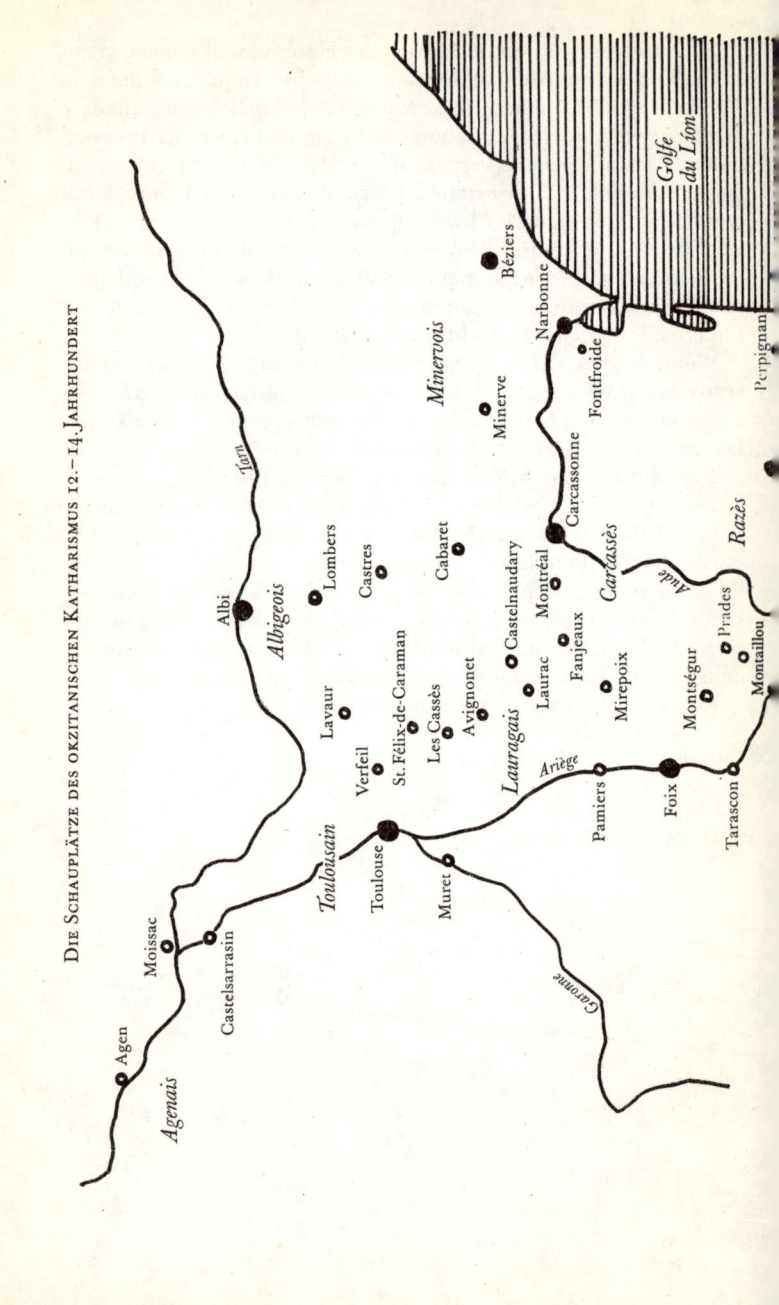

DIE SCHAUPLÄTZE DES OKZITANISCHEN KATHARISMUS 12.–14. JAHRHUNDERT

Anmerkungen

In Erwartung des Weltendes: Die millenarische Unruhe

1 Zitiert nach: Arno Borst, *Lebensformen im Mittelalter*, Frankfurt-Berlin-Wien 1982, S. 588 f.

2 Manuskript 121 der Stadtbibliothek von Châlons-sur-Marne, zit. n. Jean Duvernoy, *L'histoire des cathares*, Toulouse 1979, S. 95, Anm. (im folgenden zitiert als: Duvernoy, *L'histoire*.)

3 *Vie de Gauzlin, abbé de Fleury*, hg. u. übers. von R.-H. Bautier und G. Labory, Paris 1969, S. 181 ff.

4 a. a. O., S. 96.

5 Zitiert nach: Duvernoy, *L'histoire*, S. 88 f.

6 Zit. n. op. cit., S. 97.

7 H.-C. Puech und A. Vaillant, *Le Traité contre les Bogomiles de Cosmas le Prêtre*, Paris 1945, S. 54.

8 cf. Gerhard Ficker, *Die Phundagiagiten, Ein Beitrag zur Ketzergeschichte des byzantinischen Mittelalters*, Leipzig 1908.

Trotz Kirchenreform und Kreuzzugsaufbruch greift die Ketzerei um sich

1 *Die Zeit der Kathedralen*, Frankfurt/Main 1980, S. 15.

2 Chronique de Saint-André des Champs de Cambrai, zit. n. Duvernoy, *L'histoire*, S. 103.

3 Cf. Herbert Grundmann, *Religiöse Bewegungen im Mittelalter*, Darmstadt 1977, bes. S. 80 f. und passim.

4 »Bunt gemischt machen sich alle Stellungen, Männer, Frauen, Reiche, Arme, Geistliche und Laien für die Überfahrt bereit. Die kommende Gesellschaft, die befreit ist von den Schrecken des Jahres Tausend, jene Gesellschaft, die Radulf Glaber erahnt, mit seinen Wünschen herbeiruft, ist die Kreuzzugsgesellschaft.« Georges Duby, *Die drei Ordnungen*, Frankfurt/Main 1981, S. 291.

5 zit. n. Duvernoy, *L'histoire*, S. 199.

6 J. Fearns (Hg) *Petri Venerabilis contra Petrobrusianos hereticos*, Turnhout 1968, S. 9 f. Petrobrusiani = Anhänger des Petrus Brusianus, Pierre de Bruis.

7 Zit. n. Elie Griffe, *Les débuts de l'aventure cathare en Languedoc*, Paris 1969, S. 30.

8 Zit. n. Duvernoy, *L'histoire*, S. 204.

9 Guillaume de Puylaurens, *Chronique*, hg. v. Duvernoy, Paris 1976, S. 26 f.

10 Zit. n. Duvernoy, *L'histoire*, S. 205.

11 Griffe, op. cit., S. 51; Duvernoy hält Griffes Deutung für nicht stichhaltig - üblicher Gelehrtenstreit.

12 Zit n. Duvernoy, *L'histoire*, S. 110; nach Arno Borst, *Die Katharer*, Stuttgart 1953, S. 91, handelte es sich um die erste Ketzerverbrennung in Deutschland.

13 Zit. n. Duvernoy, *L'histoire*, S. 109.

14 Griffe, op. cit., S. 38.

Die Kölner Katharer werden verbrannt, die Katharer von Albi gründen ihre Ketzerkirche

1 Cf. Duvernoy, *L'histoire*, S. 210, Anm. 59.

2 Zit. n. Duvernoy, *L'histoire*, S. 210 f.

3 Zit. n. Griffe, op. cit., S. 64.

4 Griffe, S. 81; Duvernoy, *L'histoire*, S. 216.

5 Duvernoy, *L'histoire*, s. 217.

6 Der Name Okzitanien, der seit den sechziger Jahren vielfach den Ausdruck Südfrankreich ersetzt, ist mißverständlich, wenn man damit die Gesamtheit der Regionen bezeichnen will, in denen okzitanisch gesprochen wurde (und teilweise noch wird); dann umfaßt er nämlich auch solche Regionen, die, wie die Auvergne oder die Gascogne, in einen ganz anderen politischen Zusammenhang gehörten als die hier im Mittelpunkt stehende Grafschaft Toulouse mit ihren Vasallenländern und zudem von der Ketzerei nicht nennenswert berührt waren. Nimmt man Okzitanien dagegen als Übersetzung für *terrae linguae occitanae*, dann bezeichnet der Ausdruck exakt jene Regionen, die, unter dem lateinischen Namen, als Strafe für die in ihnen geduldete Ketzerei, dem französischen Königreich einverleibt wurden. Das im folgenden in diesem Sinn verstandene Okzitanien bezeichnet den Schauplatz der Katharergeschichte dann auch präziser als das (geographisch kleinere) Languedoc; das früher gebräuchliche »Provence« als Name für die Katharer- und Troubadourländer führt dagegen völlig in die Irre.

7 Renée Mussot-Goulard, *Les occitans*, Paris 1978, S. 115.

8 Griffe, op. cit. S. 88 f.

9 *L'histoire*, S. 220.

Die Eidechse im Eselskopf. Die Religion der Katharer

1 Cf. Friedrich Kluge, *Etymologisches Wörterbuch der deutschen Sprache*, 19. Aufl., Berlin 1963, S. 365.

2 *Montaillou. Ein Dorf vor dem Inquisitor*, Frankfurt-Berlin-Wien 1980.

3 *Le livre secret des cathares. Interrogatio Iohannis*. Hg. v. Edina Bozóky, Paris 1980. Im folgenden zitiert als *Interrogatio*.

4 *Interrogatio*, S. 26: »Explicit secretum hereticorum de Concoressio portatum de Bulgaria Nazario suo episcopo plenum erroribus.«

5 *Interrogatio*, S. 59-63.

6 *Registre de Jacques Fournier*, hg., übers. u. kommentiert v. Jean Duvernoy, Paris-Den Haag, 1978, S. 762. Die Aussage stammt von dem Ex-Katharer und Denunzianten Arnaud Sicre, siehe vorletztes Kapitel.

7 A. Dondaine, *Un traité néo-manichéen du XIII᷎ siècle, le ›Liber de duobus principiis‹, suivi d'un fragment du rituel cathare*, Rom 1939, S. 121. Zit. n. René Nelli, *Le phénomène cathare*, Toulouse 1964, S. 130.

8 Zit. n. Nelli, op. cit., S. 132.

9 Nelli, S. 133.

10 Ebda.

11 L. Clédat, *Nouveau testament, traduit au XIII᷎ siècle en langue provençale, suivi d'un rituel cathare*, Paris 1887, S. 155.

12 *La philosophie du catharisme*, Paris 1976, S. 16. »Toutes choses ont étés faites par Lui et sans Lui a été fait (ce qui est) néant *(nient,* c'est-à-dire le quasi-néant, l'existence négative).«

13 *Interrogatio*, S. 69.

14 *Interrogatio*, S. 146, Anm. 194.

15 *Montaillou*, S. 15.

16 Cf. Stephen Runciman, *The Medieval Manichee*, Cambridge 1982, S. 149.

17 A. a. O., S. 83.

18 Cf. Runciman, op. cit. S. 151 f. Die

von Pythagoras im 6. Jh. v. u. Zt. be-
gründete lebensreformerische Bewegung von Kroton lehnte den Fleisch-
verzehr ab, um die Seelen bei der
Wanderung nicht zu stören. Siehe
Horst Kurnitzky, »Angst vor
Fleisch« in: *Freibeuter 1*, Berlin 1979.
S. 136 f. Vielleicht sind eben deshalb
vegetarische Theo- und Anthroposophen auf die Katharer abgefahren.

Siehe »Vom Nachleben der Katharer«.

19 *Registre de Jacques Fournier*, S. 945 f.
20 Cf. Nelli, *La philosophie du catharisme*,
S. 179.
21 *Registre de Jacques Fournier*, S. 999.
22 Cf. Nelli, *La philosophie du catharisme*,
S. 9.
23 Edina Bozóky in: *Interrogatio*, S. 217.

Gib uns unser überstoffliches Brot. Die Riten der Katharer

1 *Das Prinzip Hoffnung*, Frankfurt/
Main 1973, S. 1473.
2 Nelli, *La philosophie du catharisme*, S.
198.
3 Runciman, S. 155.
4 Nelli, *La vie quotidienne des cathares*, Paris 1969, S. 50 f.
5 Nelli, *La philosophie du catharisme*, S.
197.
6 Cf. Runciman, S. 158.
7 Cf. Nelli, *La philosophie du Catharisme*,
S. 191.
8 Zit. n. Duvernoy, *La religion du catharisme*, Toulouse 1976, S. 204 f.
9 Nelli, a. a. O.
10 Cf. Duvernoy, *La religion*, S. 207.
11 *Beiträge zur Sektengeschichte des Mittelalters*, Bd. I, Nachdruck New York
1960, S. 210 f.
12 Übers. n. Döllinger, op. cit., S. 214.
13 Cf. Duvernoy, *La religion*, S. 166,
Anm. 92.

14 *Kreuzzug gegen den Gral*, Berlin 1933,
Neuausgabe Stuttgart 1964, S. 112.
Um die Katharer noch interessanter
zu machen, griff Rahn ausgerechnet
auf die durch nichts belegten Be-
hauptungen des schaudernden katholischen Ketzerfachmanns Döllinger zurück: Op. cit. S. 225 f.
15 *Summa contra haereticos*, hg. v. A. Dondaine, S. 68.
16 Cf. Duvernoy, *La religion*, S. 167.
17 Cf. Döllinger, op. cit., S. 208 f.
18 Übers. n. Döllinger, *Dokumente zur
Sektengeschichte, vornehmlich zur Geschichte der Waldesier und Katharer*, New
York 1960, S. 37.
19 *Registre*, S. 349.
20 *Registre*, S. 561.
21 *Registre*, S. 533.
22 *Registre*, S. 930.
23 Duvernoy, *La religion*, S. 169.
24 *Montaillou*, S. 252.

Asketen und Libertins. Die Dualethik der Katharer

1 *Montaillou*, S. 16.
2 ' *Saint-Genet, Komödiant und Märtyrer*,
Hamburg 1982, S. 353.
3 *Registre*, S. 1015.
4 *La philosophie du catharisme*, S. 133.
5 Zit. n. Mussot-Goulard, *Les occitans*,
S. 33.
6 *Registre*, S. 717. Duvernoy merkt
dazu an, daß zwischen 1575 und
1610 264 Angeklagte von der spani-

schen Inquisition verurteilt wurden,
nur weil sie der gleichen Meinung
waren wie Pierre Vital. Cf. Kamen,
Histoire de l'Inquisition espagnole, Paris
1966, S. 194.
7 *Registre*, S. 1014 f.
8 Siehe Kapitel ›Aus Bettelmönchen
werden Inquisitoren . . .‹.
9 *Registre*, S. 265 f.
10 *Registre*, S. 299.

11 *Registre*, S. 322.

12 *Registre*, S. 267.

13 Über die Sippe Clergue und ihr Schicksal: *Montaillou*, S. 84-99.

14 Zit. n. Duvernoy, *La religion*, S. 255.

15 *Super Apocalypsim,* hg. v. Gastadelli, *Temi e testi* 17, Rom 1970, S. 210.

16 Döllinger, *Dokumente,* S. 295 f.

17 Das Äquivalent zur Ketzerkatze ist das »Judenschwein«: Eine deutsche Karikatur des 15. Jahrhunderts zeigt einen Juden, der sich mit heraushängender Zunge dem Hintern des »großen Judenschweins« nähert. Cf. Eduard Fuchs, *Die Juden in der Karikatur,* München 1921. S. 8 f.

18 E. Reinke-Köberer, *Sexualität in der Psychoanalyse heute - ein Tabu?* in: *Das Unbehagen in der Psychoanalyse,* Frankfurt/Main 1983, S. 89.

19 »In der Weltsicht der Katharer, nach der Auffassung der höfischen Liebe (hier Minne), besteht ja die höchste Sünde, die Erbsünde, darin, den Liebesakt zu vollziehen, ohne zu lieben, der rein physischen Sinnlichkeit nachzugeben.« *Die Liebe und das Abendland,* Köln 1966, S. 167. Diese »Weltsicht« der Katharer hat Denis de Rougemont wie andere den Katharern nachgesagte Ansichten frei erfunden: In der katharischen Terminologie ist für »Liebe« kein Platz, und in keiner einzigen Aussage ist jemals von ihr die Rede. Nur Thema Nr. 1 zählt.

20 *Registre,* S. 1176.

21 *Paradies,* 9. Gesang.

22 Nelli, *Le phénomène cathare,* S. 150 ff.

23 Zit. n. Nelli, *La poésie occitane,* Paris 1972, S. 74 f: »S'ieu fos maritz, mot agra gran fereza / C'oms desbraiatz lonc ma moiller segues, / Qu'ellas e il an faudas d'un'ampleza / E fuoc ab grais fort leumen s'es enpres.«

24 Duvernoy, *La religion,* S. 279.

25 Cf. Mondner/Barlet, *Südfrankreich/ Occitanien,* München 1978, S. 17.

26 *Königin der Troubadoure,* München 1979.

27 *Summa,* Hg. Dondaine, S. 63.

28 Vaissète-Molinier, *Histoire du Langue-doc,* Bd. VIII, S. 224.

29 Nelli, *La vie quotidienne des cathares,* S. 106.

30 *La religion,* S. 264.

31 Cf. *Registre,* S. 999.

32 Duvernoy, *La religion,* S. 65.

33 *Montaillou,* S. 14.

34 *Un traité . . .,* Rom 1939, S. 49, Anm.

35 *Registre,* S. 300.

Mönche werden ausgelacht, der päpstliche Legat wird erschlagen

1 Georges Duby, *Die Zeit der Kathedralen,* S. 226.

2 Griffe, op. cit., S. 96.

3 Duvernoy, *L'histoire,* S. 222.

4 *L'histoire,* S. 227.

5 *Chronique,* S. 28 f.

6 Komplettes Verzeichnis bei Duvernoy, *L'histoire,* S. 230 ff.

7 *L'histoire,* S. 235.

8 Nelli, *Le phénomène cathare,* S. 81.

9 A. a. O., S. 12.

10 Op. cit., S. 133.

11 Jean-Luc Déjean, *Quand chevauchaient les Comtes de Toulouse,* Paris 1979, S. 217.

12 Cf. Runciman, op. cit. S. 132, Anm.

13 Ob sie die Kutte ganz freiwillig nahm, weiß man nicht genau. In seiner Untersuchung *Frauenfrage und Ketzertum im Mittelalter,* Berlin/DDR, 1962, macht Gottfried Koch darauf aufmerksam, daß es für die Feudalherren handfeste materielle Motive gab, Ehefrauen, die ihnen aus dynastiepolitischen Gründen lästig geworden waren, zu den Katharern zu

schicken. »Am reibungslosesten konnte er (Raimond VI.) sich der Frauen entledigen, wenn er ihnen das Consolamentum geben ließ, da damit die Ehe gelöst und jegliche Besitzansprüche der Frau hinfällig waren. Bei der Lösung seiner ersten Ehe lehnte er es ausdrücklich ab, daß seine Frau in den Zisterzienserorden oder den Orden von Fontevrault eintrete. Hier hätte er sicherlich denjenigen noch Schenkungen machen müssen, deren Güter er nur allzu gern selbst besessen hätte. Die Unterstützung, die er den ketzerischen Frauen zukommen ließ, stand dazu in keinem Verhältnis.« S. 25. Auch die Schwester des Grafen von Foix wurde offenbar nicht nur aus Erlösungssehnsucht ermutigt, zu den *parfaites* zu gehen. Die okzitanischen Herren brauchten kein Muster an Toleranz zu sein, um eine derart vorteilhafte Häresie zu schonen.

14 Zit. n. Zoé Oldenbourg, *Le Bûcher de Montségur,* Paris 1959, S. 57 f.
15 Runciman, op. cit. S. 135, Anm.
16 *Geschichte der Kreuzzüge,* München 1978, S. 1252.
17 Oldenbourg, op. cit., S. 10.
18 Heute scheinen sich Dominikus' Geist und Katharismus versöhnt zu haben: Im Untergeschoß des Hauses in Fanjeaux, das der Mönch eine zeitlang bewohnte, hat die führende Zeitschrift der Katharerforschung, *Les Cahiers de Fanjeaux,* ihren Sitz.
19 Duvernoy, *L'histoire,* S. 250.
20 A. a. O., S. 251.
21 Oldenbourg, S. 99.
22 Runciman, *The medieval Manichee,* S. 138.
23 *Sämtliche Werke,* Bd. 4, Stuttgart, o. J., S. 136.

Der Skandal von 1209: Christliche Kreuzfahrer überfallen ein christliches Land

1 Zit. n. Déjean, op. cit., S. 265.
2 S. 8.
3 Zit. n. Heinrich Brinkmann, *Marx und Müntzer,* ungedr. Habilitationsschrift, Gießen 1982, S. 258.
4 Zit. n. Oldenbourg, S. 88.
5 Zit. n. Oldenbourg, S. 17.
6 Duvernoy, *L'histoire,* S. 252, Anm.
7 Ebda.
8 Déjean, S. 279.

Aus dem päpstlichen Kreuzzug wird ein französischer Kolonialkrieg

1 Duvernoy, *L'histoire,* S. 253.
2 Ebda.
3 Griffe, op. cit., S. 169.
4 Déjean, S. 287.
5 Déjean, S. 292 f.
6 Lenau, Sämtl. Werke, Bd. 4, S. 136.
7 Oldenbourg, S. 163.
8 Ebda, S. 166.
9 S. 167.
10 Alex Bein, *Die Judenfrage,* Stuttgart 1980, S. 93 f.
11 Zit. n. Oldenbourg, S. 188.
12 Sirventès des Troubadours Guilhelm Figueira, zit. n. Déjean, S. 201.

Die Katharer geben nicht auf, aber Toulouse gibt klein bei

1 Zit. n. Oldenbourg, S. 200 f.
2 Duvernoy, *L'histoire*, S. 262.
3 Duvernoy, *La religion*, S. 283.
4 Duvernoy, *L'histoire*, S. 258.
5 Zit. n. Oldenbourg, S. 220.
6 Duvernoy, *L'histoire*, S. 268.
7 Ebda.
8 Zit. n. Déjean, S. 200.

Aus Bettelmönchen werden Inquisitoren, Theologie wird Polizeiwissenschaft

1 *Die Zeit der Kathedralen*, S. 239.
2 Zit. n. Oldenbourg, Appendix IV, S. 389 ff.
3 Wortlaut bei Grundmann, op. cit. S. 138 f.
4 Oldenbourg, loc. cit.
5 Oldenbourg, S. 280.
6 Duvernoy, *L'histoire*, S. 268.
7 Duvernoy, *L'histoire*, S. 274, Anm.
8 Ebda.
9 Bernard Gui, *Manuel de l'Inquisiteur*, lateinisch-französisch, hg. v. Guy Mollat, Paris 1926, S. 57.
10 Ebda.
11 S. 140-143.
12 *L'histoire*, S. 276.
13 S. 277.
14 S. 281.
15 Oldenbourg, S. 340, Anm.

Nach der letzten okzitanischen Erhebung fällt auch Montségur

1 In einem Band der Reihe »Trente journées qui ont fait la France« (Dreißig Tage, die Frankreich gemacht haben), in der Zoé Oldenbourgs *Le Bücher de Montségur* erschien, hat Georges Duby diese Schlacht minutiös beschrieben: *Le dimanche de Bouvines*, Paris 1973.
2 Duvernoy, *L'histoire*, S. 285.
3 Duvernoy, *La religion*, S. 281.
4 Nelli, *La vie quotidienne des cathares*, S. 257 ff.
5 Duvernoy, *L'histoire*, S. 292.
6 S. 294.
7 Duvernoy, *La religion*, S. 251.
8 *L'histoire*, S. 126 f.

Exil, Diaspora, Ende. Die Vernichtung hat funktioniert

1 *L'histoire*, S. 297.
2 S. 304 f.
3 *The medieval Manichee*, S. 128.
4 *Registre*, S. 1011 f.
5 Dazu ausführlich Borst, *Die Katharer*, S. 137 ff.
6 loc. cit.
7 Duvernoy, *L'histoire*, S. 314.
8 Bernard Gui, *De fondatione et prioribus conventuum*, hg. v. Amargier, Rom 1961, S. 103.
9 *Registre*, passim.
10 *Registre*, S. 838.
11 Der letzte *parfait* ist inzwischen zur Hauptfigur eines schönen Romans geworden: Henri Gougaud, *Bélibaste*, Paris 1982.
12 *Registre*, S. 1019.
13 S. 794.

Vom Nachleben der Katharer

1 Zu den wagnerianischen und anderen Katharerlegenden: *Cahiers de Fanjeaux*, Nr. 14, Toulouse, *Mythographie du catharisme*.

2 Der Autor ist in Frankreich einer katharerverehrenden Sekte begegnet, die sich kurioserweise »Fraternité blanche« nennt, fast wie die ketzerjagende »Confrèrie blanche« des Bischofs Fulko.

3 Freiburg 1933, Neuausgabe Stuttgart 1964.

4 Rahn, Stuttgart 1964, S. 126.

5 Rahn, S. 236.

6 Zit. n. Eduard Engel, *Geschichte der deutschen Literatur*, Bd. I, Leipzig 1910, S. 105.

7 Cf. Vorwort von Paul Ladame zu: Otto Rahn, *La cour de Lucifer*, Paris 1976: Übersetzung von: *Luzifers Hofgesind*, Berlin 1938.

8 *Kreuzzug gegen den Gral*, S. 305.

9 Laut einem Mitglied der »Fraternité blanche«. Die Geschichte mit dem deutschen Flugzeug über dem Montségur wird in milderen Versionen vielerorts am Pyrenäenrand weitererzählt.

10 Paris 1978.

11 Nach Auskunft des römischen Korrespondenten der Wochenzeitung DIE ZEIT, Hansjakob Stehle, der wie der Botschafter *Rudolf* Rahn aus Ulm stammt und mit dessen Familie bekannt ist, ein reines Hirngespinst. Es gibt kein Loch in der Biographie Rudolf Rahns, durch das ein anderer in dessen Identität hätte hineinschlüpfen können.

12 *Ecrits historiques et politiques*, Paris 1960, S. 71.

13 Duvernoy, *La religion*, S. 269.

14 P. Dondaine, *Un traité néo-manichéen du XIIIe siècle*, Rom 1939.

15 Bei Bloch heißt es: »Die Nazis haben betrügend gesprochen, aber zu Menschen, die Sozialisten völlig wahr, aber von Sachen.« *Vom Hasard zur Katastrophe*, Frankfurt/Main 1972, S. 197. Es ist klar, daß damit eine *strukturelle* Analogie angesprochen wird und kein denunziatorischer Vergleich der Katholiken mit den Nationalsozialisten, so wenig wie die Verklärung der Katharer als Frühsozialisten.

16 *Die Zeit der Kathedralen*, S. 257.

17 Interview in *Magazine littéraire*, Nr. 189, Paris, November 1982, S. 24.

18 *Ein neuer Scheiterhaufen für alte Ketzer*, Kritiken und Rezensionen. Zürich 1979, S. 89-95.

19 *Das Ringen um das tausendjährige Reich*, Revolutionärer Messianismus im Mittelalter und sein Fortleben in den modernen totalitären Bewegungen, Bern 1961, S. 271.

20 Ebda.

21 *Die Kommunisten*, Bd. 1, Stuttgart 1953, S. 169.

22 *Sektengeschichte des Mittelalters*, S. 226.

Bibliographie

Quellentexte

Bozóky, E. (Hg.): *Le livre secret des cathares. Interrogatio Iohannis*. Paris, 1980.

Clédat, L. (Hg.): *Le Nouveau Testament traduit au XIIIème siècle en langue provençale, suivi d'un rituel cathare*. Paris, 1887; Nachdruck Genf, 1968.

Döllinger, I. V. (Hg.): *Dokumente vornehmlich zur Geschichte der Valdesier und Katharer. Beiträge zur Sektengeschichte des Mittelalters, Bd. II*. München 1890; Neudruck New York, 1960.

Duvernoy, J. (Hg.): *Chronique de Guillaume Pelhisson*, Toulouse, 1958.

Duvernoy, J. (Hg.): *Guillaume de Puylaurens, chronique 1203-1275*. Paris, 1976.

Duvernoy, J. (Hg.): *Le registre de Jacques Fournier*, Band I-III. Paris-Den Haag, 1977-1978.

Guebin, P. u. Maisonneuve, H.: *Pierre des Vaux de Cernay, Histoire albigeoise*. Paris, 1951.

Martin-Chabot, E. (Hg.): *Le chanson de la croisade (Los cansos de la crusada)* von Guilhelm de Tudela und Anonymus, Neuausgabe Paris, 1972.

Mollat, G. (Hg.): *Bernard Gui, Manuel de l'Inquisiteur*, 2 Bde. Paris, 1927.

Thouzellier, Ch. (Hg.): *Livre de Deux Principes*. Paris, 1973.

Thouzellier, Ch./ (Hg.): *Un traité cathare inédit du début du XIIIème siècle d'après le Liber contra Manichaeos de Durand de Huesca*. Löwen, 1961.

Thouzellier, Ch. (Hg.): *Rituel cathare latin*. Paris, 1977.

Zur Geschichte der Ketzerei

Borst, A.: *Die Katharer*. Stuttgart, 1953.

Borst, A.: *Lebensformen im Mittelalter*. Frankfurt-Berlin-Wien, 1982.

Cahiers de Fanjeaux bes. Nr. 3 *Cathares en Languedoc*. Toulouse, 1968.

Déjean, J.-L.: *Quand chevauchaient les comtes de Toulouse*. Paris, 1979.

Duby, G.: *Die Zeit der Kathedralen*. Frankfurt/M., 1980.

Duvernoy, J.: *Le Catharisme, Bd. 1, La religion des cathares*. Toulouse, 1976. Bd. 2, *L'histoire des cathares*. Toulouse, 1979.

Griffe, E.: *Les débuts de l'aventure cathare en Languedoc*. Paris, 1969.

Grundmann, H.: *Religiöse Bewegungen im Mittelalter. Untersuchungen über die geschichtlichen Zusammenhänge zwischen der Ketzerei, den Bettelorden und der religiösen Frauenbewegung im 12. und 13. Jahrhundert und über die geschichtlichen Grundlagen der deutschen Mystik*. Berlin, 1935; Neuausgabe Darmstadt, 1977.

Koch, G.: *Frauenfrage und Ketzertum im Mittelalter*. Berlin/DDR, 1962.

Le Roy Ladurie, E.: *Montaillou. Ein Dorf vor dem Inquisitor*. Frankfurt-Berlin-Wien, 1980.

Le Roy Ladurie, E.: *Die Bauern des Languedoc*. Stuttgart, 1983.

Nelli, R.: *Le phénomène cathare*. Toulouse, 1981.

Nelli, R.: *Les cathares ou l'éternel combat*. Paris, 1972.

Nelli, R.: *La philosophie du catharisme*. Paris, 1978.

Nelli, R.: *La vie quotidienne des cathares*. Paris, 1980.

Nelli, R.: *L'érotique des Troubadours*. Toulouse, 1963.

Primov, B.: *Les bougres*. Paris, 1975.

Oldenbourg, Z.: *Le bûcher de Montségur*. Paris, 1959.

Runciman, S.: *The medieval manichee*. Cambridge, 1982.

Wakefield, W. L.: *Heresy, crusade and inquisition in southern France*. London, 1974.

Literarisches Nachleben der Katharer

COHN, N.: *Das Ringen um das tausendjährige Reich. Revolutionärer Messianismus im Mittelalter und sein Fortleben in den modernen totalitären Bewegungen.* Bern, 1961.

ECO, U.: *Der Name der Rose.* Roman. München, 1982.

GOUGAUD, H.: *Bélibaste.* Paris, 1982.

KIS, D.: *Ein Grabmal für Boris Dawidowitsch.* München, 1983.

LENAU, N.: *Die Albigenser.* in: *Sämtliche Werke,* Bd. 4, Leipzig o. J.

RAHN, O.: *Kreuzzug gegen den Gral.* Freiburg, 1933; Neuausgabe Stuttgart, 1964.

ROLL, E.: *Die Katharer.* Stuttgart, 1978.

ROUGEMONT, D. DE: *Die Liebe und das Abendland.* Köln, 1966.

WEIL, S.: *Ecrits historiques et politiques.* Paris, 1960.

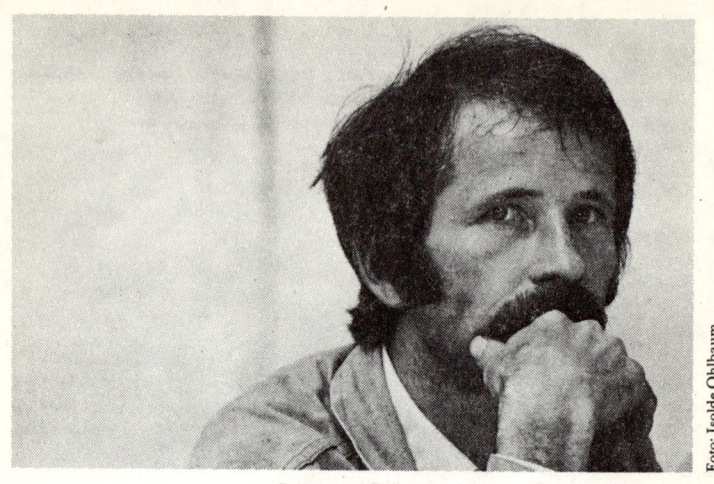

LOTHAR BAIER

geboren 1942, lebt als
Literaturkritiker, Übersetzer und Essayist
in Frankfurt am Main.
1982 erschien sein Band
Französische Zustände, Berichte und Essays

EINE ANDERE ART, UNSERE GESCHICHTE ZU LESEN

Verlag Klaus Wagenbach Berlin

LESEÜBUNGEN, Z. B.:

Franz Kafka   In der Strafkolonie
Eine Geschichte aus dem Jahre 1914. Mit Quellen,
Abbildungen, Materialien und Anmerkungen von
Klaus Wagenbach.   WAT 1. 96 Seiten, DM 7.50

Einar Schlereth   Indonesien
Die Menschen, das Land, die Kultur
WAT 4. 128 Seiten, DM 9.50

Erich Mühsam   Fanal
Aufsätze und Gedichte. Herausgegeben von
Kurt Kreiler.   WAT 22. 192 Seiten, DM 9.50

Der Automaten-Mensch
E.T.A. Hoffmanns Erzählung vom Sandmann
Herausgegeben von Lienhard Wawrzyn
WAT 24. 180 Seiten, DM 9.50

Jetzt schlägt's 13
Deutsche Literatur aus dreizehn Jahren. Herausgegeben
von Klaus Wagenbach.   WAT 40. 192 Seiten, DM 7.—

Tommaso Di Ciaula   Der Fabrikaffe und die Bäume
Wut, Erinnerungen und Träume eines apulischen Bauern,
der unter die Arbeiter fiel
WAT 51. 160 Seiten, DM 11.—

Angelika Kopečný   Fahrende und Vagabunden
Ihre, Geschichte, Überlebenskünste, Zeichen
und Straßen
WAT 68. 192 Seiten, DM 9.50

**Christoph Meckel   Tullipan/Die Noticen des
Feuerwerkers Christopher Magalan**
Zwei Erzählungen.   WAT 75. 144 Seiten, DM 8.50

Erich Fried   Kinder und Narren
Erzählungen.   WAT 83. 160 Seiten, DM 10.—

WAGENBACHS TASCHENBÜCHEREI